대한민국 금융의
공정을 말하다

SPEAKING OF FAIRNESS IN KOREA'S FINANCE

대한민국 금융의 공정을 말하다

박상욱 지음

**이익 중심의 정치화·권력화된 금융시장에서
국민이 주인 되는 지속가능한 공정 금융 생태계로!**

차례

글을 시작하며 • 6

1부 인류 발전에 핵심 역할을 한 금융이 현대 시장의 불안 요인이 된 이유는 무엇인가?

01_ 금융의 역사와 바람직한 금융의 역할 • 15

인류문명 발전단계에서 금융의 역할 • 16 | 우리나라 금융의 역사 • 26 | 현대 시장경제에서 바람직한 금융의 역할 • 31 | 바람직한 금융의 구체적 역할 • 34 | 건전한 시장경제를 위해 금융의 '공정'이 중요한 이유 • 38 | 공정한 금융의 성취는 결국 우리 손에 달려 있다 • 46

02 _ 금융시장 실패의 역사에서 우리는 무엇을 배우는가? • 48

자본주의 발달 초기의 '투기'로 인한 금융사고 • 50 | 세계를 위기로 몰고 온 대형 경제·금융위기 • 53 | 우리나라에서의 금융시장 실패 사례 • 59 | 금융회사의 고위험 상품 판매로 계속되는 금융사고 • 62 | 계속되는 시장 실패에서 우리는 무엇을 배워야 하는가? • 74

03 _ 금융시장 참가자의 행동을 통해 금융의 공정을 생각한다 • 80

금융업자의 행동 • 81 | 단기수익 추구에 몰두하는 행동 • 82 | 금융업의 이익 추구는 '공공성'과 조화되어야 • 89 | 점점 권력화·정치화되어 가는 금융 • 91 | 금융당국의 행동 • 99 | 금융, 규제 완화가 능사는 아니다 • 100 | 금융상품 감독은 금융감독의 출발이다 • 108

04 _ 금융시장 이해관계자의 네트워크 사회를 들여다본다 • 116

규제당국과의 유대 • 117 | 언론과의 유대 • 121 | 법조계와의 유대 • 124 | 우리는 연고주의와 폐쇄적 집단주의를 경계해야 한다 • 127

2부 공정한 금융시장을 위해 우리는 무엇을 해야 하는가?

05 _ 공정 금융을 위한 금융당국의 역할 · 135
금융당국은 '국가 위험관리자'로서의 역할을 제대로 해야 한다 · 136 | 금융당국은 '공정한 심판자'로서의 역할을 수행해야 한다 · 141 | 금융당국은 '금융소비자를 적극 보호'해야 할 의무가 있다 · 146

06 _ 더 나은 금융시장을 위한 금융감독체계 개편의 필요성 · 151
금융감독체계의 구체적 개편 방향 · 154 | 감독체계를 건전성과 영업 행위 감독으로 나누는 쌍봉형 감독체계 논의의 문제점 · 161

07 _ 금융회사 혁신은 건전한 지배구조 확립과 철저한 내부통제 이행에서 시작된다 · 166
'건전한 지배구조 확립'은 지속가능하고 발전하는 회사의 필수 요건이다 · 167 | 철저한 내부통제의 이행은 금융회사 경영의 기본이다 · 174

08 _ 공정 금융을 위한 금융회사의 사회적 책임 · 186
금융회사의 구체적 사회적 책임 · 190 | 금융회사의 기업 ESG 경영에 있어서의 역할 · 200 | 금융회사의 '경제적 가치'와 '사회적 가치'는 동행한다 · 202

09 _ 금융소비자의 권리보호는 어떻게 이루어지는가? · 204
금융사고 이후 금융소비자 보호제도의 변화 · 206 | 소비자와 접점에 있는 금융회사의 노력 · 210 | 금융당국의 소비자 보호를 위한 노력 · 215 | 금융소비자 스스로의 권리보호 · 228 | 금융회사와 금융소비자의 이익이 균형되어야 금융업이 건전하게 발전한다 · 229

10 _ 국민이 주인이 될 때 공정 금융은 이루어진다! · 231
금융민주화 · 233 | 부동산 금융과 경제 정의 · 240 | 모두가 연대해서 노력한다면 금융민주화를 이룰 수 있다 · 243

글을 마치며 · 247
참고문헌 · 252

글을 시작하며

스스로 제 살길을 찾아야 하는 각자도생이 일반화된 현대사회에서 재산 증식에 도움이 되는 재테크와 관련된 글은 사람들의 눈길을 끌기 마련이다. 하지만 금융시장이 어떻게 운영되고 있는지, 더 나은 금융을 위한 시장질서는 어떠해야 하는지에 대해서는 사람들이 진지한 관심을 두기 쉽지 않다. 시민 대다수는 금융이 어렵고 복잡할뿐더러 금융시장의 구조적 문제에 관심을 갖는다고 해도 쉽게 나아지기 어렵다고 생각할 것이다. 그렇더라도 금융시장에서 벌어지고 있는 금융사고, 증권 불공정거래, 보험사기 등을 볼 때 오늘날의 금융시장이 올바르게 작동하고 있다고 생각하지는 않을 것이다.

예전에는 지금과 비교할 수 없을 정도로 생활수준이 낮았지만, 세상의 룰을 지키고 노력하면 누구나 안정된 삶을 살 수 있다는 믿음이 있었다. 지금은 절대적 소득수준이 나아졌고 사회도 많이 발전한 것 같은데, 매일 성실하게 살아가는 사람도 취업난과 높은 생활비 등으로 어려움을 겪고 상대적 박탈감을 느낀다. 특히 코로나19 팬데믹 이후 고물가, 고금리, 부동산 시장 불안 등 경제위기에 대한 우려가 커지고 있다. 금융이 경제시스템에서 주도적인 역할을 하는 금융자본주의 시대에, 경제문제의 핵심 원인 중 하나는 금융이 제 역할을 하지 못하고 공정하지 않은 데 있다고 볼 수 있다.

현대 자본주의 사회에서 사람들은 단 하루도 금융과 분리된 일상을 생각하기 어렵다. 카드·페이 결제와 같이 경제거래를 쉽게 해주고 적금, 펀드 등으로 우리의 부를 관리해 주며 자동차보험, 무역보험과 같이 개인의 일상생활과 기업 활동의 위험을 덜어주는 금융은 우리의 경제생활에서 소중한 존재임에 틀림이 없다. 특히 자본주의 발전 과정에서 주식회사와 같은 새로운 금융제도의 도입, 연금, 파생상품 등 다양한 금융상품 개발과 같은 금융혁신은 인류의 풍요로운 삶을 가능하게 한 경제발전에 커다란 공헌을 했다.

그러나 일반 시민의 금융업에 대한 인식은 그러한 고마움과는 거리가 있는 것이 사실이다. 금융업은 부자 기득권층을 위해 존재하며, 노력에 비해 큰 경제적 보상이 따른다는 생각으로 인해 금융업에 대한 대중의 시선은 곱지 않다. 이러한 사람들의 생각에 더욱 큰 영향을 끼친 사건은 2008년 글로벌 금융위기라고 할 수 있다.

1980년대 이후, 시장 참여자는 충분한 정보를 가지고 합리적인 의사결정을 하므로 정부는 시장에 간여하지 않아야 한다는 신자유주의가 세상을 지배해 왔다. 글로벌 금융위기는 금융회사들이 규제완화와 금융혁신이라는 이름 아래, 새로운 금융기법의 과도한 위험부담 행위를 계속함으로써 세계 경제에 엄청난 피해를 끼쳤다. 위기 대처 과정에서 납세자의 돈으로 여러 금융회사를 구제했으나, 정작 금융회사 경영진은 고액의 성과보수를 받기만 하고 별다른 책임을 지지 않았다. 구제금융을 둘러싼 사람들의 분노는 그들이 자격이 없음에도 과도한 부를 취득했다는 것과 그들의 행태가 너무 탐욕적이었다는 데 있었다.

길지 않은 우리나라 금융의 역사를 살펴보아도 저축은행 사태, 카드 사태, 부실 사모펀드 사태 등 사회적으로 홍역을 치른 금융사고 뒤에는 정교하지 못한 금융정책, 그에 따른 무분별한 규제완화, 시장 참여자의 과도한 단기수익 추구, 도덕적 해이 등이 종합세트식으로 얽혀 있다.

우리가 살아가는 세상과 공정의 관계는 어떤 의미가 있는가. 공정은 게임의 규칙이 올바르고 기회의 균등과 결과의 형평이 추구되어야 한다고 할 때, 이러한 금융사고들은 결국 금융시장의 룰이 공평하지 않고 금융거래가 공정하게 이루어지지 못해 벌어진 것은 아닌가. 2012년 미국 마이클 샌델Michael Sandel 교수의 『정의란 무엇인가Justice: What's the Right Thing to Do?』란 책이 전 세계적으로 커다란 관심을 끌었던 적이 있었는데, 우리나라에선 그 열풍의 정도가 더욱 거셌다. 그만큼 우리나라 사람들이 정의로운 사회에 대해 커다란 열망을 가지고 있다는 점은 역설적으로 우리 사회가 공정하지 못하다는 것을 동시에 나타내는 것은 아닐까.

2019년 처음 확인된 코로나19 바이러스는 수많은 사람의 목숨을 위협했을 뿐 아니라 경제적 어려움도 심화시켰다. 팬데믹 이후 자영업자 등 서민 대중은 물가와 금리가 상승해 커다란 고통을 겪고 있는데, 금융회사들은 매년 역대 최고 이익을 갱신하며 직원에 대해서는 거액의 성과급과 퇴직금을 지급한다고 해 공공성 논란이 크게 일어난 적이 있었다.

세상은 공정하게 운영되어야 올바른 사회라 할 수 있다. 시민들은 공정성과 합리성에 기초한 경제구조에서 살기 원한다. 오늘날 우리 사회가 겪고 있는 경제적 불평등, 저출산, 기후위기 등의 문제는 경제적 참여 기회와 자원이 공동체 구성원에게 공정하게 배분되지 않는 데서 비롯된다고 볼 수 있다. 사회에서 공정성에 대한 믿음이 사라질 때 사람들은 기존 제도와 시장질서를 신뢰하지 않으며 협동을 거부한다. 금융도 마찬가지다. 금융업이 본래의 기능은 잘하지 못하면서 금융서비스의 성과물만 과도하게 취하고 권한과 책임이 불균형하다면 공정하다고 할 수 있는가.

 필자는 금융시장의 건전성 제고와 금융소비자 보호 업무를 담당하는 금융감독원에서 근무할 때나 퇴직한 지금이나 금융업과 금융감독이 그 중요성에 걸맞게 국민의 신뢰를 받고 제 역할을 다하고 있는지에 대한 의문과 안타까움이 있다. 그런 현상에 불평하고 자조하기보다는 그에 대한 고민을 솔직히 세상과 나누는 것이 의미 있다고 생각한다.

 '세상은 과연 나아질까'라는 질문에 '세상은 변하지 않아' 하고 돌아설 것인가. '투덜대는 냉소꾼'보다는 어렵더라도 현실의 개선 방안을 찾는 '무모한 도전꾼'이 낫다는 생각을 한다. 금융시장의 공정을 다루는 업종에서 몸으로 부딪치며 근무한 경험이 도움이 되리라는 믿음도 있다.

 오늘날의 세상에서는 돈이 모든 것을 설명하는 절대적 기준이 되고, 모두가 자기 이익을 추구한다. 사기업이지만 공공적 성격이 있는 금융업도 다른 사회 영역과 마찬가지로 수익 추구에만 집중하고 있다는 평가를 받는다. 이러한 환경에서 공정한 금융은 달성하기 쉽지 않은 과제다. 하지만 인류 역사에서 해결이 쉽지 않아 보이던 노예, 성평등 같은 문제도 인간의 집단적 지혜와 끊임없는 노력으로 결국은 좋은 방향으로 개선되었다고 할 수 있다. 세상의 어려움 앞에 필요한 것은 추상적 관념이 아니라 구체적이고 설득력 있는 대안일 것이다.

 세상의 여러 이해하지 못할 현상이 사회 구성원 개개인의 합리적인 선택이 전체로 보면 항상 합리적이고 좋은 결과로 이어지지 않는다는 '구성의 오류 Fallacy of Composition'에 기인한 면이 있다고 생각한다. 인간의 역사도 개인의 이익 극대화와 공동체의 지속가능성 사이에 계속되는 대립이 있었다고 할 수 있다. 전체 시장이 신뢰를 잃어 공멸할 위기에 처해도 눈앞의 자기 이익, 성과에 몰두하는 '근시안적이고 자기중심적인 태도'를 생각해 볼 필요가 있다. 금융회사는 현재의 이익 확대를 위해 미래의 지속가능한 성과를 희생했고, 금융당국은 단기 정책성과를 위해 규제정책에 치밀하지 못했다.

이는 잊을 만하면 발생하는 여러 사회적 재난 발생구조에서도 발견할 수 있다. 우리 사회는 재난에 대비한 위험관리, 공정한 사회질서 확립을 위한 노력을 제대로 하지 않으면서, 사회구성원들은 당장의 성과에 집중하고 이익구조를 유지하고자 서로 긴밀히 연결되어 있다.

저명한 행동경제학자 로버트 쉴러Robert Shiller 교수는 『새로운 금융시대Finance and the good society』에서 "금융이 더 좋은 세상을 만들기 위해서는 과거의 금융 실패에서 교훈을 얻고, 인간의 행동을 깊이 이해해 금융제도를 설계하고 이행하며 그에 대한 감시 시스템을 구축해야 한다"라고 역설한 바 있다.

이 책은 금융업이 건전하게 발전했으면 하는 마음에서 시작한 것이지, 금융회사의 공공성 논란에 더해 금융업을 비난할 목적으로 쓴 것은 아니다. 금융업이 더욱 공정해지고 금융 본연의 역할을 제대로 수행해 국민의 신뢰를 얻어 건전하게 발전하기를 바라는 마음 간절하다.

'금융의 공정'을 화두 삼아 금융시장 참가자의 행동을 살펴보고 더 나은 금융을 위해 무엇을 고민해야 하는지 생각해 본다. 이 책에서는 먼저 세계 및 우리나라 금융의 역사에서 금융의 효용과 바람직한 금융의 역할을 살펴보고, 이어 금융시장 실패의 사례에서 더 나은 금융을 위해 고민할 시사점을 생각해 본다. 그리고 금융시장의 공정성을 해치는 금융시장 참가자의 행태와 이익을 중심으로 연결된 금융시장 이해관계자의 네트워크 현상에 대해 고민해 본다.

이어 우리나라 금융시장의 공정성 제고와 금융소비자 보호를 위해 금융당국, 금융회사 및 금융시장 이해관계자가 해야 할 역할에 대해 살펴본다. 금융업이 더욱 공정해지고, 국민이 금융의 주인이 되는 '금융민주화'에 대한 생각을 정리하며 글을 마무리한다.

    더 나은 세상을 위해서는 기존 질서를 비판적 태도로 다르게 바라보고 모순점을 개선하기 위해 행동해야 한다고 생각한다. 현재 금융시스템이 가진 문제와 금융시장 참가자의 행동에 대한 이해를 기초로 우리 모두가 지혜를 모아 제도개선의 성취를 쌓아가고 책임의식을 가지고 행동한다면, 금융은 반드시 나아질 것이라 믿는다. 이 책이 금융과 공정이 만나는 어딘가에서 더 나은 금융을 위한 논의의 장을 여는 데 조그만 계기가 된다면 글쓴이로서 더할 수 없는 보람을 느낄 것이다.

2025년 5월

박상욱

1부

인류 발전에 핵심 역할을 한 금융이 현대 시장의 불안 요인이 된 이유는 무엇인가?

우리는 어떤 사회현상을 분석할 때 사물을 있는 그대로 편견 없이 바라보는 것이 중요하다는 사실을 알고 있다. 그러나 우리가 금융업을 생각하면 과거 가혹한 고리대금업의 전통과 여러 금융사고로 발생한 사회적 피해를 떠올리며 부정적인 생각에 빠지기 쉽다. 그렇지만 수천 년 인간의 역사에서 '돈의 융통'인 금융의 역할이 없었다면 지금과 같은 인류문명과 경제발전을 이루기 어려웠을 것이다.

고고학자이자 금융학자인 윌리엄 괴츠만William Goetzman 예일 대학교 교수는 『금융의 역사Money changes everything』에서 '금융은 어떻게 문명을 가능하게 하였는가'라는 주제로 인류의 역사에서 금융의 역할을 추적했다. 그는 금융이 5000년 동안 인류문명을 발전시킨 필수적 요소였음을 다양한 역사적 사례를 들어 설명하고 있다.

인간은 문명을 이루고 살아가면서 초기에는 물물교환 수준의 단순한 경제 활동으로도 불편함이 없었으나, 경제 규모가 커지면서 화폐를 이용한 거래 행위가 늘어나면서 경제적 거래가 있는 곳에 금융이 존재하게 된다. 이스라엘 역사학자 유발 하라리Yuval Harari는 『사피엔스Sapiens』에서 호모사피엔스가 지구를 지배하게 된 이유 중 하나로 인간이 서로 협력할 수 있는 능력을 제시했는데, 그 협력은 '허구'를 만들어내고 믿는 힘이 바탕이 된다. 신화, 민족, 국가 등 가상의 실재를 믿는 능력에 화폐도 포함된다. 인간은 금융거래를 통해 현재와 미래의 시간 효용을 생각하는 추상적 개념을 고안하게 되었다.

여러 경제적 어려움에 다양한 금융 해법을 활용하면서 인간의 경제력은 비약적으로 발전한다. 도시국가의 복잡한 경제가 유지되고 그리스, 로마에서 제국이 형성되는 데에도 금융의 역할이 컸다. 금융은 자본주의 발달 초기에는 대항해, 채굴사업 등 성공 가능성이 보장되지 않는 모험사업에서, 산업혁명 시기에는 여러 새로운 사업을 위한 자본의 형성 및 위험관리에 절대적인 역할을 한다. 물건을 만들고 이익을 창출하는 산업이 중심이 되는 '산업자본주의' 시대에 금융은 실물경제에 필요한 자금을 중개하는 역할에 충실했다. 이렇듯 금융은 인류 사회 발전에 혁신의 에너지를 불어넣고, 인류가 어려움에 부닥치면 문제를 이해하고 해결하는 데 필요한 도구를 제공해 주었다.

하지만 금융이 인류에 좋은 영향만 끼친 것은 아니다. 금융은 부채, 노예제, 제국주의, 소득불평등, 투기로 인한 금융위기 등에도 영향을 미쳐 인류 역사에 어두운 그림자를 드리우기도 했다. 특히 1980년대 이후 금융이 주도적 역할을 하는 '금융자본주의' 시대의 금융업은 실물경제의 자금 지원 이외에도 복잡한 금융상품을 만들고 거래해 스스로 이익을 추구하는 활동이 많아졌다. 이제는 전 세계가 복잡한 금융상품으로 연결되어 순전히 금융거래의 잘못만으로 한 나라는 물론이고 전 세계가 경제위기에 빠질 수 있는 위험성이 존재한다. 이렇듯 금융은 우리가 어떻게 이용하느냐에 따라 인류에 훌륭한 동반자가 될 수 있고, 우리를 곤경에 빠뜨리는 위기의 원인 제공자가 될 수도 있다. 금융 그 자체는 가치중립적이다. 결국 우리가 금융을 어떻게 이용하느냐가 중요하다.

문제가 생기면 금융을 비난의 대상으로 쉽게 몰아붙이기보다는, 금융을 객관적으로 이해하고 금융이 발생시키는 문제점에 대해 차분히 분석할 필요가 있다. 인류문명에 큰 이점을 안겨준 금융이 시장 불안의 이유가 되고 경제적 불평등과 같은 사회문제의 한 원인이 된 것은 인간이 금융을 공정하게 이용하지 못했기 때문일 것이다.

제1장은 금융의 일반론에서 시작한다. 인간의 역사에서 금융의 효용과 금융의 바람직한 역할을 살펴본다. 근대 이후 우리나라 금융시장은 세계화의 흐름에서 한 치도 벗어나지 못했다. 먼저 세계 역사에서 금융의 효용을 살펴보고, 우리나라 경제에서 금융이 어떠한 역할을 했는지 생각해 본다. 역사는 과거로부터 이어져 있고, 인간이 만든 금융도 과거의 금융사고와 금융시장의 실패 사례를 겪으며 다듬어지면서 발전했다.

제2장에서는 과거 세계 금융시장 및 우리나라의 금융시장 실패 사례를 살펴보고, 그 사례들이 오늘날 우리가 안고 있는 금융문제의 해결 방안 모색에서 갖는 의미를 생각해 본다. 금융시장의 실패는 자본주의의 구조적 요인이나 외부의 불가항력적 요인으로 생겨날 수 있지만, 대부분 시장 참가자의 행동 특성에 따라 발생한다. 따라서 금융시장의 결함을 개선하기 위해서는 시장 참가자의 행동을 분석하는 것이 필요하다. 제3장에서는 금융시장에서 주도적 역할을 하는 금융업자 및 금융당국자의 행동을 살펴보고, 제4장에서는 금융시장 참가자들이 이익을 중심으로 연결되는 네트워크 현상에 대해 고민해 본다.

01

금융의 역사와 바람직한 금융의 역할

현대 자본주의 사회에서 공정한 금융의 역할을 생각하기 위해서는 금융이 인류문명 발전에 기여한 역사적 사실에 대해 먼저 이해할 필요가 있다. 금융은 인간의 문명 초기부터 현재의 효용과 미래의 가치를 교환하는 '시간'에 대한 추상적 개념을 활용했다. 예를 들어 금융은 사람들이 미래의 자원을 현재 사용할 수 있도록 해주었는데, 이를 통해 경제거래의 규모와 효용을 크게 확장할 수 있었다. 아울러 금융을 통해 경제거래의 '위험관리risk management'를 가능하게 해주어 인간의 경제거래가 팽창하는 데 커다란 역할을 했다.

이러한 금융의 역할을 인류문명 발전단계인 고대, 중세, 근대 이후로 나누어 살펴본다. 고대에는 기본적인 차용과 물물교환이 금융의 역할을 했고, 중세에 이르러 은행 제도가 발전하면서 금융이 더욱 체계화되었다. 근대에 이르러 금융은 산업자본주의와 함께 큰 변화를 맞이했다.

근대 이후는 산업자본주의 시대와 금융자본주의 시대로 나누어 금융의 역할을 생각해 본다. 우리나라 금융의 역사는 해방 이후 산업화 시기를 중심으로 살펴본다. 이어 우리나라의 금융시장을 중심으로 금융시장의 특성 및 금융의 바람직한 역할에 대해 생각한다. 금융시장은 수많은 이해관계자 간 협동의 산물이다. 따라서 금융은 시간과 위험의 관리와 더불어 시장 참여자 사이의 '신뢰trust'가 중요하다. 신뢰가 유지되어야 금융시장이 효율적으로 유지될 수 있다. 우리나라에서도 금융의 중요성은 점점 커지고 있으나, 복잡한 금융상품의 거래, 빈번한 금융사고 발생 등으로 국민의 금융업에 대한 신뢰도가 높다고 보기 어려운 상황이다. 또한, 금융업은 단순히 이윤을 추구하는 것에 그치지 않고, 고객의 재산을 보호하고 금융시장의 안정을 유지해 경제시스템이 건전하게 작동하게 하는 공공적 역할도 수행한다.

따라서 금융업이 시장 참가자들의 신뢰를 얻고 공공적 역할을 제대로 하기 위해서는, 금융시장이 공평한 경쟁을 통해 자원이 모두의 이익을 위해 효율적으로 분배되도록 공정하게 운영되어야 한다. 이것이 우리가 금융의 공정을 살펴보아야 하는 이유이다.

인류문명 발전단계에서 금융의 역할

고대·중세 시대의 금융

인류는 경제 활동을 하면서 초기 물물교환의 시기를 지나 대출, 이자 수수와 같은 금융 행위를 시작하게 된다. 메소포타미아 고대 문명 유적지에서는 추수 때 곡식 소유권 등을 기록한 점토판이 발견되었다. 기원전 약 2400년에 제작된 바빌로니아 원뿔 비에서는 원금에 붙은 이자에 이자까지 계산하는 복리 개념이 나타나기도 한다. 기원전 1750년경 제정된

그림. 보리 대출을 쐐기문자로 기록한 점토판

기원전 약 1780년, 메소포타미아 딜바트(Dilbat) 지역.

최초의 성문법인 '함무라비법전'에서도 은과 곡식을 빌리는 경우 이자율 상한을 정한 법조문 기록이 보인다.

채무와 이자의 등장은 인간이 당장의 경제 교환뿐 아니라 시간적 효용 개념을 생각하게 된 것으로 금융의 역사에서 중요한 '혁신'이라 볼 수 있다. 사람들은 금융을 통해 복잡한 거래를 중개하고, 경제생활에서 시간이라는 조건을 관리하게 된다.

고대 그리스와 로마에서는 화폐와 미래의 이익을 현재의 자금으로 교환하는 금융의 활용으로 문명이 더욱 발전했다. 그리스에서는 경제 규모가 더욱 커져 해상무역에 많이 의지했는데, 많은 자금이 필요한 해상무역은 해상사업 대출이라는 금융 도구가 활용되었다. 로마는 거대한 제국을 유지하기 위한 도로, 항구 등의 인프라 건설, 광대한 교역망 관리에 민간의 자금을 활용했다. 여기에는 미래의 세금, 정복지의 자원이 담보가 되었다. 로마제국은 금융의 도움 없이는 지속되기 어려웠다.

이렇듯 고대 시대의 대출, 위험 대비와 같은 기본적인 금융 도구는 기원전 서남아시아나 지중해 동부에서 나타났다. 나아가 도시경제 성장 계획, 복리계산 등 더욱 정교한 금융 개념도 출현했다. 금융은 고대 도시경제를 작동시켰고, 대제국을 유지하게 만들었다.

중세 시대에는 기독교 교리의 영향으로 이자를 받는 것이 윤리적으로 부적절하다는 생각이 시민들에게까지 확산되었다. "그 누구도 갖지 않은 것을 팔아서는 안 된다"라는 중세 기독교의 명제는 이자를 붙여 받으려는 시도를 정의롭지 않다고 비판했다. 중세 기독교에서는 신이 시간을 창조한 것인데, 금융업자가 이자를 취하는 것은 시간이 돈을 낳는 것과 같다고 여겨 신의 질서를 침해하는 것으로 생각했다. 시간이 지나면서 높지 않은 수준의 이자는 인정하자는 주장도 나왔다. 고리대금업자들은 때로 교황과 대성당에 기부하고 면죄부를 얻어내기도 했다.

필요는 발명의 어머니이듯, 사람들은 금융을 경제적 필요에 따라 다양하게 활용한다. 지중해 연안에서 상업적 교역이 활발해지면서 환전상이 나타나 당시에 유통되는 여러 종류의 화폐를 교환해 주면서 상업적 교역의 불편함을 해소하는 역할을 했다. 이자 수취를 금지하는 교회법을 회피할 여러 방안이 고안되어 이것이 금융발전을 촉진하기도 했다. 조합에서는 일종의 주주 역할을 하는 조합원의 출자금을 가지고 사업을 했다. 또한 센서스census라는 제도도 생겨났는데, 이는 토지 광산 등 실물자산에 돈을 빌려주고 자산에서 발생하는 수익을 받는 금융계약으로 유럽의 여러 나라에서 이용되었다. 그 외에 어음, 환어음 제도도 대출 수단이자 교역 지원 도구로 활용되었다.

근대 이후의 금융

근대적 의미의 은행업 출발은 일반적으로 14세기 이탈리아에서 베네치아, 피렌체와 같은 교역 도시가 커지고 페르치Peruzzi, 메디치Medici 가문 등이 대출을 하면서 시작되었다고 본다. 이들은 단순히 돈을 빌려주는 대부업貸付業이나 환전상이 아니라 상인, 귀족, 교회 등으로부터 예금을 받아 상업 활동이나 전쟁 자금, 대규모 건축 등을 위한 사업자금을 대출해 주는 금융중개업을 통해 이익을 창출했다. 페루치 가문은 14세기 초반 국제적인 금융망을 통해 왕실 및 귀족을 대상으로 한 대출로 번성했으나, 백년전쟁 시 과도한 전쟁자금 대출과 신용관리 실패로 파산했다. 메디치 가문은 14세기 후반부터 런던, 로마 등 유럽 각지에 지점을 두고 자산을 효율적으로 관리했다. 메디치 가문은 교황청의 자금 관리 등 금융업을 통해 막대한 부를 쌓았고, 그 부를 이용해 피렌체의 르네상스 예술과 학문을 후원해 정치와 문화 분야에서도 커다란 발자취를 남기고 많은 역사적 이야기의 소재를 제공했다.

오늘날 많이 쓰이는 금융 용어 중에는 이탈리아어에서 유래한 것이 많다. 은행bank은 환전상이 일하던 거리의 벤치bench나 탁자banko에서, 현금cash은 cassa, 채무자debtor는 debitore, 채권자creditor는 creditore에서 유래했다고 한다.

윌리엄 번스타인William Bernstein, 패트릭 와이먼Patrick Wyman 등의 역사가들이 주장했듯 중세 후기 동양보다 낙후되었던 유럽이 세계의 지배자로 등극하고 폭발적인 경제성장을 이룬 주요인으로, 과학적 합리주의 및 운송·통신의 발달과 아울러 대항해, 무역, 인쇄업과 같은 새로운 사업에 자본을 모으고 빌려주는 혁신적인 금융기관과 제도를 발전시킨 것을 들 수 있다.

자본주의가 태동한 16세기 서유럽에서는 새로운 해상무역로를 찾기 위한 항해, 광산사업 등 여러 모험사업에 필요한 자본의 확보와 투자가 중요한 과제로 떠올랐다. 그러한 물결 속에 1602년 네덜란드에서 세계 최초의 '주식회사'인 동인도 주식회사가 설립되어 인도네시아와의 무역을 장악했다. 암스테르담에서만 1000명이 넘는 투자자가 암스테르담 주식거래소에서 주식을 거래했다. 이어 설립된 영국의 동인도회사는 인도, 중국과의 무역을 지배했다. 많은 사람들로부터 자금을 모아 원양무역을 하고 자금을 댄 사람들에게 증서로 주식을 발행해 출자한 자금에 맞게 이익과 손해를 보는 오늘날의 주식회사 형태가 시작된 것이다. 투자자들이 출자한 지분만큼만 책임을 지게 되어 리스크가 큰 사업도 많은 액수의 투자금을 모을 수 있었다. 주식회사는 자본을 사업체로 모을 수 있는 구조를 제공해 사업을 번영시킨 혁신을 이루었다.

　보험은 우발적 사고로 인한 경제적 부담을 덜어주는 역할을 하는데, 이는 고대 시대부터 위험이 있는 곳에서는 다양한 형태로 존재했다. 근대적 의미의 보험 역시 17세기 영국과 네덜란드가 해상무역을 활발히 하던 시기에 발전했다. 1686년 영국 런던 템스강 변에서 커피숍을 하던 에드워드 로이드Edward Lloyd가 선원들이 해상의 날씨나 여러 위험 요소에 관심이 많은 것을 깨닫고 해상보험사업을 시작했는데, 이것이 오늘날 세계적 보험회사인 런던 로이즈Lloyd's of London로 성장했다. 보험 위험의 공동 인수와 비용 분담을 약속하기 위해 종이slip 하단under에 선원들은 각자의 이름을 썼는데writing, 이것이 언더라이팅underwriting이다. 자본시장에서 자본조달을 위해 발행한 주식이나 채권의 리스크를 심사해 가격을 결정하는 것 역시 언더라이팅이라고 한다.

　이러한 은행, 증권, 보험의 발전은 유럽의 경제적 성장과 혁신을 견인했으며, 현대 금융시스템의 초기 모습을 형성하는 데 중요한 역할을 했다. 이 시기에는 제노바, 베네치아, 암스테르담 등이 금융 중심지 역할을 했고, 이후에는 런던이 오랫동안 그 역할을 한다.

자본주의 발달기의 금융

자본주의capitalism는 돈, 재화, 노동 등 자본을 굴려서 이윤을 추구하는 경제체제라고 할 수 있다. 16세기부터 18세기 사이, 신대륙의 발견과 해외 식민지 개척을 배경으로 재화의 교환과 판매를 통해 이윤을 추구하는 상업자본주의가 활성화되었다. 자본주의의 시작 시기에 대해서는 학자에 따라 견해가 다를 수 있지만, 자본주의가 본격적으로 발전한 시기를 18세기 중반부터 19세기 초반 영국에서 시작된 기술혁신과 대량생산 체제로 일어난 산업혁명Industrial Revolution 이후로 보는 데는 큰 이견이 없다.

현생인류인 호모사피엔스가 약 20만 년 전 출현했다고 생각하면 자본주의가 세상을 지배한 200여 년의 기간은 현 인류의 역사를 24시간으로 환산했을 때 1분 30여 초에 불과한 아주 짧은 시간이다. 인류의 긴 역사에서 그토록 짧은 기간을 지배한 자본주의가 인류의 생산양식, 사회제도에 미친 영향은 실로 막대하다. 자본주의가 성립하고 발전하는 데는 과학, 기술의 획기적인 발전이 바탕이 되었고, 거기에 금융의 역할 또한 절대적이었다. 산업혁명 시기에는 새로운 사업을 위한 자금이 더욱 필요하다. 이를 위해 은행업이 커지고 주식, 회사채, 국채 시장 등 장기적인 산업자금의 수요·공급이 이루어지는 자본시장capital market이 더욱 발전한다. 이 시기에 화재 등 여러 위험에 대비할 필요성이 커지고, 수리통계학의 발전으로 보험업도 크게 성장한다. 이러한 금융업의 발전은 자본주의가 급속히 성장하는 데 결정적인 역할을 했다.

빠르게 성장하던 자본주의는 1920년대 후반부터 1930년대까지 세계를 강타한 경기침체인 대공황Great Depression을 겪으며 크게 위축되는 시기를 지나게 된다. 경제대공황은 투자은행 업무를 겸업하던 상업은행의 재무구조가 증시 침체로 급속히 악화된 것이 한 원인으로 지목되어 금융이 조연 역할을 했다고 볼 수 있다. 대공황 이후 상업은행과 투자은행의 분리를 규정한 '글래스-스티걸법' 제정, 연방예금보험공사 FDIC 설립 등 금융규제가 대폭 강화된다. 이에 대해서는 이 책 2장 「금융시장 실패의 역사에서 우리는 무엇을 배우는가?」에서 좀 더 살펴보기로 한다.

대공황을 극복하기 위해 금융규제가 강화되어 수십여 년 동안 커다란 금융위기가 없었으며, 대부분의 나라에서 성장, 고용 등의 지표도 양호해 경제적으로 좋은 성과를 나타낸다. 금융은 자본주의가 안정적으로 발전하는 데 커다란 역할을 했다. 이 시기는 제조업 등 산업이 중심이 되는 '산업자본주의' 시대로 금융은 산업부문에 자금을 중개하는 고유의 기능을 충실히 이행했다고 볼 수 있다.

금융자본주의 시기의 도래

1979년 마거릿 대처가 영국 총리로 선출되고, 1981년 로널드 레이건이 미국의 대통령으로 선출되면서 세계 경제는 커다란 변화를 겪게 된다. 1970년대 들어 아랍 산유국의 석유 무기화 정책과 정치적 불안으로 인해 석유 가격이 폭등한 오일쇼크 등으로 경기침체에도 물가가 상승하는 스태그플레이션을 겪는다. 이를 극복하기 위해 단기적 경제불황의 경우에는 국가가 개입해 완화해야 한다는 케인스주의의 대안으로 '신자유주의Neo-Liberalism'가 부상한다.

신자유주의는 밀턴 프리드먼Milton Friedman과 프리드리히 하이에크

Friedrich Hayek와 같은 자유시장을 지지하는 경제학자들의 사상으로, 경제이론이라기보다는 국가정책에 관한 이념이라고 볼 수 있다. 이들은 시장 간섭을 최소화하는 작은정부, 규제완화, 감세정책 등을 주장한다. 이 시기에는 경제성장이 점차 완만해지고 실물경제에서 얻을 수 있는 이윤이 줄어듦에 따라 사람들이 금융부문에 관심을 기울이게 된다. 경제시스템이 기존의 제조업 중심의 산업자본주의에서 금융업 중심의 금융자본주의 시대로 이행되었다고 볼 수 있다.

이 시기의 또 다른 중요한 요소는 금융시장이 개방화되고 여러 나라가 서로 긴밀하게 연결되면서 금융시장의 세계화가 이루어졌다는 점이다. 또한 이 시기에 베를린 장벽의 붕괴(1989)와 소련의 몰락(1991)을 경험하며 사람들은 역사가 자유시장 자본주의로의 행로를 명백히 했다고 여기게 된다.

미국의 정치경제학자인 프랜시스 후쿠야마Francis Fukuyama는 『역사의 종언The End of History and the Last Man』에서 "소련의 붕괴 이후 민주주의와 자유시장경제로 사회제도의 발전이 종결되어 최선의 정치체제에 대한 논쟁이 결론 났다"라고까지 주장했다. 대처와 레이건 이후 집권한 영국의 노동당 대표 토니 블레어Tony Blair와 미국의 빌 클린턴Bill Clinton 대통령도 자유 지상주의의 기본 골격을 유지하고 거친 면만 다듬었을 뿐 이전의 정책 기조는 계속 이어진다.

1980년대 이후 금융규제가 완화financial deregulation되기 시작한 후 수학적 분석 도구를 이용해 금융시장을 분석한 금융공학financial engineering이 발전하면서 새롭고 복잡한 금융상품들이 등장한다. 이러한 금융상품의 거래가 늘어나면서 금융시장의 문제점이 누적되기 시작했다. 금융회사는 여러 상품을 한데 묶고 조합(구조화)해 새로운 맞춤형 상품을 만드는 각종 금융 기법을 통해 자신들의 거래이익을 극대화했다.

신자유주의 경제학은 철저히 수학화되어 경제학에 과학의 이미지를 입히려 했다. 과거 존 메이너드 케인스John Maynard Keynes는 케임브리지 대학교 학부 시절 수학을 전공했음에도 경제학의 수학화를 반대했는데, 그 이유는 경제학이 수식에 빠져 현실을 반영하지 못할 뿐 아니라 '확실성'이라는 그릇된 믿음을 심어놓을 수 있기 때문이라는 것이었다. 사실 1950년대부터 경제학을 물리학처럼 수학적인 틀에서 재구성하려는 열망physics envy이 커졌다. 미국 클린턴 정부 시절 재무부 장관을 지낸 로런스 서머스Lawrence Summers는 "경제학의 법칙은 공학법칙과도 같다. 일련의 법칙이 어디에나 적용된다"라고 말했다. 그러나 경제학은 수학적 방법론에 치중함으로써 실제 세계의 현상과 문제점 사이의 거리는 더욱 멀어졌다.

그렇게 해서 발생한 것이 2008년 글로벌 금융위기라고 할 수 있다. 이는 그때까지의 다른 경제위기와는 완전히 다른 '진정한' 금융위기라고 할 수 있다. 이는 비우량 주택담보대출sub-prime mortgage과 이를 기반으로 하는 파생금융상품 및 투자 기법이 거래되던 중 주택가격이 하락하면서 전 세계 금융기관들을 위기에 빠뜨린 사건이다. 투자은행은 수학적 모델을 활용하여 금융상품의 리스크를 평가해 안정성을 보장한다고 했으나, 주택가격이 큰 폭으로 하락하면서 모델이 가정한 리스크 분산 효과가 작동되지 않았다. 이는 금융이 주연이 되어 세계 경제에 커다란 피해를 일으켰던 것이다.

대형 금융회사들은 금융시스템에 문제가 생기면 상호 연결된 전체 경제에 심각한 충격을 줄 시스템 리스크를 들먹이며 대마불사too big to fail를 강조하고, 경제적 힘과 정치적 영향력을 행사해 구제금융을 확보했다. 구제금융은 전 국민이 세금으로 다시 채워야 한다. 전 미국 예금보험공사 의장이었던 쉴라 베어Sheilla Bair는 "당시는 비상사태였으므로 신속하게 행동하는 것은 맞으나, 구제금융이 공정하지 못했다는 점, 꼭 필요함을 입증하는 분석이 부족했다"라고 회고했다.

글로벌 금융위기에서 대형 금융회사의 대응에 대해서는 "이익은 사유화하고, 비용은 사회화했다"라는 비판이 있다. 글로벌 금융위기는 신자유주의의 규제완화가 규제산업인 금융부문에 비판 없이 적용될 경우의 부작용을 여실히 보여주었다. 이는 법적·윤리적으로 자신이 해야 할 최선의 의무를 다하지 않는 도덕적 해이moral hazard의 행태로 볼 수 있다. 뒤에 글로벌 금융위기에 대해서는 다시 이야기할 것이다.

2008년 글로벌 금융위기는 오래전 일이고, 그 이후로 코로나19 팬데믹 상황 등 여러 변화가 있어 과거의 일이라 생각할 수 있다. 그러나 지금도 세계 경제는 금융의 확장이 일정 수준을 넘어 부정적 영향을 미칠 수 있는 과도한 금융too much finance, 시장의 자기 조절 기능 미흡 등 구조적 문제에서 벗어나지 못하고 있다고 할 수 있다. 지금도 크고 작은 규모로 전 세계 각국에서 되풀이되는 일이다. 금융자본주의 시기 이전 어느 시대에나 금융이 문제를 일으킨 경우가 있었지만, 금융업은 스스로 위험을 부담하며 자본이 필요한 새로운 사업에 자금을 공급해 주고, 경제시스템에 어려움이 닥치면 주식회사 등 새로운 금융제도, 혁신적인 금융상품으로 경제에 활력을 불어넣어 주었다.

금융자본주의 시기에도 금융은 정보통신 기술의 발전, 글로벌화 등으로 경제주체들에게 금융서비스의 편의성과 접근성을 높이는 등 경제발전에 기여한 순기능적인 면이 있다. 그러나 파생상품과 같은 복잡한 금융상품의 확산, 금융의 세계화로 인한 연결성 확대 등으로 금융위기 발생 가능성이 커졌고, 사회 전반에 단기성과주의의 확산 등 새로운 도전과 위험 요소도 동시에 내포하고 있다.

이 책에서는 1980년대 이후의 금융자본주의 구조를 중심으로 이야기할 것이다. 이는 우리나라를 포함한 자본주의 세계가 아직도 그 구조적 문제에서 벗어나지 못하고 있으며, 그 구조가 지속되는 한 비슷한 금융사고, 금융위기는 반복될 것이기 때문이다.

우리나라 금융의 역사

우리나라 선조들도 문명을 이루고 경제 활동을 하면서 곡식 등 실물의 융통, 이자 수취 행위, 화폐 거래 등 여러 금융 활동을 했다. 우리나라 고조선, 삼국의 고대 시대에는 물물교환 중심의 경제였다. 신라 시대에 전통적 금융조직으로 가배계嘉俳契와 향도계香徒契가 상호부조의 역할을 했으나 활성화되지는 않았던 것으로 보인다. 그 시기 서구 유럽은 그리스·로마 시대 화폐와 해상사업 대출 등 초기의 조직적 금융시스템이 발전했다.

고려 시대에는 보寶나 장생고長生庫 같은 고리대 형태의 조직적 대출 행위가 있었다. 고려 시대에는 은병·해동통보가, 조선 시대에는 저화·조선통보 등의 화폐가 발행되었으나 널리 유통되지 못했다. 그러나 조선 후기 숙종 때 발행된 상평통보(엽전)는 시장 거래에서 상당한 비중을 차지했다.

조선 시대에 금융과 관계가 깊은 것은 계契, 환곡還穀, 객주客主를 들 수 있다. 계는 신라 시대부터 유래해 조선 시대에 널리 성행한 금융 단체로서 자금 운용이 주로 신용대출 방식으로 이루어졌다. 계는 목돈을 마련하기 위한 저축계, 계원이 자금을 거두어 이를 대출로 운용해 자금을 늘려가는 이식계利殖契 등이 있었다. 계는 해방 이후에도 금융기관이 제도화하기 전까지 서민계층에서 성행했던 금융제도. 환곡은 국가에서 춘궁기에 백성들에게 양곡을 대여했다가 추수 뒤에 회수하는 제도로 삼국 시대부터 있었고, 조선 시대에 적극적으로 운영되었다. 환곡은 보릿고개에 어려움을 겪는 국민을 위한 사회보장제도이자 서민금융제도라 할 수 있다. 그러나 조선 후기로 접어들면서 고리대금업 성격으로 농민들의 원성을 사는 제도로 변질되었다. 객주는 포구에서 활동하던 상인으로 다른 상인, 양반 등으로부터 예금을 받아 화주의 화물 등을 담보로 대출 업무를 하는 등 금융업을 영위했다. 그 시대의 소매상인은 영업자금을 주로 객주에 의존했다. 객주는 어음을 발행하고 인수했고, 멀리 떨어져 있는 지방 사이의 금전 및 재화의 결제를 대행해 주기도 했다. 이와 같이 객주는 여러 금융 업무를 함으로써 조선 시대 상거래가 활성화되는 데 중요한 기능을 했다.

중세 시대 서구 유럽은 도시국가가 발전하고 장거리 교역이 활성화되면서 상업 금융이 성장하고 화폐 사용이 크게 증가한 반면, 우리나라는 고려 시대와 조선 중기까지 상업 활동이 늘어났으나 여전히 농업 중심 국가로 금융업이 활성화되지 못했다.

1876년 조선의 개항 이후 일본 제일은행이 1878년 우리나라에 최초로 부산에 은행지점을 개설해 근대적 의미의 은행제도가 도입되었다. 국내 민간자본을 중심으로는 1897년 한성은행(조흥은행 전신)이 설립되었다. 1921년에는 우리나라 최초의 손해보험회사인 조선화재해상보험이, 1949년에는 최초의 증권회사인 대한증권이 설립되었고 1956년 대한증권거래소가 개장되어 12개 회사의 주식이 상장되었다. 개항 이후 일제강점기, 광복, 6·25전쟁 등을 겪은 1950년대까지를 우리나라 '금융산업의 태동기'라 부를 수 있다.

우리나라는 조선 말 개항기와 일제강점기를 거치며 외세 의존적이어서 자주적인 금융 발전이 더디게 이루어졌지만, 서구 유럽은 근대 이후 대항해, 산업혁명, 자본주의 발전기를 거치며 산업금융이 발달해 세계 경제에서 주도적인 역할을 해왔다.

산업화 시기 이후 우리나라 금융

우리나라는 1960년대에 들어 정부 주도하에 적극적인 경제개발 전략을 추진했다. 초기 경제개발 단계에서는 국내에 축적된 자본이 절대적으로 부족하고 자본시장이 발달하지 못해 은행업을 실물경제의 성장을 지원하기 위한 핵심적인 정책 수단으로 활용했다. 정부는 이를 위해 각종 금융제도 및 규제를 정비하고 1961년 중소기업은행 등 여러 특수 금융기관들을 설립했다. 1970년대에도 정부 주도의 경제개발정책 흐름이 이어졌는데, 특히 중화학공업 등 대형 장치산업을 육성하는 과정에서 정부의 자금 배분, 관리에 대한 개입이 심화되기도 했다.

경제구조가 성숙하지 못하고 금융시장이 발달하지 못한 경제개발 초기 단계에서 정부의 금융시장 개입은 국민경제의 성장은 물론이고 금융의 발전 측면에서 불가피한 측면이 있었고, 효율적인 경제성장을 이뤄내는 등의 긍정적인 효과가 있었다고 할 수 있다. 하지만 정부의 과도한 금융규제나 금융시장 개입은 금융기관의 자율경영 및 책임경영을 가로막아 금융기관의 위험관리 능력을 약화시키고, 자본시장 발달 저해 등 금융산업의 효율성을 떨어뜨리는 부작용을 초래하는 면도 있었다.

1980, 1990년대 들어 우리나라는 금융자율화 및 금융시장 개방화를 추진하기 시작했다. 이는 국내 금융산업의 경쟁력 강화라는 내부적 필요에 의한 면도 있었으나, 금융산업의 우위를 바탕으로 해외시장을 확대하려는 미국 등 선진국의 금융시장 개방 요구가 컸던 요인도 있었다. 이에 따라 금리 자유화 및 금융기관의 신규 진입 등으로 시장경쟁이 촉진되었다. 특히 1996년 우리나라의 경제협력개발기구 OECD 가입을 계기

로 외환 및 자본시장의 개방이 더욱 전향적으로 추진되었다.

우리나라 금융시장은 1997년 외환위기를 계기로 많은 변화를 겪게 된다. 우선 수많은 부실 금융기관이 퇴출되는 대대적인 구조조정을 경험한다. 주식, 채권 등 자본시장이 개방되고 환율도 자유 변동 환율체제로 이행하는 등 금융자율화 및 개방화의 과정은 국제적 기준과 투명성을 강조하는 선진국의 요구로 더욱 급속한 변화의 길을 겪게 된다.

이상에서 개략적으로 살펴본 바와 같이 해방 이후 우리나라 금융산업은 1960, 1970년대 개발경제 시대의 정부 계획하에 실물부문의 성장을 지원하는 형태에서, 1980년대 이후 금융시장이 자율화·개방화되고 경제구조가 성숙함에 따라 금융산업의 규모도 커지고 금융시장의 구조도 다원화되어 자본시장, 보험업이 발달했다. 자본시장은 1990년 주식시장 시가 총액이 79조 원에 불과했으나, 2024년 6월 말 기준 시가 총액이 2621조 원(보통주 기준)으로 32배 이상 성장했다. 보험시장도 보험회사의 연간 수입보험료가 1990년 19조 6000억 원에서 2023년 중 237조 6000억 원으로 증가해 수입보험료 기준 보험산업 규모가 11배 이상 성장했다.

한 나라의 금융자산과 명목 국민총소득GNI의 비율로 측정하는 금융연관비율financial interrelation ratio은 금융부문의 성장 속도를 나타내는 대표적인 지표다. 1990년 금융연관비율이 3.8, 2010년 8.1, 2020년 이후에는 10을 초과하는 수치를 나타내는데, 이는 금융부문이 양적으로 매우 빠르게 성장했음을 보여준다.

전 세계가 긴밀히 연결되는 개방화 시대에 우리나라 역시 금융자율화 및 규제완화로 금융시장의 경쟁이 촉진되어 금융의 효율성이 높아졌다. 또한 위험관리 등 금융기법, 정보통신 기술의 발달로 다양한 금융상품 및 금융서비스가 개발되어 금융수요자의 후생이 증가했다. 하

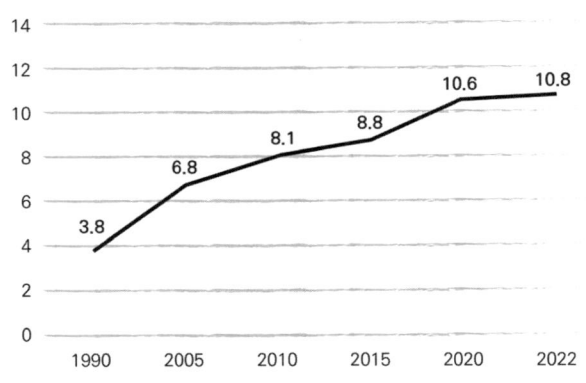

그림. 금융연관비율 추이

자료: 한국은행 경제통계시스템(ECOS).

지만 절제되지 않은 금융업의 이익 추구, 금융당국 및 금융회사의 위기 관리 능력 부족 등으로 세계적 금융위기는 물론이고 우리나라만의 크고 작은 금융사고가 발생해 금융시장이 안정되지 못해 경제에 부담이 되기도 했다.

지금까지 세계 및 우리나라 금융의 역사에서 금융의 효용에 대해 살펴보았다. 인간은 고대 시대 이후 화폐의 발명, 대출 등 다양한 금융활동을 함으로써 경제생활에 활력을 주었고 주식회사, 보험, 연금제도 설계 등 창의적인 금융혁신을 통해 경제 활동에 새로운 기회를 창출했다. 하지만 금융을 잘못 활용할 경우 대공황, 금융위기 등 인류에 커다란 부담이 될 수 있다는 점도 알 수 있다. 금융의 역할을 더 잘 이해하려면 우리는 금융시장 및 금융상품의 특성을 더 자세히 파악해 볼 필요가 있다.

현대 시장경제에서 바람직한 금융의 역할

금융시장은 규칙과 질서가 강조되는 곳이다

시장이라고 하면 생산자와 소비자가 가격을 매개로 재화와 서비스를 교환하는 공간으로, 경쟁과 선택의 자유를 특징으로 한다. 사람들은 경쟁과 선택의 자유를 통해 자원이 시장 참여자에게 효율적으로 배분되고 시장 운영이 소비자의 요구에 부합하게 된다고 믿는다. 자유시장을 지지하는 경제학은 사람들이 자신의 이익을 위해 합리적으로 예측해 행동하므로 시장이 자연스럽게 균형을 유지한다는 '합리적 기대가설Rational Expectation Hypothesis'을 바탕으로 한다. 시장이 원활히 작동하려면 거래당사자가 충분한 정보를 가지고 합리적 선택을 하고, 가격이 자원의 효율적 배분 기능을 해야 한다. 여기서 가격은 경제학에서 가장 유명한 비유라 할 수 있는 '보이지 않는 손invisible hand'을 의미한다.

그러나 시장에서의 경쟁과 자유가 제대로 기능하기 위해서는 규칙과 질서가 반드시 필요하다. 시장에서는 모두가 자기의 이익에 따라 행동하려고 하므로 공정한 경쟁을 위한 규칙을 설정하고 이를 지키는 질서가 요구되며, 이를 위한 공공의 역할이 중요하다. 시장은 자유와 규칙이 균형을 이룰 때 정상적으로 작동한다. 경제학의 아버지라 불리는 영국의 철학자이자 경제학자인 애덤 스미스Acam Smith는 각 개인이 자유롭게 이익을 추구하는 시장을 긍정하면서도, 정부와 손잡고 독점을 일삼는 상인과 제조업자의 폐해도 비판했다. 그는 인간의 이기심과 도덕성을 균형 있게 파악했으며, 사회 공익을 위한 규제의 필요성도 인정했다. 애덤 스미스가 강조하는 계몽된 자기 이익enlightened self-interest은 교양 있는 행동, 올바른 예절, 도덕관념이라는 전제 조건이 있어야 한다.

금융시장은 자금의 수요자와 공급자 사이에 금융상품을 통해 금융거래가 이루어지는 곳이다. 금융시장은 은행과 같은 금융기관을 통해 자금이 이전되는 '간접 금융시장'과 기업 등 자금수요자가 자기 명의로 주식, 회사채 등 증권을 발행해 자금을 조달하는 '직접 금융시장'으로 나눌 수 있다. 금융시장이 발달할수록 자금 중개 비용의 절감 등 자금 조달 및 운용의 효율성을 위해 직접금융의 중요성이 점점 커지고 있다.

금융시장에서도 금융시장 참가자의 합리적인 기대가 반영되어 주가가 결정된다는 '효율적 시장가설Efficient Markets Hypothesis'이 제시된다. 하지만 금융가격은 금융시장에서 금리, 수수료, 환율 등 여러 변수가 서로 영향을 주고받고, 금융시장 참가자 사이의 정보 비대칭성과 힘의 불균형 등으로 거래당사자가 거래조건을 분명히 이해하고 스스로 균형을 찾는 완전금융시장과는 거리가 멀다. 현실의 인간은 경험법칙과 직관, 충동에 따라 행동하고, 금융거래는 인간의 행동, 심리, 사회적 요인 등 복합적 요소에 의해 결정되어 시장의 자율 조정 기능은 한계가 있기 때문이다. 더욱이 금융시장에서 숱하게 벌어지는 금융사고, 금융이 국민경제에 미치는 커다란 영향력을 생각할 때 공정한 금융시장 질서를 위한 규칙 준수와 문제점 개선을 위한 사회의 노력이 요구된다.

금융업은 거래계약의 신뢰성, 공공성이 중요해 규제와 감독이 필수적이다

눈에 보이는 제품이나 구입하고 나서 바로 사용가치를 느끼는 다른 서비스와 달리 금융시장에서 유통되는 금융상품은 미래 무형의 약속을 대가로 제공하고, 사용되는 개념은 추상적이다. 그에 따라 금융계약에는 당사자 사이의 신뢰가 중요하다. 금융기관은 정보력 측면에서 예금자 등 금융소비자와 비교해서는 우월한 지위에 있고, 기업 등 자금 차입자에 대해서는 불리한 지위에 있다. 금융시장은 자금의 수요자와 공급자 간에 정보 비대칭성이 심한 곳이다. 그러한 점에서도 금융시장의 신뢰는 매우 중요하다.

금융에서 신뢰가 하락될 경우 금융거래 및 금융서비스가 축소되어 경제 활동이 효율적으로 작동하기 어렵다. 인간 사회에서 신뢰를 쌓아 인정받는 데는 오랜 세월이 필요하지만, 그 신뢰를 해치는 데는 그리 긴 시간이 필요하지 않다. 근래 미국 트럼프 행정부의 조변석개하는 관세 정책으로 인해 미국의 대외 정책 신뢰도가 급락하고 있는 현상에서도 잘 알 수 있다.

금융업은 기본적으로 타인의 자금으로 사업을 영위하고, 사업 운영의 안정성이 중요해 금융업자에게 높은 도덕성과 공공성을 요구한다. 금융상품은 또한 계약 기간이 장기이고 오랫동안 판매가 가능해, 금융상품이 판매되고 난 후 나중에 문제가 발견되면 수습이 매우 어렵다. 더욱이 1980년대 이후 유동성liquidity(현금화 가능성)이 떨어지는 부동산 등의 자산을 담보로 증권을 발행하는 증권화securitization 금융상품이 개발되어 세계적으로 많이 유통되면서 글로벌 금융시장 위험이 서로 간에 얽히게 되었다.

이렇듯 금융업은 거래계약 신뢰의 중요성, 타인의 자금을 운용해 수익을 얻는 특성, 경제에 미치는 커다란 영향력 등으로 국가에서 면허를 통해 자격이 있는 자에게만 금융업을 할 수 있도록 허용한다. 그리고 그 자격 요건을 유지하기 위해 금융당국의 규제와 감독이 필수적이라는 조건이 붙는다.

금융규제는 금융시장 참가자가 규칙을 지키도록 함으로써 금융시장의 공정거래질서를 지키고, 금융회사의 경영 건전성을 확보하며 금융소비자를 보호하는 목적이 있다. 재벌 대기업이 제2금융권에 진출을 많이 할 무렵, 그룹 계열사에서 금융회사로 이동한 임직원들은 회사가 자유롭게 이윤을 추구하면 되는 것이지 금융당국으로부터 왜 감독을 받아야 하는지, 그 이유에 대해 선뜻 이해하지 못했다. 지금은 그러한 인식이 거의 없지만, 당시에는 그들과 소통하는 일이 적잖이 어려웠다.

금융시장의 자금거래는 금융상품을 통해 이루어지고, 금융사고의 대부분은 잘못 만들어진 금융상품이나 판매 과정의 문제로 인해 발생한다. 따라서 금융상품 거래에 대한 규제는 금융시장의 안정을 위해 매우 중요한 부분이다. 하지만 금융시장의 규모가 커지고, 거래되는 금융상품이 무척 다양해져 금융당국이 금융상품을 사전에 모두 심사하거나 판매 과정에 일일이 관여하는 것은 불가능한 상황이다. 이에 따라 금융회사에서 금융상품 제조·판매 과정에 대한 내부통제를 통해 상품 판매 전 금융상품의 적정성을 스스로 검증하고, 금융상품의 공시 등을 통해 소비자와의 정보 비대칭성을 완화하며, 적법한 판매 절차를 지키려는 노력이 중요하다. 하지만 단기 실적을 강조하는 회사의 경영 방식, 금융상품의 복잡성 등으로 금융상품에 대한 자율적 규율도 쉽지 않은 상황이다.

금융서비스의 혁신은 금융상품을 통해 이루어지므로 금융상품 개발의 자율성, 창의성은 존중되어야 한다. 그와 동시에 공정한 금융시장을 위한, 금융상품에 대한 적절한 규제 감독도 중요하다. 둘 사이의 균형을 지키는 것이 쉽지 않은 일이지만 건전하고 공정한 금융시장을 위해서는 반드시 지켜내야 할 소중한 가치이다.

바람직한 금융의 구체적 역할

인간이 만든 사회제도인 금융은 경제거래의 편의성을 향상시켰을 뿐 아니라, 과학기술의 발달로 커지는 생산력에 필요한 자본을 조달해 주는 등 인류의 경제생활을 발전시키는 데 '빛'의 역할을 했다. 하지만 무형의 거래인 금융이 갖는 고유의 위험성과 인간의 절제 없는 욕망 등이 잘못 결합할 경우 많은 문제를 일으킬 수 있는 '그늘'의 폐해도 가지고 있다. 금융이 경제에 혁신의 에너지를 불어넣을 수 있는 '빛'의 기능을 하기 위한 바람직한 금융의 구체적 역할을 생각해 보자.

첫째, 금융은 자금의 수요자와 공급자 사이에 거래가 원활히 이루어지도록 하는 '자금 중개 기능'을 한다. 이는 시중의 자금이 더 나은 기회를 찾는 기업 등에 연결되어 경제의 생산성과 성장을 촉진하는 데 중요한 역할을 하는 것이다. 이는 금융기관이 단순히 자금 통로의 역할만 하는 것이 아니라 미래 성장 가능성이 있고 우량한 기업 등에 자금을 공급해 기업을 더욱 발전시키고, 장래성이 낮거나 부실한 기업에는 자금 공급을 줄여 시장의 구조를 더욱 효율적으로 만드는 기능을 하는 것을 의미한다.

하지만 금융이 수익 극대화를 위해 부동산 등 기존 자산의 가치를 올리는 영역에서 주로 자금 운용을 하고 금융상품을 이용해 위험을 이동시키는 거래에서 이익을 얻는 데 집중한다면, 우량기업에 대한 자금 배분 역할은 약해질 것이다. 튼튼한 실물경제가 존재하지 않는다면 금융회사도 건전성을 유지하면서 지속적으로 발전하는 게 불가능하다.

둘째, 금융은 개인과 기업이 일상생활과 경제 활동에서 일어날 수 있는 '위험에 대비'할 수 있도록 해준다. 개인은 생애주기 중 소득, 자산가치, 부채관리 등 여러 부문에서 변동성을 가지며, 기업 또한 시장 상황 변동에 따른 재무 위험, 경영 위험 등 여러 경제적 위험을 갖는다. 금융의 핵심 역량은 다양한 위험을 평가하고 경제주체들이 '위험을 관리'할 수 있도록 돕는 기능을 하는 것이다.

이를 위한 대표적인 금융상품으로 보험과 파생상품derivatives을 들 수 있다. 보험은 개인과 기업이 자연재해, 사고 등의 위험에 대비할 수 있도록 도와주는 역할을 하고 있으나, 점차 보험회사나 판매조직의 이익 증대를 위한 보험상품을 개발하고 판매에 집중한다는 지적을 받고 있다.

파생상품은 주식, 채권, 환율, 원자재 등 기초 자산의 가치변동에 따라 가격이 변하는 금융상품으로 시장 참여자에게 노출된 자산 가격의 변동 위험을 다른 시장 참가자에게 이전해 위험을 완화하는 역할을 한다. 하지만 파생상품이 점점 위험 회피보다 투자 수단으로서의 성격이 커지고 있고, 경제주체 간의 거래가 광범위하게 연결됨에 따라 금융시스템 전반의 위험을 증대시킬 수 있다. 또한 발생 가능성은 매우 희박하지만, 엄청난 영향력을 미치는 예상하지 못한 큰 사건tail risk의 발생 위험도 있다.

이러한 위험 사례로 LTCMLong-Term Capital Management 사태가 자주 언급된다. LTCM은 노벨 경제학상을 수상한 로버트 머튼Robert Merton과 마이런 숄즈Myron Scholes가 포함된 최고 전문가들이 운영하는 헤지펀드로 정교한 금융 모델을 활용한 차익거래와 높은 레버리지 전략으로 큰 성과를 실현했다. 그러나 1998년 러시아 채권을 대규모로 매수한 후, 그들의 수학적 모델은 러시아 금융위기라는 비정상적 상황을 예측하지 못하면서 붕괴되었다. 거래 규모가 커 금융시장 전체가 위기에 빠질 수 있었으나, 미국 연방준비제도Fed, Federal Reserve가 개입해 시스템적 위기는 모면했다.

워런 버핏Warren Buffett은 이러한 파생상품의 위험을 2002년 주주들에게 보내는 편지에서 "파생상품은 평가하기 어렵고 가치가 급격하게 바뀔 수 있으며 금융기관들의 상호의존성을 높여 거시적으로 위험하다고 하며 이를 '금융 대량살상 무기Financial Weapons of Mass Destruction'라고 표현"

해 사람들 사이에 널리 회자되고 있다.

셋째, 금융업은 개인과 기업의 여러 경제적 요구를 충족시키기 위한 '다양한 금융서비스를 제공'하는 역할을 한다. 특히 정보화 기술을 활용한 디지털 결제, 온라인 금융상품, 로보어드바이저 등 금융기술 혁신으로 지급·결제의 편익을 제공하고, 개인과 기업의 재산을 관리하는 데 도움을 주어 소비자의 후생을 증진하는 역할을 한다.

금융은 인간의 경제 활동에 필요가 있는 부분, 어려움이 있는 영역에 혁신innovation의 아이디어를 제공해 금융소비자의 효용을 증진시키거나 새로운 시장을 발굴해 시장의 규모를 키우고 효율을 증진시켰다. 정보화 기술이 하루가 다르게 발전하는 현대에 금융finance과 기술technology을 결합한 핀테크fintech 금융은 혁신을 불러오는 영역이 되고 있다.

하지만 일부에서는 규제는 회피하고 리스크를 외부에 전가하는 것이 '혁신'인 것으로 오해하기도 한다. 그러한 행위는 시장의 효율을 올리지도 소비자에게 효용을 제공하지도 못한다. 미국 애플 기업의 전설적인 CEO 스티브 잡스Steven Jobs는 "업의 본질은 열정을 가진 사람들이 세상을 더 나은 곳으로 만들어가는 것"이라는 말을 했는데, 금융업도 더 나은 세상을 위한 역할을 할 수 있다.

인공지능AI 등 정보화 기술을 이용한 금융혁신은 금융거래에 많은 편익을 제공하지만, 고령층 등 디지털 소외계층에 대한 금융 불평등, 보이스피싱 등 디지털 범죄의 증가와 같은 여러 부작용을 낳을 수 있다. 특히 인공지능의 활용은 알고리즘의 불투명성, 개인정보 침해, 사이버 보안 등에 대한 우려가 있어 인공지능 활용 윤리 원칙 마련 등 AI에 맞는 지배구조체계를 구축할 필요가 있다. 또한 온라인 금융거래는 가입자가 자발적으로 금융상품에 가입하는 형식을 갖추게 되는데, 금융회사가 온라인에 깨알 같은 글씨로 고지한 위험 내용을 제대로 확인하지 않고 가입할 경우 거래위험이 가입자의 책임으로 전환되어 소비자 피해가 증가할 우려도 있다. 금융혁신의 설계에는 정교한 준비가 뒤따라야 한다.

넷째, 금융은 공동체 사회 발전에 기여할 '사회적 책임'의 역할을 수행한다. 금융업은 자격이 있는 한정된 자에게만 허용되고 여러 제도적 보호 장치가 있어 다른 산업에 비해 수익성은 높고 사업 위험은 낮다고 할 수 있다. 또한 고객의 자금을 운용해 수익을 올리고 있어 일반 기업과는 다른 차원의 사회적 책임이 요구된다. 금융회사는 이윤을 추구하는 기업이기도 하지만, 공공성의 가치를 중시하는 금융기관의 성격도 갖고 있다. 일반 국민에게는 은행 등이 단순한 금융회사이기보다는 '금융기관'으로 인식된다. 금융업이 금융소비자를 공평하게 대하고 고령자, 취약계층 보호 등 여러 이해관계자에 대한 소임을 다하는 사회적 책임을 이행하는 것이 중요하다.

건전한 시장경제를 위해 금융의 '공정'이 중요한 이유

사회구성원이 안정되고 풍족한 삶을 살아가기 위해서는 효율적인 경제 시스템이 필요하며, 이를 이루기 위해서는 건전하고 튼튼한 금융이 전제되어야 한다. 그러나 글로벌 금융시장에서 주기적으로 발생하는 금융시장의 불안 요인 외에도 우리나라만의 부실 사모펀드 사태와 같은 금융사고가 지속적으로 발생하고 있다. 증권 불공정거래, 보이스피싱, 보험사기 등 불법 금융거래도 증가하는 추세다. 이는 금융시장의 거래질서가 공정하지 않음을 나타낸다. 금융사고, 불법 금융거래가 증가할수록 거래 당사자의 피해뿐 아니라 금융시스템의 효율성이 저하되고, 결과적으로 경제 활력이 전체적으로 감소한다.

공정公正이라는 말 자체는 '공평하고 바른 것'을 뜻하는데, 공정의 개념과 강조점은 인류 역사를 볼 때 시대적 상황에 따라 변화해 왔다. 일반적으로 공정은 우리가 소중히 여기는 소득, 부, 권력, 명예 같은 세상의 제한적인 자원을 '분배하는 방식'과 '결과의 정당성'을 묻는 것으로 생각된다. 자원은 시장에서 경쟁을 통해 모든 사람에게 이익이 되는 방식으로, 효율적으로 분배되어야 한다. 승자독식이나 정당하지 않은 경쟁으로 자원이 배분되면 사람들은 결과를 정당하게 받아들이지 않게 되고, 사회 전체의 효율은 떨어진다. 따라서 공정은 사회공동체의 협력과 유지라는 공통된 목적을 지향한다고 볼 수 있다.

20세기 정의론을 정립하는 데 가장 중요한 역할을 했다고 평가받는 미국의 정치철학자 존 롤스John Rawls는 공정으로서의 정의Justice as fairness에 관심을 기울이고, 정의의 주요 문제는 우리 사회가 협동해서 얻은 이익을 분배하는 방법에 관한 것이라고 생각했다. 그는 사회적·경제적 평등은 기회균등에서 출발해 자신의 능력을 최대한 발휘하게 하되, 이로부터 얻은 것을 사회구성원과 나누어야 한다고 주장했다. 그는 정당화될 수 있는 불평등은 오직 사회 전체와 구성원 모두에게 이익이 될 수 있는 경우라고 했다.

세상은 공정해야 정상적으로 유지될 수 있고, 공정성에 대한 신뢰가 없어지면 사람들은 사회제도를 믿지 않으며 사회적 협력을 거부한다. 신뢰라는 사회적 자본이 감소하면 사회에 문제가 생겼을 때 문제 해결 비용이 증가하게 된다.

2023년 초 일반인의 공정에 관한 상식을 무시한 법원의 판결이 있었다. 유력 정치인의 아들이 퇴직금 명목으로 50억 원을 받은 것이 아버지에 대한 뇌물죄에 해당한다는 혐의에 대해 무죄 판결이 나온 것이다. 그 정치인의 아들이 퇴사하기 전 받은 급여에 근속연수에 따른 지급률을 곱해 퇴직금을 계산하면 수천만 원에 불과한데, 성과급으로 50억 원을 받은 것이 정당하냐는 것이다. 오래전, 버스비 800원을 횡령했다는 이유로 해고당한 버스 기사에 대해 그 해고가 정당하다고 판결한 것과 너무도 대비되는 결정이었다.

이는 누가 봐도 상식적이지 않다. 강자의 부정의에는 관대하고, 약자에게는 지나치게 엄격했다. 생계형 생활범죄에는 엄격하고, 권력형 경제범죄는 애써 눈을 감은 것이라는 비판이 있을 수 있다. 큰 힘에는 더 무거운 책임이 필요하다. 세상이 공정하지 못하면 각종 비리가 만연하고, 사회구성원 사이에 신뢰가 상실되어 정상적인 사회를 유지하기 어렵다.

사람들 대부분은 성과 그 자체보다는 공정성 여부에 민감하다. 이와 관련해 유명한 베르너 귀트Werner Güth의 '최후통첩 게임Ultimatum Game'이 주목된다. 이는 두 사람이 돈을 나누는 실험으로, 첫 번째 사람이 돈의 일부를 두 번째 사람에게 제안할 때 응답자가 수락하면 둘 다 돈을 나누지만 거부하면 둘 다 아무것도 받지 못하는 게임이다. 실험 결과는 응답자가 제안 내용이 불공정하다고 생각하면 자기의 이익을 포기해서라도 그 제안에 대해 응징한다는 것이다. 인간은 경제적 이익뿐 아니라 공정성을 고려해 의사결정을 한다는 것을 보여준다.

시민들은 공정하고 합리적인 경제시스템에서 살아가기를 원한다. 효율적인 경제체제에 기여했던 금융의 경제적 역할이나 그 중요성에도 불구하고, 역사적으로나 현재 세계 각국 어디서나 금융업이 공정한 영역이라는 믿음은 크지 않다. 금융업은 사람들이 어려울 때에도 이익을 챙기지만, 자신들의 잘못으로 금융위기가 오면 전체 경제시스템으로 전염될 위험에 대해 거론하며 국가의 피신처 삼아 숨는 행태를 보인다.

이는 예나 지금이나, 어느 나라에서나 되풀이되는 일이라고 사람들은 생각한다. 금융에서 공정의 의미가 '게임의 룰이 올바르게 만들어지고, 금융시장 참가자들이 균등한 기회를 갖고 경쟁해서 성취한 경제성과를 공평하게 나누는 것'이라고 할 때 금융업은 이를 지키고 있는가? 금융업의 공정성 논의를 구체적으로 살펴보자.

첫째, 금융거래의 규칙은 올바른가?
금융상품은 금융회사와 금융소비자 간의 계약에 따라 규제되는데, 계약에는 당사자 간 합의와 상호 이익의 존재라는 정당성이 존재해야 한다. 누구나 생각하듯이 복잡한 금융상품을 일반 소비자가 금융회사와 동등하게 협상할 수 있다고 보진 않는다. 이러한 비대칭성을 극복해 줄 제도가 올바르게 만들어지고 적용되어야 한다. 그 게임의 규칙이 금융업자에게만 유리하게 만들어지고 있지는 않은지, 혹은 금융회사가 정치화되어 규제 당국과 긴밀히 연결되어 금융제도가 '그들만의 리그'에 유리하게 운영되는 것은 아닌지를 생각해 보아야 한다.

민주주의 국가의 정치 영역에서는 1인 1표의 원칙이 지배한다. 하지만 경제 영역에서는 1원 1표의 원리가 지배하고, 그러한 시장의 원리가 정치 영역에도 영향을 끼쳐 힘 있는 세력에게 유리한 제도가 만들어지고 적용되어 불공정이 심화되는 것 아니냐는 의문을 가지는 것이다.

'법과 원칙'은 위정자이건 일반 국민이건 여러 상황에서 쉽게 자의적으로 많이 쓰는 말이다. 말뜻 그대로 법은 질서를 유지하고 정의를 실현하기 위한 사회적 규범이나 관습이고, 원칙은 어떤 행동이 일관되게 지켜야 하는 기본 규칙일 것이다. 그러한 법과 원칙이 '기득권자의 이익'을 지키는 도구가 되고 '선택적'으로 사용될 때 진정한 의미로 법과 원칙이 지켜진다고 할 수 없다. 잘못된 규칙은 현실을 왜곡하고 퇴행시킬 뿐이다. 공정한 금융거래의 규칙을 위해서도 법과 원칙은 제대로 지켜져야 할 좋은 말이다.

둘째, 금융이 과연 제 역할을 잘하고 있는가?
시장은 거래를 통한 시장 참여자의 이익 증가, 경쟁을 통한 효율의 증가를 기대하는데, 금융시장은 그 기능을 제대로 하고 있는가? 금융업은 산업자본주의 시기까지는 스스로 위험을 부담하며 새로운 사업에 대한 자금 배분 등 필요한 기능을 충실히 이행해 왔으나, 금융의 역할이 커지면서 금융 본래의 기능을 하기보다 금융업의 동기와 시스템이 지나치게 단기수익을 좇는 것은 아닌가라는 질문이다. 금융업의 단기성과주의는 산업 영역 전반에 영향을 끼쳐, 기업들도 장기적인 성과를 위한 연구개발 등 자본 투자보다는 단기성과에 집중하다 보니 자본이 효율적으로 활용되지 못한다는 평가를 받고 있다.

금융권역별로 살펴보면, 우선 은행은 가계의 저축을 성장 가능성이 있는 산업 등에 대한 투자로 연결시키는 자금 중개를 하고 고객에게 위험관리 등 다양한 금융서비스를 제공해야 한다. 그러나 은행은 그러한 기능보다는 손쉬운 부동산 담보대출 등을 통해 소비자의 과도한 가계부채를 유발시켜 수익을 창출하는 데 더 집중해 왔다는 비판을 받는다.

은행은 IMF 외환위기를 지나며 기업대출보다 수익성과 안정성에 유리한 가계대출 비중을 높인다. 은행대출에서 가계대출이 차지하는 비중은 1998년 29.2%에 불과했으나 1999년부터 지속적으로 증가해 2000년대 중반에는 50%를 초과했다. 코로나19 팬데믹 이후에는 금리가 상승해 채권 시장이 위축되면서 기업대출이 증가해 가계대출 비중이 2024년 3월 말에는 41.9%를 나타냈다.

또 은행은 비이자수익 증대라는 명목으로 홍콩 H지수 주가연계증권

ELS과 같은 고위험 금융상품 판매에 집중했는데, 이러한 상품은 고객에게 손실 위험을 전가하고, 은행이 판매 수수료를 수익으로 취하는 구조이다. 고위험 투자상품 판매 후 여러 번의 금융사고가 발생해 소비자에게 큰 피해가 발생하는 등 사회적으로 물의를 빚었다.

저축은행, 상호금융 등 서민금융회사에 대해서는 신용도와 소득이 낮아 은행 이용이 어려운 서민과 지역 사업자들의 금융 접근성을 확대하고 경제적 자립을 돕는 '서민금융'으로서의 역할을 기대한다. 그러나 이들 금융기관도 주업인 서민금융 지원의 역할은 줄이고, 건설회사 대출사업인 부동산 프로젝트 파이낸싱PF 등 수익성을 좇는 사업에 집중해 2011년 저축은행 사태 등 주기적으로 금융 불안을 일으킨다는 비판을 받고 있다.

보험업은 개인과 기업의 다양한 위험을 줄이는 보험상품을 개발해 경제주체들의 리스크 관리에 도움이 되어야 한다. 그런데 보험회사는 고객의 위험 회피 목적에 적합한 상품보다는 회사의 단기이익 성취를 위한 상품을 개발해 밀어붙이기식 판매에 집중하지 않았는지에 대해 지적을 받고 있다. 보험업은 여느 금융업보다 담보 기간이 훨씬 긴 상품을 취급해 고객과 회사의 장기 리스크 관리를 더욱 고려해야 하는 업종이다. 그럼에도 저출생, 고령화로 인해 신규 영업이 어렵다는 이유로 경영진의 단기성과 추구와 판매조직의 과열 경쟁으로 보험 본연의 리스크 관리에는 미흡하다는 우려를 사고 있다.

금융투자권역은 자본시장에서 기업의 장기자금 수급이나 모험자본 투자를 조정하는 자금중개자이자 기관투자자로서 기업가치를 정확히 분석·평가하고 투자 역량을 강화해 자본시장 안정화에 핵심적인 역할을 할 것으로 기대된다. 하지만 금융투자업은 회사의 수익 증가에만 관심을 가져 부동산 프로젝트 파이낸싱, 주식·채권 이외의 대체투자

alternative investment 등에 힘을 쏟아 시장에 위험자산 집중 위험을 키우고 있다고 지적받는다. 또한 공정한 증권거래질서를 확립하기 위해 노력하기보다 고위험 투자상품 판매나 주식 거래 증가만을 부추기는 행동을 하지 않았나 하는 우려가 있다. 이러한 행위들이 자본시장에서 경제의 자원 배분을 효율적으로 이루어지게 했다고 보기는 어려울 것이다.

금융당국도 그 역할 수행에 대한 비판에서 자유롭기는 어렵다. 금융상품은 복잡하고 변동성이 심하며 국제적으로 긴밀히 연동되므로 사전에 모든 금융사고를 인지하고 막기는 어렵다. 그렇더라도 금융당국은 '국가 위험관리자'로서 시장 전체의 위험을 제대로 모니터링하고 그 위험 요소를 잘 관리해 왔는지, 단기 정책성과를 위해 규제정책을 면밀하게 운용하지 못해 금융사고의 빌미를 주지는 않았는지, 또한 금융시장의 불공정거래에 대해 '공정한 심판자'로서 투명하고 원칙 있는 감독을 해오지 못한 것은 아닌지에 대해 비판이 제기되고 있다.

셋째, 은행의 예금·대출금리, 증권 수수료, 보험료 등 금융상품의 가격이 공정하며, 금융 종사자에 대한 보수는 적정한가?
세상의 모든 시장가치가 공공선에 기여하는 정도와 비례해 평가되기는 어렵다. 경제시스템에서 힘의 균형이 제조업보다는 금융업에 기울어 있고, 금융업이 소수 면허받은 이들만이 영위하는 독과점적 특성이 있다는 점을 감안하더라도, 과연 금융이 사회 생산에 기여하는 만큼의 서비스 가격을 받고 있는지 짚어볼 필요가 있다.

특히 2023년 초 금융회사의 과도한 직원 성과급과 명퇴금 지급과 관련된 공공성 논란은 금융업이 사회에 기여가 커서라기보다는 코로나19 팬데믹 시대의 과잉 유동성, 금리 상승기의 예금과 대출이자의 차이에 따른 이익(예대마진) 확대 등 '우연성'의 결과로, 성과를 과다하게 챙기는 것은 아닌가 하는 점이다. 존 롤스John Rawls는 우연한 힘이 작용하고 있다면 공정한 게임이 아니라고 하지 않았던가.

영국의 금융감독청Financial Services Authority 청장을 지낸 아데어 터너 Adair Turner는 "금융 규모가 커질수록 생산경제에 투입되는 자금의 비중은 작아지고 기존 자산이나 파생상품 비중은 커져서 금융 활동이 경제적 가치를 높이기보다는 실물경제에서 지대rent*만을 이끌어내는 것은 아닌가" 하는 점을 지적했다. 새로운 사업을 위한 자금 중개나 투자가 아니라 기존 자산의 가치만 키우는 대출 증가 등을 통해 금융업이 수익을 키워, 금융 분야가 커질수록 경제가 성장하는 것이 아니라 느려질 뿐이라는 것이다.

국제통화기금IMF 보고서**에서도 금융발전은 경제성장과 경기 변동성 완화에 도움이 되지만, 일정 수준을 넘는 경우 경제성장 유발 효과가 약화되고 금융 안정성을 저해한다는 의견을 나타냈다. 이는 금융산업의 규모가 크게 증가하면 금융 변동성이 커지고 실물경제 발전이 저하되며, 과도한 금융발전 시 도덕적 해이나 산업부문에 대한 지대 추구로 비효율성을 증대시킨다는 것이다. 다만 규제나 법치 수준 등 금융제도적 환경이 좋을수록 안정적 금융과 경제 발전을 이룰 수 있다고 주장했다.

금융서비스가 경제시스템에 미치는 효용에 상응하는 가격체계가 될 수 있도록 금융상품 가격 적정성에 대한 금융시장의 경쟁체계, 금융상품 가격 검증 시스템, 금융업 종사자의 성과급체계에 대해 금융회사 및 금융당국의 지속적인 고민이 필요한 지점이다.

- 원래 의미는 토지 사용의 대가이나, 경쟁이 제한적인 조건에서 희소한 자산의 소유 또는 통제를 통해 특별한 노력을 기울이지 않고도 얻을 수 있는 이익을 의미하기도 한다.
- ** IMF Staff Discussion Note, "Rethinking Financial Deepening — Stability and Growth in Emerging Markets"(2015.5).

넷째, 금융업이 공공성 측면에서 사회적 책임을 다하고 있느냐 하는 점이다.
금융업은 사회적 신뢰를 유지할 수 있는 소수에게만 허가되고 공정한 금융서비스 제공, 취약계층 지원 등을 통해 사회 안정에 기여하는 공공적 특성을 갖고 있어, 일반 기업보다 사회적 책임에 대한 요구가 강하다. 그동안 금융회사는 높은 수익을 올리고 경제적 영향력이 커졌음에도 사회적 책임 이행 노력은 미흡하다는 비판을 받았다.

금융기관으로서 사회적 약자의 금융 접근성을 높이는 포용금융 financial inclusion 강화를 생각할 수 있다. 경제적 어려움을 겪고 있는 서민의 금융부담 완화, 청년·취약층에 대한 맞춤형 금융지원 등 금융업종별 특성에 맞는 포용금융 책임을 이행하는 것이 요구된다. 금융회사의 사회적 책임 이행은 경제가 어려울 때 상생 금융지원 확대 등의 일회성 행위를 의미하는 것이 아니다. 금융회사의 경영이 모든 이해관계자 및 국민에게 이익이 될 때 금융회사의 성장도 지속가능할 것이다. 이는 금융회사뿐 아니라 금융당국, 시민사회 세력과의 협력이 중요한 분야이기도 하다.

공정한 금융의 성취는 결국 우리 손에 달려 있다

이렇듯 공정성 측면에서 금융이 세상의 공감을 충분히 얻고 있지 못한다 해도 비난만 하기에는 현대 경제에서 차지하는 역할과 우리 삶에 미치는 영향이 너무나 크다. 금융은 우리 사회의 발전단계마다 중요한 역할을 해왔고, 앞으로도 그럴 것이다. 금융은 여전히 성장 잠재력이 큰 산업에 자금을 공급하고, 디지털 기술의 발전과 기후변화에 대응하며 국민의 안정적인 노후를 지원하는 등 경제시스템에서 핵심적인 역할을 해야 한다.

금융은 결국 인간이 필요에 의해 만든 것으로, 금융 그 자체의 옳고 그름을 따질 수 없다. 금융을 제대로 활용하는 것은 결국 우리 손에 달려 있을 뿐이다. 금융의 공정은 기회의 균등, 결과의 공평을 넘어 금융업이 지속가능하게 발전하는 데 무엇보다 중요하다. 지속가능한 발전이란 현재의 필요를 충족시키기 위해 미래의 조건을 부당하게 침해하지 않아야 한다. 현재만이 아닌 미래를, 나만이 아닌 우리를 위하는 가치가 존중되는 금융이 필요하다.

완벽한 금융은 없다. 또한 어느 상황에서나 모든 문제를 일거에 해결할 수 있는 도깨비방망이 같은 대책은 없다. 과거에는 사회·경제적 문제를 해결하는 역할을 정치 분야에서 많이 담당했다면 오늘날에는 시장으로 그 역할이 넘어갔다고 여겨진다. 하지만 국가가 정의를 바로 세울 부분이 있고, 시민사회가 노력해야 할 부분이 있다. 우리는 스스로를 위해, 미래를 위해 머리를 맞대고 현상을 정확히 분석해 논리적이고 구체적인 대안을 만들어 해결하도록 힘을 써야 할 것이다.

02

금융시장 실패의 역사에서 우리는 무엇을 배우는가?

우리는 역사의 이해를 통해 우리의 정체성과 가치를 알 수 있다. 또한 우리가 살고 있는 현재를 제대로 해석할 수 있어 미래를 대비할 수 있다고 생각한다. 과거는 현재로 이어져 있고 과거의 역사적 사실이 지금에도 영향을 미친다. 과거의 영광과 오점이 영향을 미치지 않는 현재는 없다. 우리가 현재 어떤 판단을 내리고 어디로 나아가야 하는지 결정하는 데 역사의 이해가 중요한 이유다.

19세기 독일에서는 역사적인 사건과 과정의 분석을 통해 경제 현상을 이해하고 설명하려는 '역사학파' 경제학자들이 있었다. 이들은 특정 시대와 지역의 역사적·사회적 배경을 고려해 경제를 분석해야 한다고 주장했다. 이러한 관점은 보편적 이론을 추구했던 고전학파 등 다른 학파의 연구와 비교해 시간과 공간에 따른 특수성이나 상대성을 보완하는 시각을 제공했다고 할 수 있다.

우리는 고대, 중세, 근대 등 시대 변천에 따른 금융의 역사에서 금융의 효용을 이해함으로써 정보기술의 발전, 세계화 등으로 많은 변화를 겪고 있는 현대에서 바람직한 금융의 모습을 그려볼 수 있었다. 금융의 역사에는 금융의 효용뿐 아니라 금융위기, 사고의 역사라 해도 과언이 아닐 만큼 숱한 금융시장 실패의 사례가 있다. 과거 로마에서도 과도한 대출과 채무불이행이 일으킨 금융위기가 있어 정책 수단이 활용된 역사기록이 있다. 우리는 과거 금융시장 실패의 역사에서 금융의 위험 요소와 시장 실패에 대한 대응 과정을 살펴보고 가르침을 얻어 현재와 미래를 대비할 수 있다.

금융은 여러 금융위기, 금융사고의 과정을 거치며 부족한 부분이 다듬어지고 발전되어 왔다. 한 국가나 세계 경제에 커다란 혼란을 야기하는 금융위기를 앞두고는 금융기관 차원의 금융사고가 끊임없이 발생했다. 금융사고는 대형 산불을 경고하는 작은 산불과 같은 역할을 했다고도 볼 수 있다. 우리는 그런 시장의 경고를 쉽게 생각하고 질병의 표면적 증상만 대중적 처방으로 치료하듯이 근본적 치유는 소홀히 해 나중에 큰 위기를 초래하기도 한다. 이렇듯 인간은 망각을 잘하는 불완전한 존재이다. 이익 추구의 욕망이 앞서 위기가 지나가면 잊어버리고, '이번에는 다르다'라고 생각하고 스스로 경계하는 마음을 지우곤 한다.

모든 위기는 제도의 조그만 결함을 타고 오거나, 매번 우리가 전혀 예상하지 못한 다른 사건으로 다가온다. 현대는 모든 것이 매우 빠른 속도로 변화하는 시대로, 이전 금융시장 실패의 역사에서 부족한 면을 배우고 대처하더라도 미래의 위기를 완벽히 예방하기는 어렵다. 그렇더라도 '소 잃고 외양간이라도 고치겠다'는 마음으로 최대한 겸손하게 배우고 준비하는 수밖에 없다.

수많은 금융사고, 위기를 겪으며 경제학자들은 금융시장은 정보의 불완전성, 독과점 성격 등으로 자율이 기능하는 '완전시장'과는 거리가 멀다는 것을 인정하고, 그 불완정성을 보완해야 한다는 고민을 하게 된다. 모든 재난이 취약한 사람들에게 먼저 찾아오고 더 크게 피해를 입히는 것처럼, 금융시장이 실패한 경우도 그렇다. 대공황, 글로벌 금융위기, 우리나라 IMF 외환위기 모두 저소득 취약계층에게 실업, 파산의 위험이 먼저 다가갔고 그 영향이 오래 지속되었다. 금융의 공정성 측면에서도 금융시장 실패의 역사를 돌아보는 것은 의미가 있다.

자본주의 발달 초기의 '투기'로 인한 금융사고

투자와 투기는 모두 돈을 이용해 수익을 추구하는 행위로 그 경계를 명확히 구분하기는 어렵다. 일반적으로 투자는 자산 가치를 기반으로 위험요소를 신중히 분석해 안정적이고 장기적인 수익을 추구하는 반면, 투기는 단기간의 높은 수익을 기대하며 충분한 분석보다는 시장변동성과 위험을 감수하는 행위라 할 수 있다. 자본주의 발달 초기에는 대중의 비이성적인 욕망에 의한 투기로 시장 균형에 교란이 발생해 수많은 투자자의 피해를 유발한 사례가 드물지 않게 발생했다.

　투기로 인한 최초의 거품경제 사건으로 묘사되는 것은 17세기 네덜란드 '튤립 투기 광풍'이다. 튀르키예 원산의 튤립이 바이러스에 감염될 경우 특이하고 아름다운 꽃을 피워 큰 인기를 끌자 사람들이 무리하게 튤립 구근球根에 투자해 그 값이 천정부지로 올랐다가 급락한 사건이다. 대중의 비이성적인 열망이 경제위기의 주요 원인으로 작용할 수 있음을 보여주었다.

　18세기 영국 전역을 주식 투기장으로 만든 남해주식회사South Sea Company의 투기 열풍도 대중의 '비이성적 과열'이 한순간에 붕괴된 사례로 자주 거론된다. 이는 1720년 남미 지역의 무역독점권을 보유한 영국 남해주식회사의 주가가 폭등했다가 회사의 실적이 기대에 미치지 못하고 주가를 끌어올린 재료들이 루머로 판명되어 주가가 급락한 사건이다. 주가가 오르는 과정에서 남해회사는 투자자의 환상을 일으키기 위해 『로빈슨 크루소』를 쓴 대니얼 디포Daniel Defoe, 『걸리버 여행기』를 쓴 조너선 스위프트Jonathan Swift 같은 유명한 작가들을 동원하기도 했다. 영국의 과학자 아이작 뉴턴Isaac Newton은 남해회사 주식을 처분한 뒤 "천체의 움직임은 계산할 수 있어도, 인간의 광기는 도저히 계산하지 못하겠다"라는 유명한 말을 남기기도 했다.

현대의 금융위기는 훨씬 복잡한 여러 요인이 얽혀서 일어나지만, 대중의 투기와 비이성적 과열도 여전히 주요 원인으로 작동한다. 2000년대 초반 미국과 우리나라를 비롯해 세계 여러 나라에서 인터넷 관련 기업 주식에 대한 광적인 투기가 일어났다가 붕괴한 '닷컴 버블Dot-com bubble'이 있었다. 그 당시 미국 나스닥 종합주가지수는 2000년 3월부터 2002년 10월까지 고점 대비 78%나 하락했다. 2008년 글로벌 금융위기도 주택 경기과열로 인한 특정 자산의 과도한 가격 상승은 대중의 비이성적인 열망에 의해 촉발될 수 있으며, 시장의 균형 교란이 커다란 금융위기를 불러올 수 있음을 보여준 사례다.

2013년 노벨 경제학상을 받은 로버트 쉴러Robert Shiller 교수는 경제학에서 심리학적·사회학적 요소가 경제적 의사결정에 어떻게 영향을 미치는지를 연구하는 '행동경제학behavioral economics'에서 큰 연구 성과를 거두었다. 그는 자산 가격은 유동성 등 여러 요인의 영향을 받지만, 객관적이고 이성적인 판단 못지않게 정치, 사회, 심리 등 다양한 요인의 영향을 받는 비이성적인 '야성적 충동animal spirit'을 살펴야 경제 현상을 제대로 이해할 수 있다고 주장한다. 쉴러 교수는 '레몬시장The market for lemons 이론'*으로 유명한 조지 애컬로프George A. Akerlof 교수와 함께 『야성적 충동Animal Spirits』이라는 제목의 책을 저술했다. '야성적 충동'은 존 메이너드 케인스가 1936년 발표한 『고용, 이자 및 화폐에 관한 일반 이론The General Theory of Employment, Interest and Money』에서 처음으로 사용한 용어다. 야성적 충동은 인간의 이성만으로 설명되지 않는 인간의 비경제적이고 비합리적인 심리로, 그로 인한 변화는 예측하기 무척 어렵다. 감정은 이성보다 더 근본적이다. 애컬로프와 쉴러 교수는 주류 경제학자 대부분은 인간의 합리성, 효율성만을 강조한 나머지 인간의 야성적 충동 부분을 배제하는 우를 범했다고 주장했다.

우리나라 경제에서도 부동산 자산 가격 폭등, 정보통신IT 주식 버블 붕괴 등 특정 자산의 과도한 가격 변동이 경제위기의 진원지가 된 적이 많이 있었다. 현재에도 사람들의 부동산 선호로 인한 가계부채의 계속적 증가, 가상자산 등 위험자산에 대한 쏠림 투자 등이 경제 불안의 요인이 되고 있다. 모든 경제정책이 사람들의 심리에 영향을 받지만, 부동산 등 자산 가격은 사람들 사이의 '생각의 전염'에 더욱 민감하다고 할 수 있다. 자본시장 발달기의 투기적 열풍에 대한 역사적 사실은 주식 가격의 급격한 변동, 부동산 시장 과열 사례 등에서 우리에게 여전히 살아있는 교훈을 전해준다고 하겠다.

---

* 중고차 시장과 같이 재화나 서비스의 품질을 구매자가 알 수 없어 불량품(lemon)만이 나돌게 되는 시장 상황을 말하는 용어로, 정보의 비대칭이 시장 실패로 이어질 수 있음을 지적한 이론이다.

세계를 위기로 몰고 온 대형 경제·금융 위기

대공황

자본시장이 발달하고 금융 활동이 활발해지면서 선진 자본주의 사회에서는 다양한 금융사고가 계속 발생한다. 하지만 아직 금융기관이 충분히 커지지 않았고 세계적으로 긴밀히 연결되지 않아 금융사고가 발생하더라도 한 나라 안에서 소수의 금융기관이 문제를 일으켰을 뿐이었다. 하지만 20세기로 들어서면서 경제 규모도 커지고 무역 확대 등으로 세계가 서로 연결되면서 큰 금융사고가 생기면 그 여파가 전 세계에 미칠 수 있는 여건은 충분히 성숙해 가고 있었다.

   1920년대 후반 전 세계를 커다란 경제위기로 몰아넣은 대공황Great Depression은 당시 호황을 누리던 미국의 주식시장이 1929년 10월 돌연 붕괴되면서 시작되었다. 대공황 이전과 비교해 1933년 주가가 약 80% 폭락했고, 금융시장의 붕괴가 실물경제에 영향을 끼쳐 미국 GDP는 30% 이상 증발하고 실업률은 25%에 달했다. 대공황은 다른 나라에까지 파급되어 세계적인 경기침체를 유발했고, 독일, 일본 등 여러 국가가 전체주의에 빠지는 데 주요 원인이 되었다.

   대공황에 대해서는 발생 원인 등 여러 사항이 명확히 규명되지 않았지만, 1920년대 금융 분야에서 개인과 기업이 과도한 부채를 지고 투자하다가 갑작스럽게 주식시장이 무너지며 금융시스템이 붕괴된 것을 주요한 원인으로 인식한다. 미국의 경제학자 존 케니스 갤브레이스John Kenneth Galbraith는 투자자의 비이성적인 투기 심리와 이를 이용한 월스트리트의 행태가 발생 원인 중 하나라고 지적했다.

   대공황을 극복하면서 금융시장의 불안 요인이 대공황의 주요 원인으로 판단되어 금융규제가 대폭 강화되었다. 당시에는 은행이 상업은행Commercial Bank과 투자은행Investment Bank* 업무를 겸했는데, 상업은행의 여신 및 수신 업무와 투자은행의 투자 업무가 이해 상충을 일으켜 은행의 재무구조가 악화된 것이 대공황의 한 원인으로 파악되었다. 그에 따라 상업은행과 투자은행의 분리를 규정한 '글래스-스티걸법Glass-Steagal Act'(1933) 조항이 신설되었다. 또한 예금자의 대량 인출 요구 사태인 뱅크런bank-run을 막고 예금자를 보호하고자 연방예금보험공사FDIC, Federal Deposit Insurance Corporation가 설립되고, 이자율 상한선이 설정되는 등 여러 금융개혁이 시행되었다. 대공황 이후 금융시스템의 안정성을 높이기 위한 금융규제와 제2차 세계대전 이후 국가 간의 협력이 강화되고 경제재건정책이 시행되면서 오랫동안 커다란 금융위기는 없었다.

1980년대부터 금융자유화가 이루어지면서 금융시스템의 복잡성과 리스크가 증가했고, 1995년 멕시코 금융위기가 발생했다. 멕시코의 정치적 불안과 미국 연방준비제도의 금리 인상으로 외국자본이 급속히 빠져나가 페소화 가치가 폭락했고, 대규모 외환 부족과 함께 멕시코의 금융시스템이 붕괴 위기에 처했다. IMF에서 약 500억 달러 규모의 구제금융을 제공해 위기가 진정되었고, 위기 이후 멕시코는 통화정책을 개혁하고 경제 구조조정을 추진해야 했다.

멕시코 금융위기로 외환관리와 국제 자본 흐름에 대한 경각심이 커졌으나, 1997년 아시아 금융위기가 발생했다. 1990년대 들어 서구 선진 사회는 IMF를 통해 동아시아 지역에 자본시장 개방을 요구했다. 개방

---

* 상업은행은 개인이나 기업을 상대로 여·수신 업무를 하며 예대마진을 통해 수익을 창출하는 은행이고, 투자은행은 기업이 자금 조달을 위해 발행한 증권을 인수해 투자자에게 판매하는 유가증권의 인수 및 판매, 기업인수합병(M&A) 자문 등의 역할과 은행 자금을 활용해 직접투자를 하며 높은 수익을 추구하는 은행이다.

된 시장을 통해 세계적 헤지펀드들이 태국통화(바트)에 대한 투기 공격을 시작해 바트화가 폭락하고, 그 여파는 다른 동남아 국가들뿐 아니라 우리나라에도 미쳤다. 이로 인해 통화가치가 떨어지고 신용 경색이 나타나 금융위기가 발생했고, 실물경제도 크게 위축되었다. 우리나라도 1997년 12월 IMF에 구제금융을 요청했고, 경제 구조조정 등 많은 고통을 겪게 되었다. 멕시코, 아시아 금융위기와 비슷한 원인으로 1998년 러시아, 1999년 브라질, 2002년 아르헨티나 등에서도 금융위기가 있었다. 세계화는 신흥국 경제에 기회를 제공하면서도 외부 충격에 취약한 구조를 만들어, 국제 자본 흐름 및 상호 연계성의 중요성에 대해 인식하게 만들었다.

진정한 금융위기인 2008년 글로벌 금융위기

아시아 금융위기가 지나가고 2008년 미국발 글로벌 금융위기가 터졌다. 이는 그때까지의 실물경제와 연계된 금융위기와 다르게 순수한 금융 행위가 위기의 핵심 원인이 된 진정한 금융위기라 할 수 있다. 또한 종전의 위기가 주로 은행의 파산 위험으로 인한 것이었다면, 2008년 위기는 자본시장이 중심이 되어 금융시스템이 제대로 작동하지 않아 발생했다고 할 수 있다. 2000년대 초 미국은 낮은 정책금리로 인해 시중의 풍부한 자금이 주택시장으로 유입되었고, 당시 부시 행정부의 주택장려정책으로 부동산 경기는 큰 호황을 맞이했다. 이에 금융회사들은 저신용, 저소득자 대상 주택담보대출subprime mortgage을 담보로 다시 주택저당증권MBS, Mortgaged Backed Securities을 만들어 안전자산인 것처럼 거래했다. 주택담보대출 위험을 파생상품을 이용해 자본시장에 전가해 대출 규모를 더욱 키울 수 있었다. 그러다 집값이 떨어지자 금융기관들이 연쇄적으로 커다란 위기에 빠졌다.

　2008년 금융위기는 단순히 주택이라는 자산 가격의 거품이 붕괴되어 금융위기로 전이된 것을 넘어 여러 경제적 의미를 내포하고 있는 사건이다. 우선 1980년대 이후 금융시스템이 효율적이고 안전할 것이라는 믿음 아래 금융규제가 계속 완화되었고, 세계화가 지속적으로 이루어졌다. 또한 금융기관들은 이익 추구를 위해 금융공학을 이용한 복잡한 금융상품을 만들어 시장 위험을 거대하게 키웠고, 세계적으로 연결시켰다. 지난 몇십 년간 투자은행은 금융혁신이라는 이름 아래 여러 개의 대출을 한데 묶어 이를 바탕으로 훨씬 규모가 큰 자산유동화 증권 ABS, asset-backed security을 만들고, 이 증권을 다시 위험 등급별로 몇 개의 조각tranche으로 쪼개 분할 발급 증권을 발행하는 부채 담보부 증권CDO, collateralized debt obligation을 만들어 거래하는 데 집중했다. CDO는 거칠게 말해 빚을 여러 개 묶어 새로운 빚을 만들고 다시 쪼개어 유통하는 것이다. 투자은행은 이를 통해 커다란 수익을 창출했다. 수학, 통계학 지식을 이용해 투자모델을 만들거나 금융시장의 변화를 예측하는 금융공학자quant들이 복잡한 금융상품을 만들고 금융업자들은 이를 시장에서 계속 거래하다가 2008년 금융위기를 맞게 된 것이다.

　이렇게 위험을 모아 잘게 나눈 후 다시 새로운 형태로 만드는 '구조화'는 위험을 없애는 것이 아니라, 떠넘기고 숨길 뿐이었다. 원래의 리스크는 사라지지 않는다. 비우량 주택담보대출을 기반으로 한 파생상품은 전 세계 금융기관에 광범위하게 거래되어 미국 주택시장의 거품이 꺼지자 위기의 실체가 드러났다. 말 그대로 금융의 문제로 전체 경제에 충격을 준 '시스템적 위기'에 빠진 상황이 되었다. 투자은행뿐 아니라 신용평가사, 보험회사, 정부가 지원하는 주택대출 업체인 패니메이 Fannie Mae와 프레디맥Freddie Mac 등 모든 금융기관이 효율적 시장가설에 대한 과도한 믿음으로 위험에 부주의했고, 위기의 규모를 키웠다.

시장에 긴밀히 대응해야 할 미국 금융당국의 위험관리 역량도 부족했다. 금융당국은 금융규제 완화, 파생상품 감독 부재, 금융기관의 과도한 위험 추구 행위 관리 실패 등 여러 부분에서 미흡한 대응을 보였다. 모두가 낙관적 분위기에 취했을 때 파티의 흥을 깨뜨려야 할 책무 party pooper를 다하지 못했다. 위기 상황을 경고하지도 못했고 위기 조짐이 보여도 이를 관리하지도 못했다. 이는 금융위기의 총집합체라고 할 수 있었다.

글로벌 금융위기 이후 미국은 2010년 '도드-프랭크법'(월가개혁과 소비자보호에 관한 법률Dodd-Frank Wall Street Reform and Consumer Protection Act)을 제정해 여러 금융규제를 강화했다. 먼저 연방준비제도를 포함한 금융감독기관의 권한을 강화해 금융기관들의 건전성을 감시하고 위험을 감지하는 능력을 향상시켰다. 그리고 금융회사들에 대한 자본요구, 위험관리 및 투자에 대한 규제를 강화했으며, 소비자금융보호국CFPB 설립으로 금융소비자 보호 기능을 강화했다. 버락 오바마Barack Obama 미국 대통령은 도드-프랭크 법안에 서명하면서 "금융위기를 촉발했던 위험한 거래가 투명해져 다시는 월스트리트의 실수가 없을 것"이라고 했다. 이러한 제도적 보완으로 위기대응능력이 일부 개선되기는 했으나, 월가의 저항으로 파생상품과 투자은행 업무 규제가 강화되었다가 다시 약화되는 등 근본적 제도개선은 미흡했다.

2008년 글로벌 금융위기는 그 파장이 워낙 커 미국뿐 아니라 바젤은행감독위원회(이하 BCBS) 등 국제기구에서도 '시스템적으로 중요한 금융회사SIFI, Systemically Important Financial Institutions'라고 해 대형금융회사에 대한 자본규제를 확대하는 등 금융감독이 강화되었다. 하지만 오늘날에도 우리는 2008년 금융위기체계를 완전히 극복했다고 얘기하기 어렵다. 글로벌 위기를 초래했던 복잡한 금융상품이 더욱 고도화되어 글로벌 금융시장에서 여전히 거래되면서 세계가 초연결되어 있다. 또한 시장 상황이 조금 나아지면 은행의 과도한 위험투자를 통제하는 규제가 완화되기도 한다. 무엇보다 금융회사의 과도한 단기성과를 위한 위험 추구는 조금도 줄어들지 않고 있다.

"지구의 자원은 모든 사람의 필요를 위해서는 충분하지만, 소수의 탐욕을 위해서는 부족하다"는 마하트마 간디의 외침과 같이 금융업을 비롯한 경제주체의 욕망은 끝이 없다.

2008년 글로벌 금융위기 이후 2020년 코로나19 팬데믹 사태를 겪으며 세계는 또 다른 금융시장 불안을 경험한다. 팬데믹을 겪으며 급격하게 늘어난 통화량으로 인플레이션 위험이 지속되자, 미국 연방준비제도에서는 2022년부터 금리를 급격히 올렸다. 그에 따른 채권가격 하락으로 대규모 손실을 입은 미국의 실리콘밸리은행SVB은 뱅크런이 발생해 2023년 3월 파산했고, 금융 불안이 유럽으로 확산되어 스위스 2위 투자은행인 크레디트 스위스은행CS, Credit Suisse이 글로벌 금융기업인 UBS에 합병되었다.

이상에서 보듯 세계 금융시장은 초연결되어 있어, 어느 부분에서든 충격이 발생하면 세계로 빠르게 전이되어 커다란 금융위기로 발전할 위험을 안고 있다. 예전 실크로드의 문물 교류는 실체가 있었으나, 현대 금융자본의 교류는 눈에 보이지 않고 몇 번의 마우스 클릭으로 거대 자본이 이동한다.

다만, 글로벌 금융위기를 겪으며 시장의 위험 상황이 발생하는 초기에 각국 중앙은행은 전통적인 기준금리 조정보다는 국채나 회사채 등을 매입해 시중의 통화량을 늘리는 적극적인 '양적 완화Quantitative Easing' 통화정책을 시행하고, 국제 간 공조를 강화해 위기 상황을 버티고 있다.

하지만 양적 완화를 통해 한없이 커진 유동성 속에서 국제전쟁, 자국 이익 우선의 패권주의 등 여러 요인이 복합적으로 작용하는 현재의 세계경제는 언제든 또 다른 격랑으로 치달을 수 있는 불안한 상태다.

우리나라에서의 금융시장 실패 사례

전 세계 여러 나라와 경제적으로 밀접히 연결된 우리나라도 1997년 아시아 외환위기, 2008년 글로벌 금융위기로부터 직접 영향을 받은 것은 말할 필요도 없다. 특히 1997년 아시아 외환위기로 우리나라에 달러 공급이 부족해지자 원화의 가치가 하락하면서 금융시장이 크게 동요되었다. 그로 인해 실물부문이 큰 영향을 받아 과도한 부채를 지고 있던 여러 기업이 파산하고 노동자의 대규모 실직 사태가 발생했다. 우리나라는 1997년 12월 IMF 구제금융을 요청했고, IMF는 경제 구조조정과 자본시장 개방을 요구해 우리나라는 많은 고통을 겪었다. 수많은 기업이 도산하고 5대 시중은행 등 수많은 금융회사가 합병, 매각되거나 사라졌다. 금리는 20%대로 오르고 원·달러 환율은 800원대에서 1900원대로 상승했다. IMF 사태는 우리에게 '경제적 고난'을 상징하는 말이 되었다.

조지프 스티글리츠Joseph E. Stiglitz 교수는 구제금융을 받은 국가의 금리를 인상하게 하고 정부지출 삭감을 요구한 IMF 구제금융정책은 이 나라들의 경제를 보호하는 것이 아니라, 외국의 대출기관을 보호하기 위해 설계된 것이라고 비판했다. 다른 진보적 경제학자들도 워싱턴 D.C.에 소재한 미국 재무부, IMF, 세계은행World Bank 등 세계의 주요 기관들이 경제위기에 처한 개발도상국에 요구하는 '워싱턴 합의(컨센서스)'는 선진국들이 개발도상국의 나라별 정치, 경제, 사회 환경을 고려

하지 않고 무조건 신자유주의적 가치를 강요하는 것이라고 비판한다.

우리나라는 2001년 8월 IMF 구제금융을 모두 상환했다. IMF 외환위기는 우리 사회 모든 분야에 커다란 영향을 미쳤으며, 그중 금융 분야의 변화도 매우 컸다. 글로벌 스탠더드 도입으로 금융시장이 더욱 개방되었고, 금융회사의 자율경영 기반이 강화되었다. 반면 사회보장제도가 미흡한 상태에서 경제 각 분야에서 효율성을 앞세우면서 고용 관계 등에 커다란 변화가 생겨 경제 양극화 등 여러 부작용도 생겨났다.

2003년 카드 사태

세계적 금융위기 외에도 우리나라만의 금융사고·위기도 여러 번 있었다. 2003년 카드대란은 1999년부터 탈세를 방지하고 소비를 통한 경기부양을 한다는 명목에서 카드사 신용판매 취급 비중 폐지, 현금서비스 한도 폐지 등 영업 규제가 대폭 완화되고, 신용카드 사용액에 대한 소득공제제도 도입 등 신용카드 장려정책이 시행된 후 발생했다. 카드회사에서 가입자의 소득 확인도 제대로 하지 않고 신용카드를 발급하는 등의 문제로 수백만 명이 채무 불이행자가 되었고 여러 카드회사가 부실해졌다.

만일 카드사들이 도산했으면 이들이 발행한 채권과 다른 금융기관에서 빌린 채무 변제가 어려워 금융시장에 큰 혼란이 불가피했으나, 은행 계열 카드사는 모은행에 흡수되고 가장 부실이 컸던 엘지카드는 엘지그룹의 자금지원과 함께 채권은행이 채권을 출자 전환하고 인수해 위험한 고비는 넘겼다.

신용카드 이용은 현재의 소비를 미래의 빚으로 넘기는 것인데, 신용카드를 발급받기 부적절한 사람들에게 쉽게 카드를 발급한 것이 제일 큰 문제였다. 당시 카드회사 간 과당 경쟁이 일어나 '길거리 회원모집'까지 발생했다. 이의 위험성을 인식한 정부가 2002년 길거리 모집을 규제하려 했으나, 여러 부처 사이의 업무 조율이 제대로 이루어지지 못해 초기에 이를 막지 못해 문제를 키웠다.

경기를 부양하기 위해 금융감독정책을 이용하는 것은 매우 위험한 경제정책이라 할 수 있다. 2003년 카드 사태는 경기부양을 목적으로 했던 정책이 지속가능한 경기 진작을 가져오지는 못하고 도리어 금융회사의 건전성과 시장에 커다란 부정적 효과만을 일으킨다는 점을 확인한 소중하지만 아픈 경험이 되었다.

2011년 저축은행 사태

2011년 저축은행 사태는 국가 경제 전체에 커다란 파장을 일으킨 금융사건이었다. 이는 저축은행들이 건설회사 대출사업인 프로젝트 파이낸싱 PF에 적극적으로 나섰다가, 글로벌 금융위기에 따른 부동산 경기 위축으로 건설회사가 큰 손해를 보아 저축은행이 부실화되고 수많은 예금자와 후순위 채권* 투자자들이 피해를 입은 금융사건이다. 사태 수습 과정에서 31개 저축은행이 정리되었고, 예금보험공사의 예금보험기금 27조 2000억 원이 투입되었는데 2024년 기준 절반가량만이 회수되고 있을 뿐이다.

당시 저축은행은 고수익 추구를 위해 주업인 서민대출보다 부동산 PF의 영업 비중을 높였다. 이는 자기자본 8% 이상, 고정이하 여신 비

• 후순위 채권(Subordinated Bonds)은 채권 발행 회사가 파산 등으로 법정관리에 들어가거나 청산 절차를 밟을 경우, 다른 부채를 모두 갚고 난 후 돈을 받을 수 있는 권리를 가진 채권을 말한다. 다른 채권에 비해 이율은 높은 편이나, 회사가 망할 경우 투자금을 거의 받을 수 없어 위험부담이 크다.

율[•] 8% 이하를 충족하는 저축은행(이른바 8·8클럽으로 우량 저축은행을 의미)에 대한 법인 신용대출 한도의 완화, 영업 구역과 지점 설치 요건 완화 등 여러 규제완화가 큰 역할을 했다. 글로벌 금융위기 이후 부동산 가격이 하락하면서 대출이 부실해져 저축은행 자본비율이 떨어지자 자본비율을 충족하고자 개인들에게 후순위 채권을 팔았고, 사태의 피해는 고스란히 지역 서민들에게 돌아갔다.

수많은 피해자를 양산한 저축은행 사태는 저축은행의 무리한 외형 확장과 경영부실, 대주주의 부정행위 등 내부 지배구조의 문제가 있었고, 정부의 규제완화와 감독 부실의 문제도 드러냈다. 수많은 저축은행이 퇴출되면서 퇴출 저지를 위한 대주주의 정·관계 로비 등 여러 문제를 일으켜 사회적으로도 큰 홍역을 치른 금융사고였다.

사태가 진정된 후 저축은행의 경영 위험관리가 많이 건전화되었지만, 팬데믹 이후 과잉 유동성 회수 시기인 현재에도 저축은행, 증권회사 등 제2금융권의 부동산 PF 문제는 우리 경제의 가장 큰 불안 요인이 되고 있다. 지나간 위기는 쉽게 잊히기도 하지만, 당장 현실화되지 않은 리스크는 눈앞의 이익 앞에 무시되어 또 다른 위기의 원인이 된다.

금융회사의 고위험 상품 판매로 계속되는 금융사고

앞에서 살펴보았듯이 금융업은 스스로 이익 추구를 위해 수익성이 좋은 새로운 금융상품을 만들어 거래하는 데 더욱 힘을 쏟는다. 특히 은행의

- 총여신에 대한 고정이하 여신의 비율을 나타내는 것으로, 고정이하 여신은 대출자산의 건전성을 '정상', '요주의', '고정', '회수의문', '추정손실' 5단계로 분류할 때 '고정이하'(연체 3개월 이상)로 분류되는 여신을 말한다.

경우 금융상품 제조와 판매가 분리되는 현상이 늘어나는 환경에서 비이자수익 증대를 위해 금융투자상품의 창구 판매에 적극적이었다. 그 과정에서 2008년 KIKO 사태, 2019년 부실 사모펀드 사태, 2023년 홍콩H지수 주가연계증권ELS 사태가 지속적으로 발생했다.

2008년 키코(KIKO) 사태

KIKO knock-in, knock-out 사태는 환율 변동 위험 회피를 위한 파생상품 계약인 KIKO에 가입한 수출 기업들이 오히려 환율 급등으로 인해 환차손의 피해를 입은 사건이다. 이는 우리나라 금융 역사에서 파생금융상품의 위험성을 사실상 처음 드러낸 사건이라고 할 수 있다. KIKO는 환율이 상한선knock-in과 하한선knock-out의 범위 내에서 결정되면 약정환율로 환전을 받지만, 환율이 하한선 밑으로 떨어지면 계약이 해지되어 수출 기업은 환율 하락에 대한 손실을 입게 되며, 환율이 상한선을 넘어서게 되면 현재 환율과 약정환율 간 차이의 두 배 이상을 은행에 지급하도록 되어 있는 통화 옵션option 파생상품 계약이다. 통화 옵션이란 일정 기간 내에 일정량의 통화를 일정 가격으로 사거나 팔 수 있는 계약상의 권리를 의미한다.

 KIKO는 수출 기업이 환율의 변동에 따라 얻을 수 있는 환차익의 규모는 일정 구간 안으로 제한되는 반면, 환율이 급등할 경우 입게 될 환차손의 규모는 커지는 계약이었다. 2008년 환율이 1300원대까지 치솟게 되어 약정한 상한선을 넘게 되어 KIKO 계약을 했던 중소기업들이 수출로 벌어들인 달러화를 시장환율 수준보다 낮은 가격으로 매도하게 되어 큰 손실을 입은 것이다.

 2010년 금융감독원 보도자료에 의하면 약 700여 개의 기업이 3.2조 원의 피해를 입은 것으로 추정되었다. 피해를 본 수출 기업들은 KIKO

계약은 은행이 우월한 정보와 협상력으로 고객의 판단을 방해한 불완전판매였다고 주장하며 소송을 제기했다. 하지만 법원은 일부 소송건에 대해서만 '설명의무 위반' 등의 사실을 인정해 손해배상 판결을 내렸고, 대부분의 소송에서 기업들이 패소했다.

일반적으로 '환헤지換hedge'라 함은 파생상품을 이용해 환율 변동에 따라 발생 가능한 손실을 시장에서 현물과 반대되는 포지션으로 매입하거나 매도해 환차손을 입지 않는 것을 목적으로 한다. 따라서 환헤지 상품으로 판매된 KIKO가 환율 변동으로 인한 커다란 위험을 소비자에게 전가했다는 점에서 상품이 적정한지는 생각해 볼 필요가 있다. 또한 상품 가입자가 일반 개인이 아닌 법인이라 하더라도, 대부분이 중소기업으로 이들이 파생상품 계약에 대해 전문 지식을 갖추었다고 보기는 어렵다. 금융상품에 전문성을 가진 은행이 고객의 투자목적과 조건 등을 살펴보고 이에 맞는 상품을 권유했어야 함에도, 수출 기업에게 환헤지 명목으로 KIKO 가입을 적극적으로 권유했다는 점에서 은행도 사태의 책임에서 완전히 자유롭지 못하다는 비판이 있다.

하지만 수출 기업도 환리스크 헤지를 하기 위해서는 선물환 계약이나 수출보험공사의 환헤지 프로그램 등을 이용할 수 있었음에도, 초기 비용 절감과 KIKO 계약에서 일정 환율 변동 구간에서 이익을 얻을 수 있다고 생각해 파생금융상품 가입에 신중하지 않은 면도 있었다고 볼 여지가 있다.

2013년 동양증권 사태

KIKO에 대한 대법원 판결이 나온 2013년에는 '동양증권 사태'가 발생했다. 이는 동양그룹 자회사인 동양증권이 재무 상태가 부실한 그룹 계열회사가 발행한 회사채와 기업어음CP, Commercial Paper을 특정금전신탁에 넣어 수많은 개인 고객들에게 판매해 이들에게 커다란 손실을 발생시킨 사건이다. 금융감독원 보도자료에 의하면 2013년 9월 말 기준 동양증권이 개인에게 판매한 동양그룹 CP 및 회사채 규모는 고객 수 4만 1000명, 총 금액은 약 1.6조 원에 달했다.

　동양증권 사태는 금융회사가 단순히 금융투자상품을 불완전판매한 차원을 넘어, 재벌 그룹사가 계열금융회사를 동원해 자금난을 해결하려 함으로써 기업의 부실위험을 시장과 투자자에게 부당하게 전가한 사건이다. 특히 '금융산업의 구조개선에 관한 법률'(금산법) 규제가 잘 미치지 않았던 동양파이낸셜 대부업체를 이용해 동양증권 등 금융회사 자금을 계열회사로 우회 투입하기도 했다. 이는 금융회사의 도덕적 해이와 산업자본의 부실이 금융자본으로 전파되는 것을 막기 위한 금산법 등의 제도와 금융감독 미흡이 결합된 사건이라 할 수 있다. 특히 2008년 증권회사가 계열사를 지원할 목적으로, 계열사가 발행한 기업어음 취득 금지 규제 조항을 '금융투자업 규정'에서 삭제한 것이 큰 영향을 끼쳤다.

　동양증권 사태는 소중한 고객의 자산이 사적 계열기업의 부실을 막는 데 쓰인 아주 좋지 않은 사례이다. 산업자본의 금융업 진출은 과도한 경제력 집중, 산업위험의 금융회사로의 전이 가능성 등으로 은행업에 대해서는 금지되어 있지만, 은행을 제외한 제2금융권에는 가능하다. 동양증권 사태는 부실위험이 있는 대주주 지원을 위해 계열 금융회사를 동원하거나 대기업의 부실위험이 시장 리스크로 확산될 수 있음을 보여주어, 금융업에 진출한 산업자본의 행동에 대한 견제의 중요성을 일깨운 사건이었다. 이후 동양증권은 2014년 대만 유안타금융그룹에 매각되어 유안타증권이 되었다.

한편 보험업권에서도 대기업집단 계열 보험회사가 그룹 계열회사와 부적정한 자산거래를 하는 사례가 심심찮게 지적되고 있다. 그러한 행위는 물론 '보험업법' 제111조(대주주와의 거래제한 등)에서 금지하고 있다. 그러나 보험회사의 구체적 거래 행위에 대한 금융당국의 제재에 대해 보험회사가 불복소송을 제기할 경우 법원에서의 판단이 행위에 따라 다르게 제시되는 등 법 조항 해석에 대한 다툼이 계속되고 있다. 이에 유사사례 방지를 위해 금융위원회에서는 대주주 거래 제한 대상을 명확히 하는 보험업법 개정을 추진하기로 했으나, 법률 개정이 완료되지 못하고 있다.

2019년 부실 사모펀드 사태

2019년의 부실 사모펀드 사태는 금융회사가 파생결합펀드DLF와 같은 고위험의 금융투자상품을 고객에게 위험성을 제대로 알리지 않은 채 판매해 소비자에게 커다란 피해를 입힌 사건이다. 펀드fund는 여러 투자자가 함께 돈을 모아 만드는 투자용 뭉칫돈으로, 펀드 투자는 펀드를 만들어 투자하는 방식이다. 펀드는 발행 방법과 투자자의 수에 따라 공모펀드와 사모펀드로 나눌 수 있다. 공모펀드는 '공개적으로 모집하는 펀드'로 50인 이상의 불특정 다수에게 투자를 권유하는 펀드이다. 다수의 투자자를 대상으로 해 투자 대상, 펀드 운용 방식, 정보 공개 등에 대해 규제가 엄격하다. 반면 사모펀드는 '사적으로 모집한다'는 뜻으로 49인 이하의 투자자들로부터 자금을 모아 운용되며, 보통 전문투자자, 고액자산가를 대상으로 가입이 이뤄지며 공모펀드와 비교해 규제가 엄격하지 않아 공격적인 투자가 가능하다.

부실 사모펀드 사태는 2015년 자본시장 육성목적으로 금융투자상품에 관한 전문성과 투자에 따른 위험 감수 능력이 있는 전문투자자가 가입해야 할 성격의 사모펀드에 대해 사모펀드 투자자격 요건을 완화(5억 원 이상에서 1억 원 이상으로 완화)하고, 사모펀드 운용 전문인력 자격 요건을 완화하는 등 규제가 대폭 완화된 상태에서 이루어졌다. 소수를 위한 고위험·고수익 투자상품인 사모펀드를 공모펀드처럼 운용해 커다란 피해가 생긴 것이다.

이 사태는 금융투자상품 설계, 제조, 판매 모든 과정에서 여러 금융기관의 문제가 집결된 고위험 금융상품 판매로 인한 소비자 피해의 대표적 사례라 할 수 있다. 소비자의 피해가 컸던 몇 가지 펀드의 사례를 살펴보도록 하겠다.

DLF 파생결합펀드 사태

DLF[Derivative Linked Fund] 파생결합펀드 사태는 선진국 국채금리 등을 기초자산으로 한 DLS* 파생결합증권을 편입한 펀드인 DLF에 투자한 투자자들이 기초자산(예: 독일 금리)의 지속적인 하락으로 큰 손실을 입은 사건이다. 펀드 구조는 펀드 판매 시점에 미리 정해놓은 외국 국채의 금리보다 만기 시점의 금리가 높으면 수익을 내고 낮으면 손실을 보도록 되어 있었다.

〈그림〉은 모 은행이 판매한 '독일 국채금리 연계 파생결합펀드' 구조다. 6개월 만기 시점에 금리가 -0.25% 밑에 있으면 원금손실이 시작된다. -0.65% 이하로 떨어지면 98%(만기에 2% 채권의 액면가에 대한 표면이

- DLS(Derivative Linked Securities)는 이자율, 환율 등의 변동과 연계되는 파생결합증권으로 DLS의 수익은 기초 자산의 금리가 특정 기간 동안 정해진 구간을 벗어나지 않으면 약정된 수익률을 지급하며, 그 구간을 벗어나면 원금손실이 발생하게 된다.

그림. 해외금리 연계 DLF 상품 손익구조 그래프(예시)

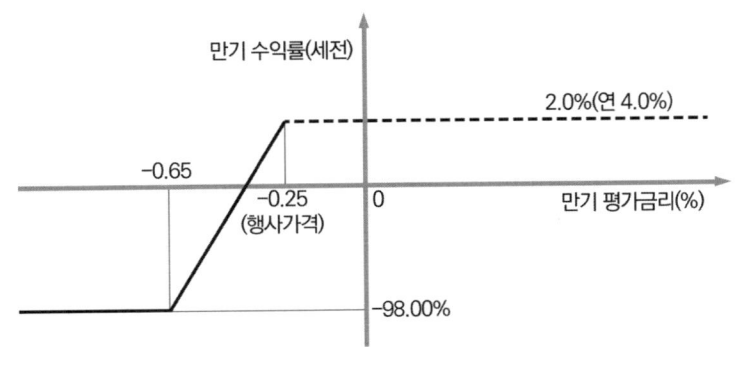

자료: 금융감독원 보도자료, "DLF 관련 중간검사 결과"(2019.10.1).

자 지급) 원금손실이 발생한다. 당시 주요국의 초저금리정책과 양적 완화가 이루어져 추가 금리 하락을 예상하고 대비했어야 함에도, '설마' 하는 리스크 관리 부재가 사태를 키웠다.

DLF는 펀드상품을 구매한 가입자가 시장금리보다 조금 높은 수익을 가져가고 손실 부담은 투자원금 전액으로 하는 구조로 '풋옵션put-option 매도'와 같은 계약이다. 옵션이란 미래 정해진 시점에 특정 자산을 정해진 가격에 사고팔 수 있는 권리인데, 풋옵션 매도란 '기초자산 가격이 하락하면 투자자가 그 자산을 정해진 가격에 사줘야 하는 의무'가 생기는 계약이다. 즉, 투자자는 보험료(프리미엄)를 받고 보험금(투자손실) 부담을 지는 보험회사와 같이 위험을 인수하는 계약을 체결한 셈이다. 금융회사가 풋옵션 매도의 위험구조를 제대로 이해하지 못하는 개인 투자자에게 위험을 전가하는 상품을 판매한 것으로 부적절한 구조라는 비판이 있다. 반면 DLF 가격구조는 상품을 설계, 발행, 판매한 외국계 투자은행, 국내 증권사, 은행, 자산운용사는 높은 수수료를 확정적으로 가져가도록 구성*되었다.

해외금리 연계 DLF 상품의 설계·제조 및 판매 절차를 살펴보면, 먼저 외국계 투자은행이 국내 증권사에 DLS 상품을 제안하고 증권사는 은행과 상품구조를 협의해 이를 확정한다. 자산운용사는 DLS를 편입한 펀드를 은행에 제안하고 은행은 해당 펀드를 투자자에게 판매하는 과정을 거친다.

나중 금융감독원의 조사 결과 금융회사는 DLF 판매 과정에서 해당 금융상품이 '외국 국채금리의 변동과 관련된 상품'임에도 선진국 '국채에 직접투자'하는 것으로 또는 '확정금리형 펀드'로 오해할 수 있는 광고 메시지를 발송하거나, 고령의 투자자에게 투자성향보다 위험도가 높은 상품을 판매한 사실이 드러났다. 특히, 해당 상품은 비교적 만기가 짧은 단기 투자 상품임에도 선진국 채권금리가 이미 마이너스 구간에 진입한 와중에도 판매가 계속해서 이루어지기도 했다.

금융감독원의 분쟁조정위원회(분조위)는 그동안 금융상품 불완전판매의 경우 통상 영업점 직원의 위반 행위를 기준으로 배상 비율을 결정했다. 그러나 DLF 판매 건은 본점 차원의 과도한 수익 추구 '영업전략' 및 '내부통제 부실'이 대규모 불완전판매로 이어져 커다란 사회적 물의를 야기한 점을 고려해, 판매 은행에 대해 투자자에게 투자손실 중 40~80%의 금액을 배상하도록 권고했다.

---

* 독일 국채 DLF의 경우 외국계 투자은행, 국내 은행, 증권회사, 자산운용사 등 금융회사의 수수료 합계(6개월 기준)는 4.93%이며 투자자에게 제시되는 약정수익률(6개월 기준)은 2.02%였다.

라임 펀드 사태

라임 펀드 사태는 당시 국내 1위 헤지펀드 운용사였던 라임자산운용이 코스닥 기업들의 주식, 채권 등을 편법 거래하면서 수익률을 관리하고 있다는 의혹에서 펀드 투자자들이 일시에 펀드 환매를 요청하는 '펀드 런'의 위기를 맞으면서 환매가 중단된 사건이다. 이 과정에서 라임자산운용은 공모 상품과 관련된 제반 규제를 피하고자, 실질적으로는 공모 성격인 상품을 50인 미만 투자자로 구성한 사모펀드를 변칙적으로 조직·운영했다. 금융감독원 및 검찰의 조사 결과 라임자산운용사는 코스닥 부실기업 자산 매입으로 문제를 발생시키고, 한 펀드에서 손실이 날 경우 다른 펀드 자금으로 메우는 '돌려막기'로 수익률을 조작했으며, 횡령 등 여러 불법행위를 저질러 경영진 대부분이 구속되었다. 2022년 2월 서울회생법원은 라임자산운용에 대해 파산을 선고했다.

한편 2020년 7월 금융감독원 분조위에서는 투자원금 전액 손실이 발생한 라임 무역금융펀드(플루토 TF-1호)의 분쟁조정과 관련해, 동 펀드를 판매한 은행, 증권회사에 대해 '민법' 제109조 1항 "의사표시는 법률행위의 내용의 중요 부분에 착오가 있는 때에는 취소할 수 있다"라는 착오에 의한 취소 법리를 적용하고 투자원금 전액을 투자자에게 반환할 것을 권고했다. 분조위는 계약 체결 시점에 이미 투자원금의 상당 부분(76~98%)에 달하는 손실이 발생한 상황에서 운용사는 투자 제안서에 투자위험 등 핵심 정보를 허위·부실 기재하고, 판매사는 이를 그대로 설명함으로써 투자자의 착오를 유발하는 등 합리적인 투자판단의 기회를 원천 차단한 것으로 인정했다. 이는 분조위가 펀드판매계약 자체를 취소하고 펀드 판매사가 투자원금 전액을 반환하도록 한 첫 번째 사례이다.

옵티머스 펀드 등 기타 금융투자상품 사태

라임 사태에 이어 옵티머스 사모펀드 사기 사건이 있었다. 옵티머스 자산운용회사는 공공기관 매출채권 등 안전자산에 투자하는 상품이라고 하며 투자자로부터 투자금을 모았지만, 실제로는 공공기관 매출채권에는 전혀 투자하지 않았다. 회사는 투자금을 부동산 PF, 비상장주식 등 위험자산 투자에 사용하거나 특정 펀드에서 손실이 발생하면 이를 메우기 위한 '펀드 돌려막기'에 유용했고, 고객의 투자금을 횡령하기도 했다.

옵티머스 펀드 부실판매와 관련해 2021년 4월 금융감독원 분조위는 라임 사태에 이어 판매 증권회사에 대해 옵티머스 펀드 투자자에게 "옵티머스 펀드가 공공기관 확정 매출채권에 투자하는 것이 사실상 불가능한 상황에서 판매사인 증권회사가 공공기관 확정 매출채권에 95% 이상 투자한다고 설명함으로써 투자자 착오를 유발한 것으로 인정된다"라며 투자원금 전액을 반환하도록 권고했다.

이상의 사모펀드 사건 이외에도 이탈리아 병원들이 현지 지방 정부에 청구할 진료비 매출채권에 투자하는 '이탈리아 헬스케어 펀드', 독일의 오래된 건물을 주거용 건물 등으로 리모델링한 뒤 매각이나 분양을 통해 투자금을 회수하는 '독일 헤리티지 펀드'에서도 대규모 환매 중단 사태가 발생했다.

금융감독원 분조위에서는 2022년 11월 독일 헤리티지 펀드에 대해 "해외운용사가 거짓되거나 과장된 상품제안서를 작성했고, 판매 금융회사는 이 제안서에 따라 계약을 체결해 투자자의 착오를 유발했다"라고 보아 '민법' 제109조에 의한 착오로 인한 계약취소 조항을 적용해 투자원금이 전액 반환되어야 한다고 결정했다. 이는 "투자금 회수가 불가능하다는 것을 알았다면 누구도 해당 상품에 가입하지 않았을 것"으로 보았던 것이다. 한편 헤리티지 펀드는 자산운용사는 싱가포르에, 부동산 사업자는 독일에 소재하는 등 복잡한 투자구조로 인해 금융감독원에서 사실 관계를 확인하는 데 많은 어려움이 있었다. 그러나 독일, 싱가포르 금융당국에 여러 차례 자료 요구 등을 통해 이들의 공조를 이끌어 분조위가 결정을 내릴 수 있었다.

2019년 부실 사모펀드 사태가 법적 분쟁 등으로 아직 해결이 끝나지도 않은 상태에서 2024년에는 홍콩H지수를 기초 자산으로 하는 주가연계증권ELS, Equity Linked Security 금융상품*에 손실이 발생한 이른바 'ELS 사태'가 금융시장을 흔들었다. 2024년 말 기준 홍콩 ELS 상품의 손실확정 계좌는 17만 건이며, 원금 10조 4000억 가운데 4조 6000억 원의 손실을 나타냈다. 여러 사모펀드 사태 이후 '금융소비자보호법'(2021년 3월 시행) 등의 소비자 보호 규제 및 판매 절차가 대폭 강화되었음에도 유사한 금융사고가 발생한 것이다.

금융감독원에서 2024년 1~3월 중 주요 ELS 판매사에 대한 조사를 실시한 결과 금융회사는 영업 점포에 과도한 영업 목표를 부과하고 부적절한 성과지표를 활용하는 등 전사적 판매 독려로 불완전판매 환경을 조성하였고, 판매 현장에서도 여러 불완전판매 사례가 확인되었다고 발표했다. 이에 따라 금감원에서는 투자자별 손실에 대해, 판매원칙 위반 등 판매자 요인과 투자자별 고려 요소를 종합하여 산출한 투자자별 배상 비율 적용으로 배상금액을 결정하라고 권고했다. 2024년 말 기준 전체 배상진행 계좌 17만 건의 93.8%가 배상에 동의 완료했으며, 평균 배상 비율은 31.4%였다.

• 중국 본토와 홍콩에 동시 상장된 50개 우량기업의 주가변동을 종합적으로 나타낸 지수가 일정 수준 아래로 떨어져서 녹인 구간(Knock-In Barrier)에 진입하면 손실이 발생한다.

이번 ELS 사태는 금융당국이 2019년 DLF 사태 이후 원금손실 위험이 20%를 넘는 금융투자상품을 고난도 상품으로 분류하고 은행권에 고위험 상품에 대해 엄격한 판매규제 원칙을 세웠다가, 금융회사의 내부통제 강화를 조건부로 판매를 허용한 상태에서 불완전판매 사태가 발생했다.

KIKO, 부실 사모펀드 사태 등 여러 차례 금융사고가 발생했음에도 금융회사, 금융당국 모두 금융시장 실패의 역사에서 교훈을 얻지 못하고 위험관리에 소홀해 유사한 사태가 발생했다. 금융회사는 고위험 금융투자상품 판매로 인한 수익 추구의 유혹을 떨치지 못했다. 금융회사는 복잡한 금융상품에 대한 지식을 갖추지 못해 위험을 제대로 인지하지 못한 고객에게 적합하지 않은 고위험 금융상품을 판매하고 수수료 수익을 거두었다.

금융당국은 자본시장 육성이라는 금융산업 정책목표에 우선 가치를 두고, 소비자 피해의 문제가 생겨도 부분적 판매 개선책만을 추진했을 뿐 보다 근본적인 대책 마련에 미흡했다. 시장 상황 변화에 대한 대처도 부족했다. 모두에게 뼈아픈 상황이다.

금융거래 시 금융소비자의 신중함을 먼저 요구하기에는 금융회사, 금융당국 행위의 무게가 너무 크게 느껴진다. 금융회사의 불완전판매 규제로만 접근하는 것에는 한계가 있다. 개인 금융소비자에 대한 고위험 금융상품 판매체계에 대한 철저한 고민이 필요하다. 점점 중요해지는 자산관리 금융서비스에 대한 정책과 함께 고위험 금융상품에 대한 소비자 보호의 가치를 확고하게 세워야 한다.

계속되는 시장 실패에서 우리는 무엇을 배워야 하는가?

금융의 역사가 금융사고, 위기를 경험하며 한 단계씩 발전해 왔고, '세상에는 공짜 점심이 없다'라고 해도 이상에서 살펴본 바와 같이 우리가 겪었던 금융사고, 위기의 대가는 너무나 크고 아프게 느껴진다. 하지만 더 우려되는 것은 우리가 앞으로도 이러한 금융위기나 사고의 흐름에서 완전히 벗어나기 어렵다는 점이다. 실물경제와 독립적으로 움직이기 시작한 금융은 자체적으로 계속 흘러가야 하는 메커니즘이 형성되어 있고, 세계적으로 얽혀 있는 금융시장은 취약한 일부의 문제로 서로 영향을 받을 수 있다. 더욱이 금융시장 참가자의 수익 추구 흐름은 너무나 강고해서 금융사고에 대한 경고의 목소리는 너무나 미약하게 느껴진다. 금융사고의 불씨는 언제든 살아 있고 반복될 수 있다.

그럼에도 지나간 금융시장 실패의 역사에서 유사한 문제의 원인과 교훈을 최대한 찾아내 세밀한 대책을 세워나갈 수밖에 없다. 먼저 여러 금융시장 실패의 역사에서 공통적으로 나타나는 문제의 원인과 그와 관련한 시사점을 생각해 보자.

첫째, 단기수익을 추구하려는 금융업의 '과도한 욕심'과 '위험에 대한 부주의'를 들 수 있다.
시장에서 금융업의 힘이 강해질수록 금융업은 자금 중개와 금융서비스 제공이라는 금융 고유의 역할을 통한 수익창출에 만족하지 않고, 금융거래 규모를 키우고 금융 자체를 수익 추구의 도구로 활용하고 있다. 이러한 상황에서 아직 현실화되지 않은 미래의 위험을 대비해야 한다는 목소리에는 힘이 실리기 어렵다.

파생금융상품은 금융거래자에게 특별한 위험을 회피하는 순기능을 해 거래를 촉진하고 경제를 안정시키는 역할을 할 수 있다. 하지만 점차 높은 이익 추구를 위한 투기거래의 비중이 커지고 상호의존성이 커지고 있는 상황에서 거시적 수준의 위험에 대한 감시가 어려워졌다. 어디 한 군데서 예상하지 못한 위험이 터지면 커다란 위험의 불씨가 순식간에 확산될 수 있는 상황이다. 우리나라에서 2008년 KIKO 사태, 2019년 DLF 사모펀드 사태, 2024년의 ELS 사태는 증권사 등이 외국 투자은행 등 외부로부터 가져온 위험을 은행 등 금융회사가 고객에게 판매하고 수수료를 취득하는 구조에서 발생했다. 금융회사는 고객에게 위험을 전가하거나 장외파생상품 등을 통해 위험에서 벗어났으나, 개인 고객은 위험을 정확히 인지하지 못한 상태에서 장밋빛 수익률에 현혹되었다가 커다란 피해를 입은 공통점이 있다.

물론 금융회사도 여러 금융사고를 겪으며 판매 절차 개선 등 내부통제를 강화하는 노력을 했지만, 이익 추구의 동기가 사고 예방 노력보다 훨씬 강력해 실효성 있는 개선이 이루어지지 못했다. 리스크 관리는 이익의 극대화보다 손실의 최소화가 중요하다. 금융회사는 내부통제, 소비자 보호를 위한 노력은 부족했으나, 이익 유지를 위한 이해관계자들 간 연대는 계속 진행해 왔다.

많은 경제학자들은 금융거래의 위험성 증가와 아울러 과도한 부채로 인한 경제의 불안정에 대해 우려하고 있다. 인도 출신의 IMF 수석 경제학자였던 라구람 라잔Raghuram Rajan은 "신용대출 활성화가 소득 증가를 대체할 수 없으며, 부채로 쌓아 올린 번영은 무너지기 마련"이라고 했다. 아데어 터너 전 영국 금융감독청장도 "현대 금융시스템은 시장에만 맡겨놓으면 필연적으로 과도한 부채를 만들고, 그 부채가 부동산 등 자산을 매입하는 데 쓰인다. 부채 창출이 거품을 만들고 부채 과다는 경기회복을 더디게 만들므로 이러한 행위는 공공정책에 의해 통제받아야 한다"라고 역설했다.

대형 금융회사가 도산할 경우 경제 전체에 재앙적인 상황이 도래하므로 구제되어야 한다는 믿음은 이제 금융회사뿐 아니라 다른 경제주체들에게도 상식이 되어가는 것 같다. 과도한 위험 추구 행동을 한 사람은 그 결과에 대해 명확히 책임을 져야 한다.

둘째, 금융위기나 사고 전에는 예외 없이 무분별한 규제완화가 있었다.
1997년 아시아 외환위기 전에는 금융시장 개방과 금리 자유화의 규제완화가 있었고, 2008년 글로벌 금융위기 전에는 1999년 대공황 이후 상업은행과 투자은행 업무의 분리를 규정한 '글래스-스티걸법'의 폐지, 투자은행에 대한 레버리지leverage(차입자본을 이용한 투자) 규제완화 등이 있었다.

우리나라도 카드 사태, 저축은행 사태, 부실 사모펀드 사태 모두 그 전에 경기부양, 자본시장 육성 등 시장 활성화 목적의 여러 규제완화정책이 사고의 중요한 원인이 되었다.

규제완화 → 금융사고 → 규제보완의 사이클이 '호황Boom-불황Bust' 경기순환처럼 반복되었다. 금융위기나 사고가 지나간 뒤 금융회사의 자본규제 강화, 과도한 위험투자 규제, 고위험 금융상품 판매규제 강화 등이 뒤따른다. 하지만 금융사고가 지나가고 다시 사회 전반에 규제완화의 목소리가 커지면, 금융당국은 금융산업을 진흥해야 한다고 생각하기 쉽다. 그에 따라 금융업 활동을 억제하는 건전성 강화와 소비자 보호 규제보다는 금융회사의 자유스러운 활동을 보장하는 규제완화정책이 다시 고개를 든다.

시대 환경에 맞지 않는 규제가 자율적이고 창의적인 금융 활동을 옥죄어서는 안 될 일이다. 하지만 금융업은 기본적으로 업이 가지는 공공성, 경제에 미치는 파급력을 고려할 때 규제의 속성을 함부로 벗어날 수 없다. 시장 상황에 맞는 합리적인 규제는 건전한 금융시장 성립의 전제요건이다.

셋째, 규제 사각지대와 더불어 금융당국의 위기관리 대응이 미흡했다.
복잡계Complex System는 수많은 구성요소의 상호작용으로 작동하고, 구성요소의 종합은 행위 하나하나의 특성과는 다른 '새로운 질서'가 나타나는 시스템이라고 한다. 금융시장도 복잡계의 속성을 갖고 있다. 금융시장 참가자의 개별행동을 이해하고 대처하더라도, 금융시장 참가자의 전체 행위의 결과는 개별행동의 합과 다르거나 예전과는 다르게 진화하는 것이다. 그러한 금융시장에서 모든 사물을 꿰뚫어 보는 눈을 가졌다는 중국의 전설적 명의인 '편작'과 같이 금융사고를 정확히 탐지하고 예방하기는 어렵다.

크고 작은 금융사고는 피할 수 없고 항상 새롭게 찾아온다. 모든 금융사고를 예방할 수 있는 해결책은 없다. 하지만 세상이 복잡하고 해결이 어렵다고 해서 개선책 마련에 지레 겁먹는 것은 옳은 태도가 아닐 것이다. 질병은 징후가 나타날 때 바로 고쳐야 한다. 우리는 시장의 작은 균열을 빨리 인지해 적극적으로 대응하는 시스템을 갖춰야 커다란 금융사고를 막을 수 있다. 여기에는 금융당국의 위험관리 능력 향상이 더욱 요망된다.

근래 자유무역을 추구하는 다자주의 질서는 약화되고 있으나, 금융자본의 이동은 여전히 국경을 쉽게 넘나든다. 금융당국은 국제 파생상품 거래가 증가하는 시장 환경에서 여러 위기 요인의 파급 효과를 인지하고 차단할 수 있는 능력을 향상시켜야 한다. 개별 경제주체는 자기만의 이익을 최우선으로 추구하기 때문에 군집행동에 따른 '쏠림 위험'이 크고 전체 위험이 관리되기 어렵다.

　금융당국은 전체 시장의 위험, 외부로부터의 위험 전이에 대해 시장 상황을 모니터링하고 위기에 미리 대응하고 조정coordination할 수 있는 선제적 감독 능력을 갖추도록 노력할 필요가 있다. 특히 호황기에 금융회사의 공격적인 영업에 대해 의문을 제기해야 한다. 과잉 유동성이 국제적으로 드나들며 금융시장의 불확실성을 키우고 있는 오늘날 위기관리 능력의 중요성은 더욱 커지고 있다. 역사적으로 과잉 유동성에 따른 자산 가격 급등 뒤 문제가 없었던 적은 없다.

　또한 금융당국은 무엇보다 금융시장의 공정경쟁, 거래질서 확립 등 '기본질서'를 지키는 것이 중요하다. 금융시장 참가자들의 과도한 욕심을 발생시키는 '경제 왜곡 현상'이나 '도덕적 해이'에 적극적이고 엄정하게 대처해야 한다. 금융당국은 그동안 금융업의 성장을 중시해 본래의 금융 중개 기능과 공정거래 질서 유지를 경시한 것은 아닌지 돌아볼 일이다.

우리는 반복적으로 교훈을 되새겨야 한다

사람은 위험에 노출되어 몸으로 부딪치고 경험해 가며 성장한다. 우리는 과거 금융사고, 위기를 통한 배움에서 확실히 교훈을 얻고 다시 유사한 실패를 겪지 않도록 예방조치를 제대로 해왔는가? 단순히 선진 금융으로 가기 위한 비싼 수업료를 치렀다고 생각하기에는 반복되는 시장 실패의 후폭풍이 너무나 컸다.

　모든 일은 지나간 다음에는 더 잘 알 수 있는 법이다. 우리는 여러 금융사고를 겪으며 위기에 대한 순간 대응과 유관 기관과의 협조 능력이 향상되었다고 볼 수 있다. 하지만 시장 결함 개선 노력에 소홀히 한다면, 시장에 잠복되어 있는 문제는 언제든 진짜 위기로 이어질 수 있다. 우리는 금융시장 실패의 역사적 경험을 통해 얻은 교훈을 망각해선 안 된다. 반복적으로 가르침을 되새길 필요가 있다.

03

금융시장 참가자의 행동을 통해 금융의 공정을 생각한다

모두가 자유로운 경제 활동을 하고 그 성과를 공평하게 나누는 사회를 이루기 위해서는 금융이 경제시스템의 효율성을 높이고 사회구성원들에게 필요한 금융서비스를 제대로 제공하는 것이 중요함을 생각해 보았다. 또한 금융시장 실패의 사례를 통해 우리가 경계해야 할 시장의 문제점에 대해 고민해 보았다. 현대의 금융시장은 점점 더 예측할 수 없는 곳이 되고 있다. 예상하지 못한 극단적인 사건이 발생하면 그 사건이 초래하는 결과는 큰 댐이 무너지는 것과 같이 치명적이다.

이러한 역동적인 금융시장의 구조, 변화의 흐름을 이해하려면 우리는 금융시장 참가자의 행동을 더 잘 이해할 필요가 있다. 금융은 결국 '인간 행위'의 결과물이기 때문이다. 특히 금융의 공정은 시장 참가자의 행동 특성에 더욱 큰 영향을 받는다. 금융시장 참가자는 크게 금융업자, 금융당국, 금융소비자로 나누어 생각해 볼 수 있다. 이번 장에서는 금융시장에서 주도적 역할을 하는 금융업자와 금융당국자의 행동에 대해 생각해 볼 것이다.

돈을 수단이 아니라 목적으로 여기는 자본주의 사회가 진행될수록 금융업자의 행위는 자본이나 자기 스스로의 이익을 위한 행동의 비중이 커지고, 공공적인 역할은 축소되는 현상을 보인다. 그와 더불어 금융시장에서 주도적인 힘을 가진 사람들이 기득권 유지를 위해 정치화·권력화되는 행동적 특성도 나타낸다. 이들에 대해 먼저 살펴볼 것이다.

다음은 금융시장이 공정하게 작동하도록 조정 역할을 해야 하는 금융당국의 규제정책과 공정한 시장 감독자 역할에 대해 생각해 본다. 또한 금융업자의 금융상품에 대한 자율 결정 능력이 커지고 있는 상황에서, 금융시장 감독의 핵심 부분의 하나라고 할 수 있는 금융상품 감독 행위에 대해서도 고민해 볼 것이다.

금융소비자는 금융시장의 중요한 참가자이나, 현실적으로 시장에서 주체적 역할을 하기보다는 피동적인 역할을 하는 경우가 많다. 금융소비자 보호나 금융소비자의 역할에 대해서는 금융시장의 개선 방향을 논의하는 2부에서 자세히 살펴보기로 하겠다.

금융업자의 행동

인간 문명에서 경제 규모가 커지고 금융거래가 늘면서 사람들은 서로 도와가며 살아가는 생활양식보다는 '돈'이라는 숫자로 측정되는 인간 행위의 결과를 더욱 중시하게 된다. 더욱이 자본주의가 발전할수록, 사람들은 생존 차원을 넘어 돈에 대한 욕망을 더욱 키워간다.

프랑스 작가 생텍쥐페리의 소설 『어린 왕자 The Little Prince』에는 인간의 이러한 돈에 대한 욕망을 묘사하는 어린 왕자와 별을 소유한 부자 아저씨의 대화 내용이 있다.

"무엇을 위해 별을 소유하나요?"

"부자가 되기 위해서이지."

"무엇을 위해 부자가 되나요?"

"새로운 별이 발견되었을 때 별을 더 사기 위해서야."

어린 왕자는 말했다. "역시 어른들은 이상하군."

금융업은 돈을 다루고 이윤을 축적하는 행위를 수월하게 해준다. 또한 돈의 힘을 바탕으로 다른 시장 참가자보다 힘의 우위를 갖게 되어 권력화되고, 기득권 유지를 위해 정치권, 언론 등 사회 주도 세력과 연대해 정치적인 영향력을 키워가고 있다.

단기수익 추구에 몰두하는 행동

자본주의는 기본적으로 인간의 이기심과 욕망을 사회 발전의 동력으로 삼고 있는 체제다. 세상은 날것의 욕망으로 유지되더라도, 성과의 취득과 이전 과정은 정당해야 하고 지나친 탐욕은 억제되어야 한다는 믿음이 있었다. 하지만 시장시스템이 점점 더 이윤과 시장 점유율을 최대한 끌어올리는 방향으로 움직이고 있어, 사람들은 권력과 부를 위한 경쟁과 만족을 모르는 탐욕에 사로잡혀 있다.

1980년대 이후 세계적으로 시장 참여자의 경제 활동에 대한 간섭을 최소화하고, 개인의 이익을 추구하는 것이 높은 가치라고 생각하는 자유주의 사상이 주류가 된다. 밀턴 프리드먼은 그의 저서 중 가장 영향력이 있는 『선택할 자유Free to Choose』에서 "우리는 불공정과 더불어 사는 법을 터득하고, 그로 인해 생겨나는 이익을 즐겨야 한다"라고 말하기도 했다. 그는 경제적 자유와 시장 메커니즘이 불가피하게 불평등을 초래할 수 있지만, 궁극적으로 번영을 가져온다는 주장을 펼쳤다.

금융이 경제의 헤게모니를 가지면서 금융업이 자신의 이익을 극대화하려는 현상은 더욱 커지게 된다. 금융상품은 개발원가의 부담이 크지 않고 장기간 판매가 가능해 한계 생산비가 다른 산업에 비해 현저히 낮고, 예금보험제도 등 제도적 안전장치가 있어 금융업자는 도산할 위험이 낮다. 그러한 제도적 특혜를 갖는 면허를 취득한 금융업에는 공공적 역할이 요구된다. 우리나라에서는 과거 금융업을 영위하는 회사를 수익 추구와 더불어 공공적 역할을 한다고 해 '금융기관'이라 불렸으나, 요즘은 수익 추구의 성격이 강해져 통상 '금융회사'라 부르고 있다.

금융업이 금융의 역할을 잘 함으로써 궁극적으로 공공선에 기여한다는 생각이 약해지고, 수익을 위해 앞뒤 가리지 않는 무한경쟁을 추구할 때 경제시스템 전체에 좋지 않은 영향을 미칠 수 있다. 그 영향에 대해 구체적으로 생각해 보자.

첫째, 금융의 역할 기능은 떨어지고, 국민의 금융서비스 이용 부담은 커질 수 있다.

금융이 금융업 영위의 가치를 이익 추구의 도구 역할에 치중할 경우 금융 고유의 자금 중개나 금융서비스 제공 기능이 약화될 수 있다. 아울러 금융회사가 적정 서비스 비용을 초과하는 과도한 이익을 추구할 때에는 국민의 금융서비스 비용 부담이 높아지게 된다. 금융상품은 기본적으로 서비스 가격이 변화할 때 수요량의 변화 정도를 나타내는 '가격 탄력성'이 작고, 상품 공급자의 영향력이 절대적으로 큰 특징이 있다. 금융상품 가격이 금융서비스의 효용보다는 회사의 가격 결정 능력에 더 큰 영향을 받는데, 이는 독과점 상품이 가지는 기본적 특성과 더불어 금융자율화가 강조되면서 가격 자유화의 흐름이 강해진 것에도 이유가 있다.

근래 경제학계에서는 시장지배력을 가진 기업들의 제품가격 인상이 인플레이션의 주요한 요인이 될 수 있음을 주장하는 기업의 '이윤 주도 인플레이션' 논쟁이 일어난 일이 있다. 인플레이션은 기본적으로 금리, 수요·공급 등 여러 측면에 따른 거시경제 현상이고, 우리나라의 최근 인플레이션은 수입 물가의 상승 등에 의한 영향이 큰 것으로 파악된다. 그러나 이러한 논쟁은 서비스 공급자의 영향력이 크고 경쟁적 요소가 한정된 금융업의 금융상품 가격과 관련해서는 생각해 볼 부분이 있다.

금융업 종사자의 보수 문제도 고민이 필요하다. 금융업과 같은 독과점 업종일수록 성과에 따라 보상 규모가 크게 좌우되고, 소득불평등이 커져 공정성 문제가 부각된다. 근래 금융회사 임직원의 보수는 그 증가 폭이 지속적으로 커져 금융업 생산성의 증가에 의한 것이라고 설명하기 어려운 수준이 되고 있다.

과거 미국의 금융권 CEO의 보수가 직원 대비 수십 배이던 것이 근래에는 수백 배 이상으로 벌어졌다고 한다. 금융업에 친화적인 일부 언론이 재벌총수, 미국 금융회사 CEO와 비교해 우리나라 금융회사의 경영진 보수가 높지 않다고 언급하는 것은 국민이 공감하기 매우 어려울 것이다.

금융회사 경영진이 자신들의 재직 기간보다 훨씬 긴 생명을 가진 회사의 장기적 성과에 집중하도록 '경영진 보상 시스템'이 더 정교하게 보완될 필요가 있다. 회사의 장기 성장을 책임지는 경영진이 이를 희생하고 회사의 단기수익과 주가, 자기의 임기·보상만을 고려한다면 이는 거칠게 말해 배임과 다를 게 없다. 이사회와 주주의 경영진 보수 감시 시스템이 엄정하게 작동되어야 한다.

금융업 종사자에 대한 보수 규모보다 더 중요한 문제는 금융업의 성과를 측정하는 절대적 기준이 단기성과인 '돈'이라는 점이다. 금융업이 본래 기능을 다해 실물경제에 도움을 주는 정도, 소비자 보호·취약계층 지원 등 공공성은 낮게 평가하고 회사 단기수익에 대한 기여도만을 크게 생각하는 것이다.

세계적 투자은행인 골드만삭스에 입사해 자부심을 갖고 일하던 그레그 스미스Greg Smith는 회사가 이익만을 추구하는 행태에 실망해『내가 골드만삭스를 떠난 이유Why I left Goldman Sachs』라는 책을 썼다. 그는 책에서 "2008년 이후 골드만삭스는 이익만을 좇는 은행으로 인식되고 회사의 명성에 금이 갔다. 예전에는 직원을 평가할 때 수익뿐 아니라 조직에 얼마나 좋은 영향을 미쳤는지도 측정했는데, 이제는 돈을 가져오는 능력으로만 승진된다"라며 은행이 이익 추구에만 골몰하고 제 역할을 하지 못한다는 실망감을 나타냈다.

자유주의 경제철학에서는 자유, 효율성 외에 성과주의, 능력주의 사고가 기본이 된다. 능력주의는 기회를 공평하게 제공하고 능력에 따른 성과를 배분한다는 것인데, 이러한 성과가 단순히 나의 재능, 기여도에 따른 대가인지 생각해 봐야 한다.

마이클 샌델Michael Sandel 교수는 『공정하다는 착각The Tyranny of Merit』에서 "개인이 재능을 갖게 된 것과 시장이 저능을 후하게 보상하는 것은 노력에 덧붙여 '우연'의 결과일 수 있으며, 능력주의의 폐해는 불평등을 정당화하고, 승자에게는 오만을 패배자에게는 굴욕감을 안겨준다"라며 능력주의가 미국 사회의 공동선을 파괴하는 요인이라고 지적했다. 그는 국가는 차별을 인정하면서도 모두가 협력할 수 있는 공정한 시스템을 마련할 필요가 있다고 주장했다.

오랫동안 능력주의를 연구한 대니얼 다르코비츠Daniel Markovits 교수 역시 『엘리트 세습The Meritocracy Trap』에서 "능력주의는 공정하고 합리적인 가치임을 주장하지만, 현실에서는 중산층의 박탈감이 크고 엘리트 계층은 과거 귀족처럼 자신의 지위나 권력을 활용해 계급을 자식에게 물려주려 하고, 자신도 끊임없는 노동에 시달리는 등 현대사회가 능력주의의 함정에 빠져 있다"고 경고한다. 우리나라도 계층 이동이 쉽지 않을 뿐 아니라, 예전 계층 이동의 통로였던 교육이 사회구조를 고착화하는 역기능을 하고 있다는 비판이 있다.

사람들은 금융업의 성과가 '제 역할의 성취'에 따른 것인지, '혁신'에 의한 것인지에 의문을 가지고 있다. 세계 유동성 과잉 상황에 따른 '우연한 힘이 작용한 것은 아닌지'를 생각해야 한다. 이에 대해 정부, 금융회사 등 시장 참여자의 성찰이 필요한 시점이다.

둘째, 금융이 과도한 이익을 추구하면서 위험관리에는 소홀할 수 있다.
1929년 대공황 이후 전 세계에 가장 큰 충격을 주었던 2008년 글로벌 금융위기에도 금융회사의 잘못된 성과보수체계에 기반한 무모한 대출과 투자 활동 등 시장의 과도한 이익 추구 행위가 있었다. 투자은행은 여러 개의 대출을 한데 묶어 훨씬 규모가 큰 증권을 만들고 다시 쪼개어 거래해 수익을 창출하는 데 관심을 기울일 뿐이었다. 신용평가회사들도 금융회사들과 공모해 서브프라임 모기지에 대한 신용등급을 높게 유지해 금융거래 확대에만 신경을 써 부실 사태가 증폭되게 했다.

IMF 수석 이코노미스트였던 라구람 라잔은 글로벌 금융위기 발생 전인 2005년 "금융 혁신과 정보통신의 발달에 힘입어 금융산업이 성장한 것은 사실이지만, 고위험 투자에 대한 잘못된 '인센티브'에 기초한 성과급 보수체계가 시장의 위험을 크게 증대시키고 있다"고 지적했다. 몇 년 후 그의 말대로 세계는 커다란 금융위기를 겪었다.

우리나라의 여러 금융사고 뒤에도 어김없이 금융회사의 과도한 이익 추구 행위와 위험에 대한 부주의가 있었다. 2011년 저축은행 사태는 저축은행들이 고유의 서민 금융사업보다는 고위험, 고수익 사업인 건설회사 PF 사업에 적극적으로 나섰다가 부실화되어 수많은 예금자와 후순위 채권 투자자들이 피해를 입었다.

2019년 부실 사모펀드 사태에서는 외국 투자은행, 증권회사, 은행, 자산운용회사 등 여러 금융회사들이 금융투자상품 설계·제조·판매 모든 과정에서 각자 자기 이익을 극대화하기 위한 행위를 하다가 소비자 피해를 일으킨 도덕적 해이의 대표적 사례라 할 수 있다. 자산운용사는 공모 펀드 상품과 관련된 규제를 피하고자 실질적 공모 상품을 50인 미만의 투자자로 구성된 사모펀드로 변칙적으로 조직했고, 투자자들에게 알린 당초의 펀드 운용 계획과 달리 펀드를 운영했다. 사모펀드 판매사인 은행, 증권사도 수수료를 더 받기 위해 사모펀드를 만기 3개월, 6개월 등 단기로 끊어서 팔았다. 언론에서는 이를 이모작, 삼모작이라 표현했다. 판매 시에 투자자의 투자 성향, 목적 등을 파악해 이들에게 적합한 상품을 소개해야 하는 '적합성' 원칙을 지켜야 함에도, 투자 경험이 없거나 고위험 투자상품에 대한 이해가 없는 고령층 등에게 금융상품의 위험성을 제대로 알리지 않고 높은 수익성, 안전성만을 강조한 불완전판매를 해 금융업의 신의·성실의 의무를 이행하지 않았다. 또한, 펀드 가치를 평가하는 전문 사무관리회사와 투자자산을 보관하는 수탁기관도 사모펀드 운용의 관리·감독을 통한 견제 기능을 제대로 이행하지 못했다. 우리나라의 부실 사모펀드 금융사고와 미국 서브프라임 사태는 여러 면에서 비슷한데, 여러 금융회사가 각자 자기 이익 극대화를 위해 도덕적 해이의 형태를 보인 면이 특히 그렇다.

금융업은 계약 기간이 길어 장래의 금리, 시장, 신용 리스크 등 여러 요인에 대처하기 어려운 특징이 있는데, 여기에 금융회사의 단기성과주의가 결합할 경우 위험요인은 더욱 크게 증폭된다.

    은행, 금융투자상품에 비해 계약 기간이 훨씬 긴 보험의 경우 장기 계약으로 인한 리스크 관리가 특히 중요하다. 2000년대 초 생명보험회사에서는 만기가 긴 '확정 고금리' 저축성보험을 많이 판매했는데, 세계적으로 저금리 기조가 계속되자 보험회사는 상품설계 당시 예상했던 금리보다 실제 금리가 낮아 커다란 이자율차 역(逆)마진을 초래해 지금까지 회사 경영에 부정적인 영향을 미치고 있다. 근래에는 원/달러 환율이 오르면서 외화(달러)보험에 대한 판매가 증가하고 있다. 고위험 투자상품 판매로 여러 차례 곤욕을 치른 은행에서도 방카슈랑스 상품으로 판매를 독려하고 있다. 환율이 계속 오른다면 달러로 보험금을 받아 계약자에게 유리할 수 있지만, 계약 기간이 긴 보험 특성상 나중 만기나 해지 시점에 환율이 떨어지면 소비자의 큰 피해가 우려되는 상황이다. 몇십 년 후의 환율을 어떻게 예측할 수 있는가? 보험은 환투자가 목적이 될 수 없다. 금융회사는 눈앞의 판매수익보다 고객의 리스크 관리를 생각해야 한다.

셋째, 금융업의 단기성과주의가 다른 산업에도 부정적 효과를 전염시킬 수 있다.
금융자본주의 시대에 금융업이 단기수익 추구에 몰두하면서 다른 산업의 기업들도 점차 단기 목표 지향적으로 변화하고 금융화되어 갔다. 금융회사를 포함한 모든 기업의 성과 공시가 전년 대비 차이만을 강조하는 방식으로 되어 있어, 기업의 지속가능성을 포함하는 장기적 성과 측정은 어렵고 그 중요성이 제대로 평가받지 못하고 있다.

    금융은 인류 역사에서 사람들의 '사업적 상상력'을 실현시켜 주고 목표를 '구체화'할 수 있도록 혁신의 아이디어를 제공해 왔지만, 현대 금융업의 단기수익 추구 경영 행태는 다른 산업에도 부정적 '전염효과

contagion effect'를 일으켰다. 다른 기업의 경영인들도 '단기이윤'을 극대화한 다음 주주에게는 높은 배당금, 자사주 매입 등으로 이윤을 돌려주고, 자신은 높은 성과보수를 받고 지위를 유지한다.

또한 기업들은 이익을 장기성과를 위한 연구개발 등에 투자하기보다 금융자산화해 단기수익 창출에 힘을 쏟는다. 이렇게 경제시스템 전체가 단기성과에 집중하게 되면 산업의 장기 경쟁력과 경제의 효율성은 저하되기 마련이다.

금융업의 이익 추구는 '공공성'과 조화되어야

인간은 제한된 윤리성과 의지력으로 인해 공익과 사익 사이에서 이해가 충돌할 경우 사익만을 추구하거나, 조삼모사의 원숭이처럼 눈앞의 이익에 휘둘려 미래가치를 생각하기보다 근시안적인 판단을 하는 경우가 많다. 모두가 저마다의 이익 추구에 몰두하는 사회의 흐름에서, 금융업 또한 단기이익 추구에 관성이 생기고 규모를 키우는 성장에만 관심을 기울이고 있다.

경제인류학자인 제이슨 히켈Jason Hickel은 『적을수록 풍요롭다Less is more』에서 "인간의 필요와 사회적 목적을 충족시키기 위해서가 아니라 성장 그 자체 또는 이윤 추구만을 위해 우리가 성장을 추구하는 것이 문제다. 우리는 무분별하게 성장을 추구하기보다 청정에너지, 공중보건 등 성장시켜야 하는 것과 화석에너지, 무기 등 탈성장해야 할 것을 결정해서 성장을 추구해야 한다"라고 주장한다.

금융회사도 당연히 건전한 경영을 위해 충분한 수익을 실현해야 하고, 안정적으로 발전하기 위해 성장을 추구해야 한다. 하지만 숫자로 모든 것을 설명해서는 안 될 것이다. 금융회사는 주식회사로 운영되지만, 고객의 금융자산을 보호하고 자금 중개와 금융서비스 제공을 통해 금융거래 질서 유지 및 금융시장 안정에 기여하는 역할을 하고 있다. 금융회사로서 본연의 역할을 잘하고 모든 이해관계자에게 인정받는 좋은 금융회사를 목표로 해야 한다.

사회가 건전하게 생존하려면 개인의 사적 영역이 보장되는 동시에 공동체가 서로 도와 같이 살아가는 영역이 공존해야 한다. 금융업계는 금융이 사회에서 차지하는 비중, 기대되는 경제적 역할, 사회적 책임 등을 생각할 때 '공공성'에 대해 스스로 인식하고 그에 대한 '책임감'을 가져야 한다. 금융업이 허가제로 운영되는 이유는 금융업이 가지는 특혜를 다른 경제주체들과 공유하라는 의미일 것이다. 금융업자로서 단순히 자기 이익만 추구할 것이 아니라 금융업 전체의 신뢰를 생각하고, 다른 경제주체에게도 선한 영향력을 끼치겠다는 인식이 단기수익 추구 문제 해결의 출발점이 될 수 있다.

해상보험에 '공동해손共同海損, General Average'이라는 개념이 있다. 이는 위험에 처한 전체 선박과 화물 보존을 위해 그들에게 발생한 희생이나 비용을 이해관계자 전원이 분담하는 제도를 말한다. 국가공동체라는 같은 배를 탄 사람들이 '리스크를 함께 진다'는 책임 분담 정신을 금융업계는 생각해야 한다.

금융회사의 경영 활동에서 단기성과주의의 문제를 개선하기 위해서는 먼저 모든 이해관계자에게 도움이 되는 책임경영을 이끌 수 있는 '규칙'을 제대로 만들어야 하고, 그 규칙을 임직원에 대한 평가, 보상 및 책임 시스템에 적용해 경영의 변화를 이끌 필요가 있다.

올바른 임직원에 대한 평가는 정당한 성과평가KPI, Key Performance Index에서부터 시작된다. KPI 산정 기준이 수익에만 집중되면 임직원의 행동은 수단과 방법을 가리지 않고 '매출'에만 초점이 맞추어져 회사의 정도 경영은 점점 멀어져 갈 것이다. KPI 기준에서 금융업 본연의 가치 창출, 소비자 보호 등 공공성의 비중이 강화되어야 하고, 지속적으로 KPI 기준에 대한 금융회사, 금융당국의 실증적 분석과 개선이 이루어져야 한다.

금융회사의 자기 절제와 스스로의 혁신이 이루어져야 하지만, 금융업이 제 역할을 하지 못하고 금융거래 질서가 정상적으로 작동되지 않는다면 금융당국이 금융시장 감독자로서 저 역할을 해야 한다. 또한 금융당국은 금융상품 내용, 서비스 가격의 적정성을 위해 금융시장의 경쟁성 제고, 금융상품 감독 강화, 소비자의 선택 능력 향상 등에 힘을 쏟아 금융시장의 구조적 한계점을 보완해 나갈 필요가 있다. 이에 대해서는 금융당국의 역할 부분에서 더 살펴볼 것이다.

금융업의 건전한 시장질서 유지를 위해서는 언론, 시민단체 등 다른 시장 참여자의 견제와 균형이 모두 중요하다. 영국의 철학자인 존 스튜어트 밀John Stuart Mill은 개인의 자유와 사회적 책임의 균형을 강조하면서, "여론을 대변하는 언론과 교육은 각 개인의 이익이 사회 전체의 이익과 불가분하게 결합되어 있음을 국민의 마음속에 심어놓아야 한다"라고 해 언론과 교육의 역할을 강조하기도 했다. 공공성과 사회 세력의 협력은 사용함에 따라 감소하는 것이 아니라, 같이 할수록 힘이 강해져 시장에 순기능을 할 것이다.

점점 권력화·정치화되어 가는 금융

'재벌'이라는 단어는 우리나라에서 그 존재감이 유난히 커 영어로 번역할 때 우리말 발음대로 'Chaebol'로 적는다고 한다. 그런데 금융자본의 힘이 점점 커지면서 '금융의 재벌화'라는 표현이 심심찮게 등장하고 있다. 금융자본이 집적되고 그 역할이 커지면서 금융이 자본주의의 중심적 위치에 오르게 되었는데, 이는 금융업이 다른 산업에 비해 위험은 작고 수익이 커 자본의 축적이 쉬웠던 점과 자금이 항상 부족했던 산업화 시기에 자금의 공급자로서 다른 산업 주체보다 경제적 권력에서 우위의 위치에 있었던 사실이 그 배경이 된다.

우리나라에서는 1960, 1970년대 초기 산업화 시대에는 국내 자본이 절대적으로 부족하고 자본시장이 발달하지 못해 정부가 주도적으로 은행업을 정책 수단으로 활용해 실물경제의 성장을 지원했다. 1980년대 이후에는 금융 자율화 및 세계화가 추진되고 금융기관의 신규 진입이 늘어 시장경쟁이 촉진되었다가, 1997년 IMF 외환위기를 거치며 큰 폭의 금융회사 구조조정을 겪었다. 정부에서는 외환위기의 주요 원인 중 하나가 은행의 부실로 보고 은행의 건전성 강화를 주요 정책목표로 함에 따라 은행업의 과점적 구조가 공고해졌다. 또한 금융업의 외형과 수익을 키우기 위한 금융정책에 우호적이어서 금융회사가 대형화되는 데 유리한 환경이 되었다.

경제 규모가 커지고 금융 수요도 다양화됨에 따라 금융시장의 구조도 다원화되어, 종전 금융권에서 절대적 비중을 차지했던 은행업의 비중이 점차 줄어 2001년 말 71.6%에서 2023년 말 57.8%로 줄었고, 자본시장, 보험시장의 규모는 커졌다.

2001년에는 금융회사들이 대형화와 겸업화를 통해 국제경쟁력과 건전성을 갖추도록 금융지주회사 제도가 도입되었다. 주요 은행이 금융지주회사 구조로 재편되면서 2023년 말 기준 국내 10개 금융지주회사의 연결 총자산(3530.7조 원)이 금융권 총자산(7448.3조 원)의 47.4%에 이를 정도로 금융지주회사의 규모가 대형화되었다.

이렇게 대형화한 금융업이 이익 규모가 커지고 힘을 갖게 되면서 다른 경제주체들에 대해 권력적 우위 관계에서 기득권 세력화하는 '금융의 권력화' 현상이 발생할 수 있다. 은행 중심의 금융지주회사에서는 주주, 이사회의 견제가 미약해 지주 회장 등 경영진에게 권력이 모이는 '권력 집중화' 현상까지 생겨나기도 한다. 은행을 제외한 제2금융권의 대형 금융회사도 규모를 앞세워 해당 업종에서 시장지배력을 갖고 금융 권력화의 모습을 나타내기 쉽다.

금융업은 권력과 이익 유지를 위해 더욱 단기수익 창출에 몰두한다. 금융지주회사 및 대형 금융회사는 매년 최고수익 기록을 경신하고, 직원에게는 높은 성과급, 퇴직금을 지급하고 있다. 금융자유화의 물결 속에서 금융상품 규제는 약화되고, 금융소비자는 부채 규모가 더욱 커지는 환경 속에서 높은 금융 비용을 부담하고 있다.

또한 시장주체들 간에 이익을 중심으로 서로 연결되고 정치적 영향력을 행사하려는 '정치화' 현상이 나타날 수 있다. 과거에는 금융업이 정부가 지분을 가진 금융회사, 공공기관의 인사와 관련해서 정부와 정치권에 연결을 시도하는 정도였다면, 이제는 커다란 자금력을 바탕으로 정치권, 정부, 언론, 법조계와 연대구조를 공고히 해 시장에서 금융업의 자기 목소리를 관철시키려 하고 있다.

과거 정부 주도 경제발전 시기에는 정부가 금융업의 자금 중개 기능에 정책적으로 관여하는 관치금융의 폐해가 있었다. 물론 지금도 정부나 정치권이 정치적 이해관계를 위해 공정한 시장질서에 잘못 개입할 우려가 없는 것은 아니다. 그러나 이제는 관치금융의 걱정과 더불어 금융이 권력화·정치화되어 시장이 공정하고 효율적으로 작동하지 못하는 부작용에 대해 우려하는 목소리가 점점 커지고 있다. 금융업이 고유의 역할 수행을 통해 사회 발전에 기여하는 게 아니라 금융시장을 왜곡시켜 금융사고를 일으키거나 경제적 불평등을 심화시킬 수 있다는 것이다. 금융의 권력화·정치화로 금융시장에 우려될 수 있는 점은 다음과 같이 생각해 볼 수 있다.

첫째, 금융업계가 '게임의 규칙'을 자신들에게 유리하게 조정하고자 하는 것이다.
금융업계가 자본의 힘을 바탕으로 정치적 무게를 갖게 되어 '게임의 규칙'을 자신들에게 유리하게 조정할 경우 금융시장은 기울어진 운동장이 되어 금융의 성과가 공정하지 못하게 배분될 수 있다. 이러한 현상은 미국 등 선진 자본주의 국가일수록 더하다. 로비가 합법화된 미국에서는 연방, 주 정부에 등록된 로비스트가 수만 명에 달하며, 로비 활동비로만 수조 원 이상의 돈이 쓰인다고 한다. 막대한 금력으로 세상의 룰을 자신들에게 유리하게 바꿔가는 것이다. 2008년 글로벌 금융위기 이후 오바마 행정부에서 월가를 개혁하기 위한 '도드-프랭크법' 실시 등 여러 개혁 조치가 있었으나, 근본적인 변혁은 미흡했다. 이는 오바마 정부의 금융개혁에 대한 문제의식이 철저하지 못한 면도 있었으나, 월가의 막대한 금력에 의한 정치권 로비 등 저항의 힘이 너무나 컸기 때문이다.

    금융 규칙은 정치, 경제의 환경 변화에 맞게 지속적으로 변화해야 한다. 하지만 힘의 균형이 기울어지는 방향으로 제도가 변경될 때 그 뜻은 왜곡될 수 있다. 대공황 당시 은행에서 상업은행과 투자은행의 업무가 혼재된 것이 시장의 위험을 부추겼다고 해서 상업은행과 투자은행 업무의 분리를 규정한 '글래스-스티걸법'도 1999년 클린턴 정부 시절 규제완화의 물결 속에서 폐지되었다. 글로벌 금융위기 후에는 볼커 룰Volcker Rule이 도입되어 은행 등이 자기자본으로 과도한 위험 투자하는 것을 금지했다. 그러나 2020년 금융업계의 요구로 볼커 룰이 다시 완화되는 등 금융시장의 힘의 균형에 따라 규제가 계속 바뀌고 있다.

정치의 영역에서는 모든 시민이 발언권을 갖지만, 경제에서는 개인의 재정 능력에 따라 기회와 권리가 다르게 작동한다. 따라서 경제적 힘과 권력을 가진 기득권의 영향력은 더욱 커지고 집요해지고 있다. 그에 반해 사회적으로 조직화된 영향력을 갖기 어려운 금융소비자 등 다른 이해관계자의 목소리는 아주 작고 추상적이다. 미국 증권거래위원회SEC 위원장을 지냈던 아서 래빗Arthur Levitt은 저서 『월스트리트를 장악하라Take on the street』에서 "현대사회에서 금융이 가진 가장 심각한 문제는 금융업계가 이제 자신에게 불리하다고 생각될 때에는 법규정을 움직일 능력까지 갖게 된 것처럼 보인다는 점이다"라고 말하기도 했다.

우리나라는 로비가 합법화되어 있지 않고, 금융업이 시장의 규칙에 미치는 영향력을 미국과 단순 비교하기는 어렵다. 하지만 금융업계가 막강한 자본력을 바탕으로 금융협회, 대형 법률회사 등을 이용해 규제 정책을 자신들에게 유리하게 하고자 대응하는 힘은 점차 커지고 치밀해지고 있다.

둘째, 거래 상대방인 금융소비자들이 피해자가 될 수 있다.
2000년대 초 인터넷의 폭발적인 성장으로 벤처기업이 각광을 받으면서 주식시장이 활황이었다가 광적인 투매 현상이 발생한 닷컴 버블까지의 금융사고는 대중의 '비이성적 과열irrational exuberance'이 작은 충격에 붕괴되어 피해를 일으킨 경우가 많았다. 하지만 21세기에 들어서는 시장지배력을 갖게 된 금융회사가 계약 상대방인 소비자로부터 과도한 이익을 취하려고 해 금융사고가 발생하는 경우가 흔해졌다.

미국에서는 2007년부터 발생한 서브프라임 모기지 사태가 대표적이다. 변제 능력이 없고 계약 조건을 이해하지 못하는 사람들에게까지 무분별한 주택담보대출을 해주다가 발생한 것으로 이에 대해서는 앞에서 언급한 바 있다. 영국에서는 대형 은행들이 지급보증보험PPI, Payment Protection Insurance을 대량으로 불완전판매 했다가 2005년부터 사회적으로 크게 문제가 되었던 사고가 대표적이다. 이는 대출채무자가 사망, 중대한 질병, 실업 등으로 대출 상환을 못 하는 경우 보험회사가 채무를 대납해 주는 상품인데, 소비자들은 상품 가입 사실도 모르는 경우가 많았다.• 은행들은 65세까지 보장해 주는 상품을 그 이상의 고령자에게 판매하는 등 수수료 취득 목적으로 부실 판매해 수백만 명에게 피해를 끼쳤다.

우리나라에서도 금융회사의 과도한 이익 추구로 인해 발생한 금융상품 불완전판매 사례는 2019년 부실 사모펀드 사태를 비롯해 너무나 많다. 금융사고 이후 관련 금융회사는 피해자에 대한 구제, 회사의 내부 통제 정비 등의 조치에 집중하기보다는 경영진에 대한 중징계를 모면하는 데 더 신경을 쓰는 듯한 행태를 보였다. 이들은 법률회사 및 언론에 거액의 법률 비용, 광고홍보비를 들여가며 감독당국의 책임 추궁을 피하려고만 해 수년간에 걸친 법률 공방이 이어졌다. 2025년 3월 24일 ≪이데일리≫ 기사에 의하면 대형 시중은행 다섯 곳이 2020년부터 2024년까지 5년간 법률회사에 지출한 비용이 3542억 원이며, 은행별로는 은행 경영진의 징계 불복 소송이 근래까지 진행되었던 두 은행의 법률 비용이 2518억 원으로 나머지 3개 은행의 1024억 원보다 압도적으로 높았다.

• 우리나라에서도 신용카드회사의 채무 면제·유예 상품인 DCDS(Debt Cancellation & Debt Suspension)가 있다. 이는 카드 회원에게 사망, 질병 등 사고가 발생했을 경우 카드 채무를 면제하거나 결제를 유예해 주는 상품이다. 이 상품도 고객이 내용을 잘 이해하지 못한 상태에서 높은 수수료를 지불한다고 해서 2016년 8월 이후 신규 판매가 중지되었다. 그러나 아직 기존 고객이 많아 민원이 계속 발생하고 있다.

금융회사 경영진의 제재 불복 소송은 기본적으로 개인 행정제재에 관한 법률 다툼이므로 이에 대한 회사의 법률 비용 지원은 그 성격을 살펴볼 필요가 있다. 회사 업무와의 관련성을 전부 배제할 수는 없어 지원이 필요한 부분이 있다고 해도 과도해서는 안 된다. 금융회사에서 다른 여러 법률 자문 비용 등의 명목으로 경영진을 우회 지원하는 것은 아닌지 주주 등의 입장에서 따져볼 필요가 있다.

재벌그룹은 특정 가족이 소수 지분으로 그룹 전체의 지배권과 경영권을 행사하지만, 책임은 지지 않아 우리나라 대기업의 지배구조는 후진성을 면치 못한다는 평가를 받는다. 그와 같이 대형 금융회사 경영진도 사회적 물의를 일으키는 대형 금융사고가 발생해도 책임은 지지 않고 권한만 행사하려고 한다면 그 행동이 공정하다고 할 수 있겠는가?

2007년 검은 백조 이론Black Swan Theory*을 제시해 세계 경제위기를 예측한 것으로 유명한 나심 탈레브Nassim Taleb는 '자신이 책임을 안고 현실 문제에 참여하라'라는 뜻이 담긴 저서 *Skin in the Game*에서 공정한 사회를 만들기 위해서는 권한과 책임, 리스크와 이익의 균형이 이뤄져야 한다고 주장했다. 금융이 제 역할을 하고 지속가능하려면 우리는 금융의 권력화, 정치화에 대한 문제의식을 명확하게 하고 이를 해결하는 데 힘을 모아야 한다.

- '검은 백조'는 불가능하다고 생각한 사건이 발생한 것을 은유적으로 표현한 말이다. 도무지 일어날 것 같지 않지만, 발생하면 시장에 엄청난 충격을 주는 사건으로 나중 사고는 필연이었다고 사후합리화하기 쉽다.

자기 절제와 성찰, 지배구조·내부통제의 개선, 사회 세력의 견제가 필요하다

먼저 금융회사 스스로 과도한 단기수익 추구와 권력화·정치화 현상에 대해 '자기 절제'와 '성찰'이 필요하다. 이는 공정한 금융으로 나아가기 위한 시작점이 될 것이다. 금융회사 경영진이 현재의 자기 욕망 성취를 위해 앞으로 오랫동안 건전한 가치가 유지되어야 할 금융회사, 금융업의 미래를 훼손해서야 되겠는가.

권한과 책임이 균형을 이루는 '지배구조governance 개선'이 절실하다. 주주를 대신해 대리인인 경영진을 감독하고 감시하는 이사회를 제대로 구성하고 그 역할을 하는 것이 매우 중요하다. 이를 통해 경영진의 책임경영을 이끌 수 있는 올바른 '규칙'을 만들어 경영진에 대한 평가, 보상 및 책임을 엄정하게 집행할 필요가 있다. 또한 단순 준법감시 차원이 아닌 조직 내 건전 경영시스템과 조직문화를 개선하려는 진정한 '내부통제internal control' 시스템을 구축하고 집행해야 한다. 금융회사의 최고 경영진부터 모든 임직원의 노력이 필요하다. 지배구조와 내부통제의 개선을 위한 노력은 2부에서 구체적으로 살펴보도록 하겠다.

금융회사의 자기 절제와 개혁의 바탕 위에 금융당국은 금융시장의 공정 거래 질서 확립을 위한 감독자로서 역할을 제대로 할 필요가 있다. 금융회사와 소비자 사이의 기울어진 권력관계를 바로잡는 것이 금융당국의 중요한 소임이다. 금융당국은 금융회사의 올바른 업무 수행에 걸림돌이 되는 제도적 미비점을 적극적으로 개선해야 함은 물론, 금융시장 참가자의 도덕적 해이 및 이로 인한 소비자의 피해에 대해서는 회사 경영진에게 권한에 맞는 책임을 묻는 등 엄정 대처해야 한다. 모든 정책집행 과정을 투명하게 해 관치금융의 우려를 불식시켜야 함은 기본이다.

공정한 금융 질서를 이루기 위해서는 금융당국의 노력만으로는 한계가 있다. 정권 출범 초기와 같이 정부의 영향력이 클 때에는 금융회사는 조심스럽게 행동한다. 그러나 시간이 지난 후에는 이익 추구를 위한 권력화·정치화된 행동 등 종전의 관성으로 돌아갈 우려가 있다. 언론, 시민단체, 금융 자율규제 기관 등 시장 참여자의 견제와 균형check and balance이 함께 중요하다. 시민사회 세력의 연대와 긴밀한 협력이 더없이 요구되는 현실이다.

금융당국의 행동

규제산업의 특성을 갖는 금융업에서 금융당국 역할의 중요성은 아무리 강조해도 지나침이 없다. 물론 오늘날 경제는 시장의 자율적 힘에 많이 의존한다. 하지만 금융업은 기본적으로 소중한 국민의 자금으로 사업이 영위되고 금융의 안정성이 국가 경제에 미치는 영향이 매우 커 금융당국은 항상 깨어 있고 긴장해야 한다. 금융당국의 역할은 금융시스템의 안정성을 유지하고, 공정한 시장질서를 유지하며 금융소비자를 보호하는 것이다. 이를 위해 금융당국은 금융회사의 재무적 건전성 유지를 위해 금융회사에 충분한 자본을 보유하도록 적정 자기자본 비율을 요구하거나, 금융시장의 공정한 거래 질서 유지와 소비자 보호를 위해 여러 규제조치를 하고 금융상품의 적정성을 점검한다.

 바람직한 금융당국의 역할을 위해서는 규제 및 감독 정책을 어떻게 하느냐가 제일 중요하다. 우리나라 금융시장의 규제정책 현황 및 정책 집행 시 고려해야 할 사항에 대해 먼저 살펴보고, 금융거래 계약의 도구인 금융상품의 적정성 감독에 대해 생각해 보기로 한다.

금융, 규제완화가 능사는 아니다

금융당국의 규제정책은 금융업을 바라보는 시각에 따라 상당히 달라질 수 있다. 금융업이 실물경제 산업에 자금을 중개하는 금융 고유의 역할을 강조하느냐, 별도의 독자 산업으로서의 성격을 부각하느냐에 따라 규제의 정책 방향이 달라질 수 있다. 물론 금융업의 성격을 단순히 이분법적으로 구분할 수는 없다. 금융의 역할이 점점 커지는 흐름에서 독자 산업적 성격이 지나치게 강조될 경우 금융업의 이익 추구를 위해 실물경제 흐름과 상관없는 금융거래가 증가하는 등 금융시스템의 위험관리가 어려워질 수 있다. 또한 금융산업 자체의 이익 및 성장 추구 메커니즘에 따라 규제정책에 대한 저항이 커져 시의적절한 제도개선이 어려워질 수 있다.

우리나라 금융감독체계는 2008년 이후 정부 부처인 금융위원회가 금융산업정책과 금융감독 업무를 총괄하고, 민간 독립기구인 금융감독원이 금융감독 업무를 담당하는 이중 감독체계를 구성해 운영되고 있다. 금융산업정책은 아무래도 금융산업을 진흥시키려는 목적을 갖게 되고, 금융감독 업무는 공정한 시장 거래질서와 소비자 보호를 강조하게 되어 두 가치가 충돌할 수 있다. 금융사업자의 행위를 제한하고 규제하는 정책을 취하기 쉬운 금융감독 업무는 시장에서 인기가 없다. 따라서 금융당국은 정책 효과가 가시적으로 드러나는 금융산업정책을 우선하기 쉬워 금융규제가 시장 친화적으로 흘러가고 감독 업무는 소홀해질 가능성이 커진다.

새 정부가 출범하거나 경제활성화 얘기가 나올 때마다 제일 먼저 나오는 목소리가 '규제완화'다. 이 주장은 거의 모두가 맹목적으로 받아들이는 경향이 있어 규제의 조정에 대해서는 합리적인 분석이나 토론이 어렵다. 아무리 자유경제를 신봉하는 사람이라 하더라도 금융시장을 자율적으로 조정하는 '시장의 손'이 존재하지 않으므로 규제·감독이 필요하다는 점을 부인하지 않는다. 그럼에도 금융사고가 생겨 사회가 큰 곤란을 겪기 전에는 금융회사, 학계, 언론 등 사회 전반에서 규제가 시장기능을 가로막는다고 생각하고, 규제완화가 절대선인 양 하는 주장이 넘쳐난다. 여기서 규제가 시장기능을 막는다는 것은 규제가 금융산업 '성장'에 걸림돌이 된다는 뜻과 큰 차이가 없다.

2022년 7월 김주현 금융위원장은 취임 일성으로 "우리 금융산업에도 BTS와 같이 글로벌 시장을 선도하는 플레이어가 나올 수 있는 새로운 장을 조성하겠다"라며 '금융규제 혁신 회의'를 출범시켰다. 혁신 회의에서는 금융회사의 자회사 투자제한을 개선하는 금산분리 규제조정, 금융업 전업주의 규제 합리화 등 금융 업권별 금융협회 수요조사 등을 통해 파악한 사항을 중심으로 36개 과제를 우선 검토·추진하기로 했다. 혁신 회의에서는 불가침의 성역 없이 기존 규제를 근본적으로 재검토하겠다는 의지를 나타냈다.

금융규제는 금융시스템을 안정시키고 소비자를 보호하며 공정한 시장질서를 유지하기 위해 만들어졌고, 규제혁신은 변화하는 시대 환경에 맞게 불필요한 규제를 정비해 금융의 역할을 제대로 하게 하는 데 있다. 그러나 과거를 돌아보면 규제혁신과 규제완화를 동일시해 규제를 완화하는 것이 바로 금융시장을 발전시킨다고 오인했던 사례는 너무나 많다.

행동경제학자인 로버트 쉴러는 "금융제도를 계획하는 것은 어려운 일이다. 왜냐하면, 그 계획이 수많은 인간의 결점을 수용해야 하기 때문이다. 규제도 그러한데 우리는 제도 도입 시점에 여러 사항을 면밀하게 검토하고 준비하는가? 단지 '효율적 시장가설'만을 맹신해 덜컥 일을 벌이고 나중에 문제가 생기면 그 뒷수습에 엄청난 비용을 치르는 것은 아닌가?"라고 우려한 바 있다. 금융제도는 오랜 시간이 흐른 뒤 그 제도가 어떻게 작동하는지 알 수 있다. 무분별한 규제완화로 인해 우려되는 점을 생각해 보자.

첫째, 규제 신설 및 완화 시 '면밀한 검토'가 부족할 수 있다.
금융당국이 단기간에 정책성과를 내려다보면 환경 변화에 따라 개선이 필요한 규제 및 규제완화 시 '부작용'에 대한 정밀한 검토가 미흡할 수 있다는 점이다. 과거 충분한 검토 없이 추진했던 규제완화정책이 금융사고를 초래한 중요 원인이었다는 교훈을 잊어버리고, 무비판적으로 규제완화를 얘기하는 것이다. 2022년 '금융규제 혁신회의' 출범 당시에도 금융위원회는 규제혁신 추진 방향만을 발표했을 뿐인데 언론에서는 이를 제도개선이 확정된 것처럼 보도하기도 했다. 규제의 조정·변경에 대한 필요성, 규제 개선 내용의 적정성, 예상되는 부작용 등에 대한 심층적 고민이 필요하다는 사회적 공감과 이를 위한 시장 참가자 사이의 소통이 필요하다.

금융규제 관련 정부, 학계, 언론인과의 간담회에서는 금융규제가 금융산업의 발전을 가로막고 있다는 주장과 금융규제가 완화되면 금융산업 경쟁력이 강화되고 금융혁신이 이루어질 것이라는 추상적 기대 효과를 강조하는 목소리는 크게 들린다.

금융혁신financial innovation은 지금껏 소비자들이 느꼈던 금융의 편익을 새롭게 증진시키거나, 새로운 영역을 개척해 금융의 기능을 확장시켜야 의미가 있을 것이다. 혁신은 필요하고 중요하지만, 금융혁신의 목적, 편익, 부작용에 대한 검토가 함께 이루어져야 한다. 반면 금융시장의 공정거래질서, 금융소비자 보호의 필요성에 대한 주장은 아주 미약하다. 금융규제 관련 회의나 대책반을 구성할 때에도 금융규제에 대해 부정적 시각을 가진 시장 친화적 전문가가 대다수를 차지하고, 그들의 목소리에는 함께하는 힘이 있다. 복잡한 금융시장에서 위기는 제도의 조그만 균열로부터 시작될 수 있다. 특히 한번 변경이 이루어진 규제는 그 자체로 시장질서를 형성하게 되어, 나중에 규제완화의 부작용이 발견되어 시정하려고 해도 원상회복하기는 매우 어렵다.

과거 2003년 '카드 사태'에서는 신용카드 서비스 한도 폐지, 모집 방식 등 카드 영업 규제완화가 있었고, 2011년 '저축은행 사태'에서는 우량 저축은행에 대한 법인 신용대출 한도 요건 완화, 영업 구역과 지점 설치 요건 완화, 저축은행 명칭 사용 등 여러 규제가 완화된 것이 사태 발생에 커다란 역할을 했다. 증권회사의 계열사 지원 금지 규제가 완화된 후 동양증권이 그룹 계열사의 회사채를 부실 판매했던 2013년 '동양사태'가 발생했다.

특히 자본시장 육성 목적으로 사모펀드의 규제가 대폭 완화된 후 2019년 터진 '부실 사모펀드 사태'에서는 규제완화의 정도가 남달랐다. 사모펀드 설립, 운용이 사전등록제에서 사후보고제로 변경되었으며, 사모펀드 운용 전문인력의 자격 요건이 완화되고, 1억 원 이상 투자하는 자를 '적격투자자'라고 해 사모펀드에 투자할 수 있도록 하는 등 사모펀드의 진입, 운용, 판매 모든 단계에서 규제가 대폭 완화되었다. 사모펀드 규제완화 중 투자자 요건을 완화한 것이 투자자 피해 규모를 키운 가장 큰 요인이 되었다. 그에 따라 은퇴자금을 투자한 고령자의 피해가 많았다.

무분별한 규제완화 조치 이후에는 어김없이 크고 작은 금융사고가 발생해 소비자의 일차적 피해는 물론 금융시장에도 부정적 효과를 끼쳐 사고 수습에 엄청난 사회적 비용을 치르게 된다.

둘째, 규제완화의 목표가 금융산업의 규모를 키우고 이익을 증대시키려는 데 치중된 것은 아닌가 하는 점이다.

정부는 금융업을 실물경제의 다른 산업 분야와 동일선상에서 경제성장 동력의 하나로 보아 금융업의 규모를 키우고 이익을 많이 내는 것을 정책의 우선 목표로 삼을 수 있다. 규제조정의 목적이 금융시장의 건전화와 금융 본래의 역할 제고에서 벗어나 매출 증가, 이익 제고에만 치중할 경우 그로 인한 부작용이 나타날 수 있다. 규제조정의 목표가 금융시장의 또 다른 이해관계자인 금융소비자 보호를 고려하는 규제 합리화보다는 금융업의 성장에 치우칠 수 있다는 점이다. '금융규제 혁신 회의'의 추진 과제 선정도 주로 금융권 협회의 수요조사를 통해 이루어졌다. 금융업계의 규제완화 요구 중에는 국제적 금융자본의 이익을 '글로벌 스탠더드'로 내세워 주장하는 것에도 유의할 필요가 있다.

치열한 금융시장의 경쟁에서 규제 영역은 금융회사가 생존을 위해서 뿐 아니라 보다 높은 이익 창출을 위해서 최우선적으로 대응하는 부분이다. 금융시장 참가자들은 규제가 완화된 지점을 집요하게 찾아 이익을 추구한다. 2023년 발생한 차액결제거래CFD, Contract For Difference 관련 주가 폭락 사태도 2019년 '자본시장법' 시행령의 '개인 전문투자자 요건'을 금융상품 잔액 기준을 5억 원에서 5000만 원 등으로 완화한 것과 연관성이 있다. 차액결제거래는 주식 등 기초자산을 직접 보유하지 않고 진입가격과 청산가격의 차액을 결제하는 파생거래 계약으로, 금융투자상품에 대한 위험 수용 능력이 있는 '전문투자자'만 거래가 가능한데, 투자자 요건을 완화함으로써 개인 전문투자자 수가 많아졌고 그로 인한 피해가 컸다.

앞에서 언급한 부실 사모펀드 사태에서도 자본시장의 육성이라는 정책목표는 좋았지만, 시장 참가자의 이익 추구 욕망은 규제의 약한 고리만을 찾을 뿐이다. 규제완화의 선한 의도가 착한 결과를 보장하지 않는다. 제도 변경의 효과가 시스템 설계자가 의도했던 대로 나타나지 않는 '규제의 역설'(코브라 효과*) 사례는 너무나 많다.

과거 규제완화로 인한 시장 실패 사례에서 우리는 규제완화 전 면밀한 검토가 부족했을 뿐 아니라, 규제가 완화된 이후에도 제도의 부작용에 대한 대응이 철저하지 못했음을 인정하지 않을 수 없다. 부실 사모펀드 사태가 터지기 전에도 여러 사모펀드의 판매 과정에 부실 징후가 있었으나, 적시 대응이 부족한 면이 있었다. 규제 실패로 인한 사회적 비용도 아프지만, 한번 어그러진 제도를 바로 잡기는 결코 쉽지 않다. 정부의 규제정책 실패에도 책임지는 일은 별로 없어 과거의 실패로부터 배우지 않고, 새로운 정책성과를 도모하다가 유사한 일이 반복된다는 비판이 있다. 규제완화정책을 시행하려면 그에 상응하는 시장감시 및 금융감독 강화가 전제되어야 한다.

셋째, 금융 환경 변화에 둔감해 규제가 정비되지 않아도 문제가 된다.
무분별한 규제완화와 반대로 금융 환경 변화에 둔감해 규제가 제대로 정비되지 않아 시장이 효율적으로 작동하지 못하는 위험도 있다. 이는 시장 실패market failure라기보다 정부 실패government failure라고 할 수 있다. 종래의 관성에 의한 경로 의존성으로 현실에 맞는 규제조정을 하지 않는 우를 범해서도 안 될 일이다. 가상자산, 인공지능AI 등 종전에 생각하지 못했던 '새로운 규율'이 필요한 부분에 대한 합리적 규제조정은 시의성 있게 추진되어야 한다. 규제의 사각지대가 생기면 문제가 누적되고, 쌓인

- 코브라 효과(Cobra effect)는 과거 영국이 인도를 통치하던 시절 총독부가 코브라를 없애기 위해 코브라를 잡아오는 사람에게 보상을 했는데, 보상금을 노린 사람들이 코브라를 몰래 키워 개체수가 오히려 늘었다는 정책에서 유래한 말이다.

문제는 나중에 반드시 폭발한다. 환경 변화에 둔감한 정책은 실패한다. 실효성 있는 정책을 위해서는 변화의 흐름을 잘 좇아야 한다.

정보통신 기술이 하루가 다르게 발전하는 시대에 산업 간 경계가 흐릿해지는 빅 블러Big blur 현상은 새로운 일이 아니다. 특히 금융과 산업의 경계는 더욱 모호하다. 디지털 기술을 활용해 새로운 금융서비스를 제공하는 '핀테크Fintech'와 플랫폼 경쟁력을 활용한 '빅테크Bigtech'(거대 정보통신기술기업)에 대한 디지털 금융정책을 지속적으로 개선·보완해야 한다.

잘 설계된 표준은 책임 있는 혁신을 촉진할 수 있다. 단순히 새로운 수익원 발굴이 금융정책 의사결정의 주요 요인이 되어서는 안 된다. 금융업의 혁신, 소비자의 편의성 제고를 정책목표로 해 규제가 정교하게 정비되어야 한다. 2024년 7월 전자상거래 업체인 '티몬·위메프의 판매자 대금 미지급 사태'나 2021년 할인 상품권을 대량 유통시켰다가 돌연 사용처를 대폭 축소해 혼란을 일으킨 '머지포인트 사태'도 상거래와 금융의 성격이 혼재된 영역에 대한 규율체계가 불확실해 문제가 커진 면이 있다. 앞으로 빅블러 시대에 규제 사각지대로 인한 문제는 언제든 일어날 수 있다. 국가의 공적 기관 간 협업 및 상시 감독체계 정비가 중요한 시점이다.

비합리적 제도개선의 필요성과 이를 요구하는 목소리가 시장에 넘치더라도, 실제 제도개선 이행은 그리 간단하지 않다. 2021년 머지포인트 사태 후 문제점 보완을 위한 '전자금융거래법' 개정이 2023년 8월에 국회를 통과해 2024년 9월에 시행되었다. 빛의 속도로 이루어지는 디지털 변화와 제도 보완 사이의 간극은 무척 크다.

제도개선이 이루어지는 과정 중에도, 위급한 시장 상황이 호전되면 금융업권, 일부 언론 등에서 금융업에 우호적인 의견이 나오면서 금융업 성장에 부담이 되는 제도개선 주장은 다시 약해질 수 있다. 다시 시장에 엄청난 충격을 주는 금융사고, 위기가 닥쳐야 움직여진다. 2011년 저축은행 사태 이후 오랫동안 논의만 되던 '금융소비자보호법'이 2019년 부실 사모펀드 사태로 커다란 소비자의 피해와 시장 혼란을 겪고 나서 2020년 제정된 것도 그러한 예이다.

공정 시장질서를 위한 규제는 치밀하게, 환경 변화에는 유연하게 대응하는 조화로운 규제혁신이 필요하다. 규제를 도입하거나 완화할 때에는 첫째, 금융회사의 내부통제 강화를 통한 규제의 내부화 또는 시장참가자 등에 의한 자율적 외부 감시체제가 제대로 작동하는지에 대한 검토와 사전 조치가 필요하고, 둘째, 규제조정안에 대한 면밀한 검토 후 규제개선이 이루어져야 하며, 셋째, 규제조정 후 제도의 정착 과정에 대한 시장 감시 및 그에 따른 규제의 재조정이 유기적으로 이루어져야 한다. 그래야 원래 의도했던 정책목표를 이룰 수 있다.

규제는 목적이 아니고 수단이다. 금융규제가 제 기능을 하지 못하면 금융사고가 발생하고, 반대로 규제가 지나치게 엄격하면 혁신이 이루어지기 어렵다. 합리적 규제는 건강한 금융시장을 만든다. 금융시스템을 안정시키는 건전성 규제와 금융거래질서 및 소비자 보호를 위한 규제역량은 강화하면서, 시장을 잘 관찰해 비효율을 초래하거나 새로운 규율이 필요한 영역에 대한 규제는 변혁시키는 '조화로운 금융규제 혁신'이 필요하다. 규제를 결정할 때에는 일면만을 보지 말고, 모든 관계를 전면적으로 고찰해 판단할 일이다. 세상의 모든 일은 경계가 중요하다고 하지 않는가? 금융혁신도 규제가 균형 선을 지킬 때 시작되고 완성될 수 있을 것이다.

금융상품 감독은 금융감독의 출발이다

금융거래는 금융상품을 통해 이루어져 거래 과정의 문제는 대부분 금융상품에서 비롯된다. 더욱이 금융상품은 장기간에 걸쳐 다수의 소비자에게 공급되어 문제가 생기면 교정도 어려울뿐더러 그 파장은 무척 크다. 또한 대량 거래의 편의를 위해 금융회사가 계약의 내용과 조건을 미리 정한 약관에 따라 금융거래가 이루어지고, 금융회사가 거래 내용에 대해 우월한 정보를 가지고 있어 금융상품의 적정성은 금융거래의 안정과 공정성 확보를 위해 제일 중요한 부분이라 할 수 있다. 따라서 금융시장 감독은 금융상품 감독에서 시작된다고 볼 수 있다. 금융상품에서 쓰이는 개념을 일반 소비자가 이해하기는 어렵다. 금융소비자는 금융회사와 금융당국의 공신력을 믿고 금융상품에 가입한다. 금융상품 감독이 소비자 보호의 가장 중요한 부분이 되는 이유다.

1980년대 영국에서는 자유주의 경제 사조가 주류가 되면서 1986년 '금융서비스법Financial Services Act'이 제정[2000년 FSMA(Financial Services and Markets Act)로 통합]되어 금융규제가 대폭 완화되었다. 그러나 2000년대 중반 은행의 지급보증보험PPI 사태 등 여러 금융상품 관련 사회문제가 제기되자, 2012년 FSMA를 개정해 금융소비자에게 재산적인 피해가 발생할 우려가 있는 경우 금융상품 판매 금지를 명령할 수 있는 '상품개입제도product intervention'를 도입했다.

우리나라도 오랜 논란 끝에 2020년 3월 국회를 통과한 '금융소비자 보호에 관한 법률'(금소법)에 "금융위원회가 금융소비자의 재산상 현저한 피해가 발생할 우려가 있다고 명백히 인정되는 경우, 판매업자에 대하여 해당 금융상품 계약 체결의 권유 금지 또는 계약 체결의 제한·금지를 명할 수 있는" 제도를 도입했다. 아직 명령이 발동된 적은 없고 구체적 시행 요건, 절차에 대한 고민이 필요한 제도이다.

    금융상품 판매 후 법률적 요건을 갖추어 판매제한 명령이 이루어질 때에는 이미 수많은 금융소비자의 피해가 발생한 후로 판매제한의 실효성은 크지 않을 것이다. 금융회사에서는 금융상품을 만드는 단계에서 상품 관련 내부통제를 잘 지켜 제대로 된 상품을 만들고, 금융당국에서는 금융상품 감독 단계, 금융시장 모니터링 단계에서 최대한 빨리 이상 징후를 인지해 즉각 대처하는 것이 훨씬 더 중요하다.

보험약관 내용의 불명확으로 인한 금융사고

모든 금융상품의 약관 내용이 명확해야 함은 기본이나, 그중 보험상품은 계약 기간이 길고 우연한 사고의 발생을 전제로 하며 고액의 보험금이 지급되는 사행계약射倖契約적 성격을 갖고 있어 약관이 복잡하고 약관 해석에 대한 다툼이 많은 특성이 있다. 보험업권에서 약관 작성의 중요성을 일깨워 준 '자살보험금 사태'가 있었다. 보험은 우연한 사고에 대한 위험을 담보하므로, 고의로 사고를 일으킨 경우는 보험금이 지급되지 않는다. 다만, 자살보험금의 경우 계약의 보장 개시일로부터 2년이 경과한 경우에는 일반사망보험금을 지급하기로 약정되어 있다. 그런데 2001년 한 보험회사가 실수로 자살에 대해 일반사망보험금이 아닌 재해사망보험금(통상 일반사망보험금보다 2배 정도 많음)을 주는 약관을 만들었는데, 다른 회사들이 이를 자세히 확인하지 않고 베껴 출시했다. 2010년 문제를 인식하고 약관을 수정했으나, 그 전에 체결된 수많은 계약에 대한 보험금 지급 문제로 커다란 사회적 혼란을 겪었다. 약관을 실수로 작성했더라도 계약자에게 제시된 대로 재해사망보험금을 지급하는 것으로 결론이 났으나, 보험시장 혼선의 파장은 작지 않았다.

그 외에도 2018년 '즉시연금 보험'의 보험금 계산 방식과 관련한 약관 해석에 분쟁이 발생해 법원에서 소송이 진행 중이다. 이렇듯 금융상품은 다수의 소비자와 오랜 계약 기간의 거래 내용을 정하고 있어 상법, 금융 업권별 규제법 등 법적인 장치 이외에도, 금융당국의 금융상품에 대한 규제 및 감독이 금융산업의 신뢰 유지를 위해 필수적이다.

금융상품 내용의 적정성

금융상품의 적정성에 대한 감독이 중요하다고 해 금융상품이 팔리기 전 금융당국이 모든 상품 내용을 심사할 수는 없다. 오늘날 금융거래 규모, 상품의 다양성, 변화의 속도를 생각할 때 실현 가능하지 않다. 다만, 새로운 위험 등 예외적인 경우에 한정해 금융상품 사전심사가 이루어지고 있다. 금융상품의 적정성과 관련해서는 금융상품 제조, 판매, 사후관리 과정에서 여러 규제가 있고, 당국의 상품 판매 감시, 검사, 분쟁처리 등 감독 행위가 따르게 된다.

금융당국의 상품감시체계가 작동하더라도 모든 금융상품 거래의 문제에 대해 즉시성 있게 대처하기는 쉽지 않다. 따라서 금융회사에서 상품을 만들 때 상품 내용의 적정성, 소비자 보호 내용을 철저히 검증하도록 하는 '상품관리위원회' 등의 '내부통제'가 우선적으로 작동하도록 하는 것이 절대적으로 중요하다.

2023년 12월 금융회사 스스로 임원별 내부통제 책임을 명확히 하는 책무구조도responsibilities map 도입과 내부통제 관리의무 부여 등에 대한 '금융회사의 지배구조에 관한 법률'(지배구조법) 개정안이 통과되었는데, 앞으로 금융상품 내부통제에 대한 실효성 있는 세부 대책이 마련되고 운영될 필요가 있다.

금융당국에서는 금융상품이 개발되는 단계의 회사 내부통제, 당국의 심사와 더불어 금융시장의 상품 거래 현황에 대한 '상시감시'를 더욱 실효성 있게 이행하는 것이 의미가 있다. 금융상품 제조 단계에서 문제점을 거르는 것이 이상적이나 그것이 이행되지 못했다 하더라도, 금융거래 과정 중 민원이나 시장 상황 모니터링을 통해 문제점을 최대한 빨리 인지해 대처하는 것이 중요하다. 특히 나날이 진화하는 증권화된 파생상품은 개별 금융회사 입장에서는 외부로 위험이 전가되어 자기의 위험으로 인식하지 못하고, 거래 내용이 서로 연결되어 있고 특정 방향으로 편중될 위험이 있어 전체 시장의 위험이 관리되기가 쉽지 않다.

금융거래 내용이 한층 다양하고 복잡해진 오늘날에는 금융시장 흐름에서 조금만 떨어져 있다가는 시장의 오류를 적시에 인지하지 못해 문제가 걷잡을 수 없이 커질 수 있다. 금융당국 내 정책, 검사, 민원 파트 모두의 협업은 물론이고 언론, 소비자 등 금융시장과의 적극적인 소통을 통해 문제 상황 초기에 적극적으로 대응하는 것이 중요하다.

금융당국은 금융거래의 정보 비대칭 해소에도 노력을 기울여 금융계약에 필요한 정보가 금융거래 당사자 사이에 공평하게 공유되도록 할 필요가 있다. 금융회사가 상품을 만들기에 현실적으로 우월한 입장에 설 수밖에 없다 하더라도, 상품구조, 가격·수수료 수준을 소비자가 이해할 수 있는 언어로 회사 간, 시계열 간 비교가 가능하도록 최대한 실효성 있게 공시되도록 해야 한다. 금융상품이 투명하게 공시되면 거래 당사자뿐 아니라, 언론 등 외부의 견제가 가능해 불합리한 금융지대는 축소될 것이다.

금융소비자에 대한 정보제공, 상품공시, 금융교육 등을 통해 최대한 정보 비대칭을 해소하도록 노력해야 하지만, 그 노력만을 지나치게 강조할 경우 정보 비대칭만 축소하면 금융거래 실패가 해소된다고 오해할 수 있다. 금융회사나 당국의 정보 비대칭 해소 노력은 '기본'일 뿐이고 금융상품에 대한 회사의 내부통제나 당국의 감독책임을 철저히 이행하는 노력이 더욱 중요하다.

금융상품 가격의 적정성 점검

금융상품 감독은 상품 내용의 적정성뿐 아니라 금융상품 가격의 합리성에 대한 부분도 매우 중요하다. 금융업은 시장 참여 금융회사가 다수이고 정보가 충분히 공개되어 가격이 균형을 찾아가는 완전경쟁 시장은 되기 어렵지만, 금융업의 경쟁 강화, 상품감독 기능 제고, 소비자의 선택 능력 향상 등의 노력으로 그 한계점을 보완해야 한다.

• 금융업 경쟁 강화의 측면

먼저 경쟁 강화의 측면에서 금융사업자의 확대를 생각할 수 있다. 금융업 중에서 특히 은행업은 1997년 외환위기 이후 은행의 건전성이 금융시스템 안정성에 미치는 영향이 크다고 보아 과점적 구조가 고착화되고 규모가 대형화되었다. 이런 상황에서 2015년부터 출범한 인터넷 전문은행은 기존 은행이 생각하지 못한 몇 가지 혁신적인 금융서비스로 소비자 혜택이 증가한 면도 있었다. 그러나 새로운 신용평가 모델을 통한 '중·저신용자 대출' 공급 증가 등 인터넷 은행에 기대했던 부분에서 기존 은행과 차별화가 미흡해 당초의 기대보다 경쟁 효과가 크지 않은 상태이다.

이에 과점체제를 약화시키는 대안으로 영국의 챌린저 뱅크Challenger Bank와 같은 금융업의 인허가 단위를 쪼개는 스몰 라이선스small license를 허용하는 방안을 생각할 수 있다. 스몰 라이선스는 주로 디지털 기술을 활용하는 분야가 될 수 있는데, 기존 인터넷 전문은행과의 차별성, 효율적인 업무 프로세스, 금융고객 서비스 및 금융안정 등에 대한 점검이 필요하다. 보험업의 경우 '소액 단기 보험업'에 대한 스몰 라이선스의 도입 근거는 마련되었으나 큰 진척은 없는 상태이다.

미국 스타트업 대상의 상업은행인 실리콘밸리 은행의 파산 사태에서 알 수 있듯이 규모가 크지 않은 금융회사는 안정성에 취약할 수 있고, 중소 규모의 금융회사가 파산하더라도 시장에의 위험 전이 효과를 무시할 수 없다. 이렇듯 금융시장의 과점 해소는 거시경제의 안전성, 소비자 보호의 가치 등이 맞물리는 복잡한 사안으로 해결이 쉽지 않은 과제임이 분명하다.

그렇다고 일부 언론이 언급하듯 대형 금융회사의 진입을 위해 금산분리 완화를 떠올리는 것은 적절하지 않다. 산업자본의 금융지배는 과도한 경제력 집중, 금융회사 고객과 산업자본 주주 간 이해 상충, 사업 위험의 전이 가능성 등 리스크는 매우 크고 명확한 반면, 기대 효과는 불확실하다. 앞에서 언급한 2013년 동양증권 사태나 대기업집단 소속 보험회사와 계열회사 간 부당 자산거래 등 2금융권에서는 금융회사와 계열회사와의 부적정한 거래가 종종 지적되고 있다. 만약 '금산법'상 산업자본의 은행업 진출을 금지한 규제가 없어 동양증권 사태가 은행업에서 일어났다면, 엄청난 경제적 파장을 초래했을 것이다.

한편 2023년 5월 금융위원회에서 구축한 플랫폼을 활용한 대출 갈아타기 서비스인 '대환대출 플랫폼'은 시장경쟁을 촉진해 국민의 금융비용을 상당히 경감한 사례라고 할 수 있다. 앞으로 금융회사, 핀테크·빅테크 업체와의 협업을 통해 가격 경쟁을 도모하고 소비자의 금융서비스 효용을 높일 수 있는 방안 마련에 힘을 모을 필요가 있다.

금융플랫폼은 소비자의 금융에 대한 접근성과 선택권을 강화하는 긍정적 측면이 있다. 하지만 플랫폼은 많이 연결될수록 더 큰 힘을 발휘하는 '네트워크 효과'와 '승자독식 효과'가 크고 데이터 오남용 등 소비자 피해 가능성도 상존한다. 앞으로 플랫폼 경제에 면밀하게 대응하지 못할 경우 시장 참여자가 그에 종속되어 국민에게 부담이 될 우려도 있다. 예전에는 이탈리아 경제학자 빌프레도 파레토Vilfredo Pareto가 주장한 "전체 결과의 80%가 20%의 원인에서 발생한다"라는 파레토 법칙Pareto principle을 얘기했다면, 지금은 99 대 1이라는 훨씬 더 불균등한 승자독식의 세계가 되어가고 있다. 금융플랫폼에 대해서는 제도 도입 전과 시행 후 면밀한 대응이 필요하다.

또한 금융회사 간 경쟁 촉진을 통한 금융가격정책도 가계대출 관리와 같은 '거시 금융정책'과 조화가 이루어져야 정책 효과를 얻을 수 있다. 예를 들어 아무리 대출금리정책을 정밀하게 펼치더라도 가계부채 관리정책 실패로 대출이 폭증할 경우 대출금리정책의 효과는 극히 제한적일 수밖에 없다. 금융상품 가격 적정성은 다른 금융정책과 긴밀히 연결되어 있어 정책 간 조화로운 대처가 중요하다.

• 금융상품 가격 감독 측면

금융업의 경쟁 확대가 쉽지 않은 상황에서는 금융상품 가격구조에 대한 감독 강화를 생각해야 한다. 금융당국은 금융상품의 가격 내용을 이해하기 힘든 소비자를 대신해 '금융상품 가격구조의 적정성'을 철저히 점검해야 할 의무가 있다. 은행의 금리 산정 구조, 금리조정의 일관성과 합리성, 증권의 각종 수수료, 증권예탁금·신용융자 이자산정, 보험의 사업비·보험료 구조 등에 대해 논리적으로 합당하지 않은 가격 산정과 경쟁 저해 요소는 없는지 꼼꼼하게 살펴보고 감독해야 한다. 금융회사의 가격 산정에 대한 자율성은 인정되어야 하지만, 가격에 업무원가, 리스크 관리 비용, 법적 비용 등을 중복·불합리하게 계산하거나 우대금리 등을 자의적으로 적용하는지에 대해서는 철저히 검증해야 한다.

소비자의 선택권 제고, 창의적 상품 개발이라는 명목하에 가격 자유화가 어떤 영향을 미쳤는지에 대해서도 확인할 필요가 있다. 금융당국은 2015년 금리연동형 보험상품의 보험금 지급에 활용되는 이자율인 공시이율에 대한 조정 한도 규제를 단계적으로 폐지했다. 당국은 보험가격 규제를 완화함으로써 시장경쟁을 촉진해 소비자에게 다양한 가격이 제시될 것으로 기대했다. 그러나 보험회사의 공시이율이 시장금리 추세보다 더 떨어지는 등 보험상품 가격경쟁 효과는 크지 않았다.

이렇듯 금융상품의 합리적 가격 산정은 금융 업권별 특성, 여러 이해관계자를 고려해야 하는 복잡한 문제이다. 금융상품 가격은 시장의 자율기능에만 맡겨놓으면 상승하기 쉬워 금융소비자의 불만이 커진다. 그러나 금융상품 가격에 개입하면 관치금융이라는 비판을 받는다. 더구나 가격은 금융회사의 이익에 직결되는 민감한 사항으로 가격 산정 문제의 개선은 회사뿐 아니라 학계, 협회, 언론 등 금융권 네트워크가 단합해 대응할 수 있는 어려운 문제이다.

거미줄처럼 얽혀 있는 문제는 결국 국가가 국민의 지혜를 모아 정의를 세워나가야 한다. 금융상품 내용 및 가격에 대한 논의를 경쟁력 강화의 측면, 효율적 감독 측면, 소비자 보호의 관점에서 투명하고 공정하게 '국민의 입장'에서 엄정하게 추진해야 할 것이다. 금융상품이 공정하게 만들어지고, 금융서비스에 대한 가격이 합리적으로 산정되어 내게 그 혜택이 온다는 '사회적 믿음'이 형성된다면, 금융업은 더욱 공정해질 것이고 지속가능한 성장이 가능할 것이다.

04

금융시장 이해관계자의 네트워크 사회를 들여다본다

미국에서는 오래전부터 대기업이 막강한 돈의 힘을 이용해 정치인 및 정부 관료와 네트워크를 형성하고, 정치적 영향력과 시장지배력을 강화하는 현상이 사회의 구조적인 문제로 지적되고 있다. 2024년 미국 대선에서는 일론 머스크의 트럼프 공개 지지 등 권력과 자본의 결합이 더욱 노골화되었다. 우리나라에서도 대기업 집단뿐 아니라 대형 금융회사가 커다란 이익을 창출하고 사회 내 기득권 세력화하면서, 금융업계가 이를 유지하기 위해 금융시장의 여러 주체와 네트워크를 형성하는 일은 자연스러운 현상이 되고 있다.

금융업은 전통적으로 집단성과 전문성을 강조하는 '그들만의 리그' 성격이 강한 곳이다. 여기에 그들 사이에 공유하고자 하는 '이익'이 있고, 이를 유지하려는 유인이 있다면 이들 사이의 '유대'는 더욱 쉽게 형성된다. 금융시장의 여러 주체들 사이의 네트워크를 금융업계를 중심으로 규제 당국, 언론계, 법조계로 나누어 생각해 보기로 한다.

규제당국과의 유대

금융업은 규제·감독이 필수인 업종이라 금융회사 입장에서 이익 유지를 위한 첫 번째 강력한 유인은 규제를 최소화하거나 규제환경을 자기들에게 유리하게 만들고자 정부 당국과 좋은 관계를 형성하는 것이다. 미국 오바마 행정부의 재무부 장관을 지낸 티모시 가이트너Timothy F. Geithner는 "금융회사는 강물이 돌을 피해가듯 규제를 회피하려 해 법률회사, 당국 출신을 영입하려고 한다"라고 지적했다. 위기관리 전문가인 나심 탈레브는 Skin in the game에서 "금융회사는 규제를 회피하고자 법률가의 힘을 빌려 이를 무력화하거나 관료들을 채용해 엄청난 연봉을 지급하는데 이때 지급하는 돈은 현직에 있는 관료들에게는 '미래의 뇌물'로 작용할 수 있다"라고 독설을 내뱉은 바 있다.

우리나라는 사회현상의 여러 부분에서 미국과 비슷한 모습을 보이는 나라다. 미국의 사회적·경제적 문제점에 대해 비판적 의견을 제시하는 경제학자 조지프 스티글리츠Joseph E. Stiglitz나 폴 크루그먼Paul Krugman 교수의 책이나 신문 칼럼을 읽으면 바로 우리나라의 현실을 그대로 지적하는 것 같아 깜짝 놀랄 때가 있다. 심화되어 가는 경제 불평등의 현실에서 부자 감세, 긴축재정 등에 대한 비판적 의견을 비롯해 대기업, 대형 금융회사의 과도한 이익 추구 행동을 지적하는 그들의 글을 보면 너무나 비슷한 미국과 우리나라의 경제 현실, 그에 대한 정부정책의 모습이 그려진다.

금융업계와 규제 당국과의 관계에서도 유사한 측면이 있다. 우리나라 공직자들은 인정하고 싶지 않겠지만 금융당국 출신들이 금융업계에서 자리를 이어가는 이른바 '관피아'라 불리는 관행이 있다는 세간의 평가를 부정할 수만은 없는 상황이다. 관피아 문제는 퇴직 후가 아니더라도 현직에 있을 때 미래의 자신을 위해 경력 관리를 한다든지 시장과 좋은 관계를 맺으려고 노력하는 행위 등도 문제가 될 수 있다.

물론 사회가 민주화되고 과거보다 투명해져 행정 행위의 절차적 합리성은 많이 개선되었다고 할 수 있다. 지금은 과거 국가 주도 개발경제 시절의 정치권, 정부와 재계 사이의 '정경유착'과 같이 거칠게 돌아가진 않는다. 하지만 관피아라는 말이 국민 사이에서 일반명사처럼 받아들여지고 있다면 공직 사회는 '오얏나무 밑에서 갓끈 고쳐 매는 행태'는 없었는지 경계의 소리로 삼아야 할 것이다.

요즘에는 공직자들이 공직에 대한 사회의 낮아진 인식과 영향력, 높지 않은 처우 등으로 민간 금융회사나 법률회사에 진출하는 경우가 많아졌다. 심지어 경력이 그리 길지 않은 공직자들까지 민간 분야에 진출하는 현상이 계속 늘어나고 있다. 우리나라는 여러 사회적 재난을 겪으며 사회의 부조리가 기업과 공직 사회의 부적절한 유착에 커다란 원인이 있다고 인식해, 공직 퇴직 후 3년 이내에는 공직 유관단체에 취업이 제한되는 '공직자윤리법'이 시행되고 있다. 그러나 '공직자윤리법'이 변호사, 회계사 등 전문 직종에 대해서는 예외 규정 등 상대적으로 느슨하게 적용되어, 전문직 자격을 가진 공직자가 퇴직 후 업무 경력과 상관없이 바로 법률회사 등에 이직하는 경우는 있다. 여하간 사회의 일반 사람들이 보통 퇴직을 하면 퇴직 전 하던 일과 관계되는 일을 하게 되는 것에 반해, '공직자윤리법'은 공직자가 퇴직 후 동종업계 일을 하지 못하게 하는 매우 엄격한 법이다.

그러나 법·규정이 모든 상황을 원천적으로 막을 수는 없고, 공직자의 사회 진출에 대한 동기가 현실적으로 커 이들의 민간기관 진출은 점점 많아지고 있다. 공직자는 제도적 규범의 틀 안에서 합법적으로 민간기관에 취업하는 것이고, 이들의 개인적 진로 선택을 가볍게 비난할 수는 없다. 또한 이들의 공직 경험이 사회에서 유익하게 활용된다면 공직자의 민간기관 진출의 긍정적인 효과를 생각할 수 있다. 하지만 사람들은 금융당국 출신이 금융업계에 진출하면 금융시장의 네트워크가 점점 더 '그들만의 리그'로 심화될 수 있다고 비판을 한다. 물론 공직자 출신이 영입되어 규제를 회피한다든지 제재의 바람막이 역할만 하고 있다면 비난을 받아 마땅하다. 중요한 것은 그들이 그 자리의 역할에 맞는 최고의 적임자인지, 또 역할에 맞는 행동을 제대로 하고 있는지를 따져보아야 한다.

2017년 '지배구조법' 시행 이후 금융회사에서는 종전의 상근감사 시스템에서 감사위원회를 운영하는 경우가 많이 늘어났다. 사외이사 중 한 명이 감사위원장을 맡고 회사 내 집행 임원이 실질적으로 감사 실무 업무를 담당하는 회사가 많아졌다. 제도 취지는 감사위원회가 독립적으로 회사 경영진을 견제하는 감사 업무를 수행하라는 것이다. 그러나 사외이사는 금융회사 사정을 자세히 알기 어렵고, 회사 출신 집행 임원은 독립적으로 회사 경영진을 감시하기가 쉽지 않다. 따라서 금융회사 감사 업무가 독립적이고 실효성 있게 운영되지 못한다고 평가받는 경우가 있다. 절대적으로 중요한 기준은 상근 감사체계이든 감사위원회 체계든, 내부 인사건 외부 출신 인사이건 독립적이고 엄정한 감사 업무 수행이 가능한 사람을 선임해야 한다는 것이다. 무엇이 누구에게 이익이 되느냐의 관점이 아니라 제도 및 역할의 소명에 맞게 시스템을 운영하고 이를 존중하는 문화와 관행이 자리 잡는 것이 중요할 것이다.

규제포획

2021년 8월 부실 사모펀드 사태 관련 은행장의 행정제재에 대한 취소청구의 행정법원 판결*에서 통상의 판결문에 어울리지 않는 '규제포획 regulatory capture'이라는 표현이 나와 사람들의 관심을 끈 바 있다. 판결문의 관련 내용은 다음과 같다.

금융기관 규제를 담당하는 고위관료들의 이른바 '규제포획' 문제가 그 퇴임 후 취업문제와 연관되어 사회적 문제로 꾸준히 지적되어왔고, 금융기관이 금융소비자의 권익을 도외시한 채 그 실적만을 좇거나 경영진이 그 욕망에 따른 의사결정을 하는데도 그 '탐욕'에 제동을 걸어 줄 수 있는 실효적인 자율적 내부통제수단이 제대로 작동하지 못하는 경우를 종종 볼 수 있었다. 그럼에도 이에 맞추어 제대로 된 규제가 적시에 실효적으로 이루어지지 못하였거나 사전에 이와 관련한 문제가 발생하지 않도록 예방하는 형태의 금융감독이 제대로 이루어져 왔는지에 대하여는 회의적인 시각에서 문제 제기가 계속적으로 이루어져 온 바 있다. 이러한 비판과 궤를 같이하여, 현실에서도 실제로 불특정 다수의 금융소비자가 대규모로 피해를 보고 그에 따라 금융시스템의 건전성을 해할 우려까지 생기는 금융사고 역시 계속적으로 발생하고 있다.

자유주의 경제학파의 중심이라 할 수 있는 '시카고학파'를 대표하는 경제학자 중 한 명인 조지 스티글러George Stigler 교수의 '포획이론capture theory'이 있다. 스티글러 교수는 1971년 발표한 논문 「규제의 경제이론 The theory of regulation」에서 "정부정책이나 규제가 정부나 규제 기관 출신

---

* 서울행정법원 제11부 「2021.8.27. 선고 2020구합57615 문책경고 등 취소청구의 소」.

로비스트의 영향을 받아 특정 집단의 이익을 보호해 주는 쪽으로 기울어져 공공의 이익을 해치게 된다"라고 하며 정부 개입의 최소화와 시장의 자율성을 강조했다. 그는 자유주의 경제학자답게 규제가 많을수록 규제포획이 발생해 특정 기업에 독점적 지위를 강화해 주는 결과를 가져오므로 규제를 하지 않아야 한다며 '포획이론'을 제시했다. 규제포획은 규제를 최소화하기 위해 정부를 포획하는 것뿐 아니라 금융업의 기득권 보호를 위한 '진입 장벽' 유지를 위해 규제장치를 이용하기도 한다. 규제포획이 발생하면 피규제 집단의 이익이 금융소비자 등 다른 이해관계자의 이익보다 우선하게 되어 전체 사회에 손실이 발생한다.

정부의 정책이 효과적으로 추진되려면 당사자들의 목소리를 잘 들어야 한다. 피규제자들과의 소통은 중요하다. 하지만 정책 소통을 하면서 '규제포획'의 함정에 빠지지 않고 건강한 관계를 유지하려면, 책임 있는 공직자의 자세와 아울러 '투명하고 공정한' 정책 프로세스가 확립되어야 하고, 그에 대한 시민사회 세력의 감시가 뒷받침되는 것이 필요하다. 금융업계는 규제 당국 외에도 자신들의 이익을 엄호해 줄 세력을 위해 언론, 정치권, 법률회사 등과 긴밀한 네트워크를 구축하고 있다. 한 해 조 단위의 이익을 올리는 대형 금융회사 입장에서 광고홍보비, 법률 비용은 금융회사나 경영진의 이익을 지키는 데 조금도 부담이 되지 않는 교통범칙금과 같은 비용에 불과하다.

언론과의 유대

인터넷을 통한 정보와 영상물이 넘쳐나고 수많은 언론사끼리 생존 경쟁을 해야 하는 오늘날 언론사의 경영 환경은 과거와 비교할 수 없을 정도로 어렵고 삭막한 상황이다. 이에 따라 언론사들은 대기업이나 대형 금융회사의 광고나 후원에 크게 의존할 수밖에 없는 형편이다. 인터넷이라는 거대한 사회의 변화 앞에서 언론의 가장 강력한 도전은 '자본의 힘'에 어떻게 대응해 언론의 역할을 하느냐에 달려 있다고 할 수 있겠다. 이러한 환경에도 권력과 자본의 감시, 사회적 약자의 보호라는 언론의 본질은 변하지 않을 것이다. 사회가 사람들의 생각과 이해관계에 따른 편향성이 심해지고 양극화되어 가는 상황에서도 판단의 균형을 잡아주는 언론 역할의 중요성은 조금도 줄어들지 않는다.

하지만 일부 언론은 가장 큰 광고 수입원에 대해 비판적인 기사는커녕 적극적인 응원군이 되기도 한다. 금융회사와 언론의 친화적 관계의 사례는 많지만, 규제와 감독 부문에서 가장 선명하게 드러난다. 일부 언론은 금융업에 필요한 규제와 감독에 대해 합리적인 분석 없이 모든 규제와 감독이 금융혁신의 적인 것처럼 비판 기사를 지속적으로 내보낸다. 관치금융에 대한 비판은 이런 주장을 위해 관용적으로 꾸미는 말이 된다.

고객의 소중한 자금을 관리하는 금융회사에 대한 정기적인 금융감독원의 검사 업무는 금융당국의 기본적인 의무다. 금융감독원에서는 정기검사를 건전성 검사와 준법성 검사 부문으로 구분해 한동안 운영한 적이 있었으나, 회사 업무를 건전성과 준법성 행위로 단순히 구분하기 쉽지 않고 금융시장의 위험 요소에 적시성 있게 대응하기 어렵다고 판단했다. 그에 따라 2019년 초 금융회사에 대한 검사 방식을 금융회사 핵심 위험 사항 위주의 정기적 '종합 검사' 형식으로 실시하겠다는 검사 운영 방안을 발표한 적이 있었다. 금융감독원은 검사 운영 방안 발표 후 일부 언론으로부터 과거 금감원의 검사 방식을 '먼지 털기식 검사', '저인망식 지적 검사'니 하는 식으로 편향적으로 왜곡 분석한 비판을 오랫동안 받은 적이 있었다.

　우여곡절 끝에 종합 검사를 진행해 보니 그동안 우량했던 금융회사도 오랫동안 종합 검사를 받지 않아 여러 업무 방식의 결함이 드러났다. 금융회사 입장에서는 검사를 받는 것이 상당한 부담이 될 수 있다. 하지만 금융회사의 업무가 오랫동안 점검받지 않고 운영되다 보면, 회사가 고의적으로 문제를 일으키려 하지 않더라도 문제점이 누적되어 나중에는 손쓰기 어려운 커다란 금융사고로 발전될 수 있다. 금융감독원도 감사원의 정기 감사를 받는다. 감독 업무에 대해 감사를 받는 일은 매우 부담이 되는 일이지만, 그러한 감사 과정을 통해 평소 업무에 부당한 요소는 없었는지 점검받고 또 스스로 경계하게 된다. 금감원의 금융회사에 대한 점검은 건전한 금융시장을 위한 필요불가결한 금융감독의 기본 행위이다.

　금감원이 고압적이거나 지적 위주의 부당한 검사를 한다면 당연히 강하게 비판받아야 한다. 하지만 고객의 '소중한' 자금을 관리하는 금융회사에 대한 정기적 검사를 사실 관계나 논리에 맞지 않게 끊임없이 왜곡된 기사를 내보내는 일부 언론의 보도는 신뢰성, 공정성과는 거리가 먼, 보기에도 민망한 보도 행태였다고 생각한다.

　금융지주회사 회장이나 대형 금융회사 최고 경영진의 임기 말에는 이들에게 친화적인 기사가 유난히 많아진다. 이들이 금융당국의 제재라도 받으면 문책 경고 이상의 중징계를 받을 것인지 등에 대해서만 계속 보도를 하고, 정작 제재를 유발한 금융사고의 원인, 피해자들에 대한 조치, 제도개선 등에 대한 심층적인 분석 보도는 많지 않았다. 자본권력에 대한 감시가 아니라, 기득권 보호라는 비판이 나올 수 있는 부분이다.

　인터넷을 통한 기사가 많아지는 요즘은 사실이나 분석에 근거하기보다 독자들의 눈길을 끄는 기사에 집중한다는 '클릭 저널리즘'에 대한 비판이 있다. 언론이 정치, 경제, 사회적으로 중요한 정보를 사실에 근거해 대중에 전달하고, 진실을 추구하는 것이 민주사회의 기본 토양임은 누구나 인정하는 상식이다.

언론 보도 내용은 금융업, 금융감독의 속사정을 알기 어려운 일반 국민의 금융업에 대한 인식에 커다란 영향을 미친다. 국민이 사실에 입각해 균형 잡힌 시각을 갖게 하고 각성된 사회의 여론을 조성하는 언론의 사명은 아무리 강조해도 지나치지 않을 것이다. 하지만 지금의 어려운 언론 환경에서도 사실 관계에 기초해 금융시장의 문제점을 심층적으로 분석하고, 금융시장에 의미 있는 의제agenda를 제기해 공정한 금융을 위해 우리가 무엇을 고민해야 하는지 생각하게 해주는 여러 기사에 희망을 갖는다. 앞으로 정부와 자본권력에 대한 균형 있는 비판 기사와 더불어 금융시장의 문제점 해결의 논의를 촉진하는 기사가 더욱 풍성해지길 기대한다. 아울러 건강한 사회일수록 언론과 이익집단과의 유대를 견제하는 시스템은 정상적으로 작동되어야 할 것이다.

법조계와의 유대

국회의 입법권이 커지면서 법률을 제정하고 정부에 영향력을 행사하는 정치권과 금융업계의 네트워크 형성 역시 잘 알려져 있다. 대형 금융회사들은 정치권, 정부와의 관계 형성을 담당하는 팀을 운영하고 있는데, 이들이 중요 법률 제·개정 시기에는 국회에 상주하다시피 하며 적극적으로 로비하는 것은 불문의 사실이다.

법조계도 금융업계의 지원군 역할을 한 지는 오래되었다. '전관예우'

니 '카르텔'이니 하는 법조계의 폐쇄성은 우리 사회의 구조적이고 오랜 병폐로 널리 알려져 있다. 과거 공직의 지위를 이용해 부당한 이익을 얻는 것을 의미하는 전관예우는 우리나라의 부끄러운 기득권 관행이다. 이는 행정부, 사법부의 고위직 인사청문회에서 법조인 출신 변호사에 대한 고액의 수임료 문제로 종종 논란이 되곤 한다.

전관예우와 관련해 최한수 경북대학교 교수는 「사법부 전관예우 분석, 경제학의 관점에서」(2021)라는 논문에서 2000년부터 2007년 사이에 유죄 판결을 받은 318명의 기업인 출신 피고인에 대한 판결문을 분석한 적이 있었다. 논문에서는 집행유예에 영향을 주는 다른 요인을 모두 통제한 뒤에도 퇴임 1년 이내에 전직 판검사 경력 변호사를 선임한 피고인의 집행유예 가능성은 그렇지 않은 경우보다 약 10% 높았다고 한다. 고위 법조인 출신에 대한 높은 수요는 일반적인 변호사의 지식 외에 그들의 인적 네트워크에 대한 기대라고 볼 수 있다는 것이다.

대형 법률회사는 대표적인 기득권 관행인 전관예우를 활용해 대기업, 금융회사의 사건을 해결한다. 재벌 관련 소송에서는 경영진에게 유독 관대한 판결이 내려진다. 재벌 대기업, 대형 금융회사는 문제를 일으켜도 자본의 힘을 앞세워 법조계와의 강한 연대 속에서 법 기술자들의 도움을 받아 언제나 성긴 법의 그물을 빠져나갈 뿐이다. "법은 큰 고기만 빠져나가는 촘촘한 그물이다"라는 법언法諺이 있긴 하지만 말이다.

우리 사회 특히 법원은 강자의 커다란 경제범죄에는 애써 눈을 감고, 생계형 생활범죄에만 엄격한 것인지 모른다. 마블 영화 〈스파이더맨〉의 유명한 대사 "큰 힘에는 큰 책임이 따른다With great power comes great responsibility"라는 말이 있듯이, 사회에 좋지 않은 영향을 미치는 경제범죄에는 더 무거운 책임을 지게 해야 한다. 그동안 재벌의 불법행위에 엄정한 판결이 내려졌다면, 우리나라의 대기업 행태 및 지배구조 개선의 시행착오도 훨씬 줄어들었을 것이다.

제2금융권 금융회사의 그룹 계열회사에 대한 부당 지원 관련 금융당국의 행정제재에 대해 금융회사가 종종 제재 불복소송을 한다. 종전과 유사한 행위에 대한 제재라고 해도 제재 불복소송에서 금융당국이 패소하는 사례가 점차 증가하고 있다. 국민의 권리를 침해하는 행정제재에 대해서는 당연히 법리를 엄격하고, 명백하고, 한정적으로 해석하고 적용해야 한다. 하지만 제재에 대한 법률회사의 대응은 법률 허점을 치밀하게 이용하는 반면, 법원은 입법 취지보다는 법문에 따라 엄격히 해석한다. 더욱이 시대 환경 변화에 따른 본래의 입법 취지에 맞는 제도 보완은 너무나 어렵고 오래 걸린다. 공정한 금융 질서가 오히려 퇴행할까 걱정스러운 현실이다.

오늘날같이 복잡하고 변화가 빠른 사회에서는 법·규정으로 금융시스템을 완벽히 좇아가기는 매우 어렵다. 또한 법·규정이 촘촘할수록 오히려 법의 허점을 이용하기 쉽고, 이럴 때 법률가들의 역할은 오히려 더욱 커지게 되는 상황이다. 규제산업의 속성이 있고 규모는 날로 커지는 금융시장에서 법률회사의 활동은 활발해지고, 금융회사와의 협력은 더욱 긴밀해지고 있다. 규제가 복잡한 나라일수록 회사들을 대상으로 규제를 피하거나 허점을 이용하는 법을 알려주는 컨설턴트의 수는 날로 증가한다. 사마천의 『사기』 혹리열전酷吏列傳에서 노자는 "법령이 늘어날수록 도둑이 많아진다. 백성을 다스리는 근본은 혹독한 법령에 있는 게 아니라 도덕에 있다"라고 말했다고 한다.

근래에는 여러 산업이 융합되고 빠르게 변화하고 있어 법률회사에서는 금융회사, 기업 등 고객의 복잡한 자문 요청에 응하고자 '종합컨설팅 회사'로서의 역할을 강화하려는 행보를 보이고 있다. 그에 따라 대형 법률회사에서는 법조인 출신뿐만 아니라 공직자, 회계사, 언론인 등 여러 분야 출신의 고문을 채용해 대응하는 추세이다.

　법률회사가 시대 상황 변화에 맞게 법률적 전문성을 활용해 고객의 요구 사항에 적극적으로 대응하는 현상은 바람직한 면이 있다. 하지만 법률회사가 규제의 속성을 잘 이해하는 전문가를 활용해 시스템이 갖는 여러 결함으로부터 규제를 회피해 이익을 극대화하려는 기득권 세력 네트워크의 구심점이 되고 있다는 우려도 커지는 현실이다. 법률회사의 역할이 커지면서 고위 공직자가 법률회사를 거쳐 다시 공직에 돌아오는 회전문 인사의 중간 정거장이 되는 사례도 점점 흔해지고 있다.

　금융시장에서 법조인의 역할은 점점 커지고 있다. 공정한 금융시장의 발전을 위한 법조인의 객관적이고 합리적인 '법률' 서비스와 금융권의 기득권 보호를 위한 '법 기술' 서비스는 구분되어야 한다. 우리 사회의 진지한 고민이 필요한 지점이다.

우리는 연고주의와 폐쇄적 집단주의를 경계해야 한다

금융시장의 객관적 외부 세력인 언론, 법조계의 상황이 이러한데, 금융회사의 공식 후원 그룹인 업권별 금융협회, 연구 단체가 금융산업의 건전한 발전, 금융소비자 보호를 위해 금융회사로부터 독립적으로 비판적 역할을 수행하기는 쉽지 않은 일이다. 이들 유관단체가 금융업의 권익을 위한 후원 역할을 해야 하는 상황을 부인할 수는 없지만, 전체 금융업의 신뢰 확보와 이해관계자의 이익 보호를 위한 공적 자율규제의 역할 또한 중요한 의미가 있다. 금융업의 신뢰와 금융소비자 보호가 무시되는데도 금융회사의 입장만 옹호한다면 유관단체의 존재 이유를 의심받을 것이다.

글로벌 금융위기 후 미국 소비자금융보호국을 만드는 데 커다란 역할을 한 엘리자베스 워런Elizabeth Warren 상원의원도 그의 자서전적인 책 『싸울 기회A fighting chance』에서 기득권 유지, 확대를 위한 대형 금융회사의 집요한 로비, 기득권 세력의 연대를 묘사하면서 2008년 금융위기에는 은행 경영진과 규제 담당자들이 정부와 민간 분야를 서로 오가는 전통 때문에 생긴 금융시장 참여자들의 '집단적 사고groupthink'가 일부 원인이었다고 지적한 바 있다.

글로벌 금융위기 당시 조지 부시George W. Bush 행정부의 재무장관 행크 폴슨Hank Paulson, 클린턴 행정부의 재무장관 로버트 루빈Robert Rubin 모두 골드만삭스의 경영자였다. 이들의 장관 재임 시절 많은 금융규제완화가 이루어졌다. 루빈은 금융위기가 지난 후에 시티그룹의 최고임원직을 맡았다. 월스트리트 긴급구제 당시 골드만삭스, JP 모건, 시티그룹 등은 커다란 혜택을 받았다. 긴급구제 이후에도 연방정부 관리, 국회의원 출신 월가 로비스트들의 영향으로 새로운 금융규제는 최소화되고 금융개혁은 미완에 그치고 말았다. 그 흐름은 지금도 계속되고 있다.

민재형 서강대학교 교수는 『왜 원칙은 흔들리는가』에서 집단적 사고는 비슷한 성향과 배경을 가진 사람들이 동료의식이 작용해 경솔한 판단을 하거나 자신들의 도덕성, 정당성을 과대평가하는 경향이 있다고 했다. 집단적 사고가 지배하는 사회에서는 문제를 드러내거나 반대하기 어렵고 문제에 대한 대안을 제시하기 어렵다.

우리나라에서는 금융 현안이 있을 경우 금융당국이 업권별 회사 경영진, 연구원과 개최하는 간담회는 자주 볼 수 있지만, 금융소비자와의 소통의 자리는 그리 흔치 않다. 복잡하고 급변하는 금융 현실에서 시장 참여자와의 소통은 무엇보다 필요한 일이다. 하지만 공식적인 소통의 자리에서 금융회사의 이익을 대변하는 참여자의 목소리는 구체적이고 집요한 반면, 소비자의 목소리는 추상적이고 미약한 것이 현실이다.

금융업계의 집단적 사고는 이들 사이의 단순한 유대관계가 '폐쇄적인 이익집단' 성격으로 바뀔 수 있다. 나아가 이익집단 안에서 개인적인 인연을 중시하는 연고주의nepotism가 작동하기 쉽다. 이진우 포항공대 철학 교수는 『불공정 사회』에서 "협력의 네트워크는 개방적이고 공동선을 추구하지만, 연고주의는 폐쇄적 집단주의 성격을 갖고 개인 이익의 극대화를 좇는다"라고 분석했다.

우리는 집단 속에 있으면 다른 사람이 될 수 있다. 같은 울타리에 있는 사람들끼리 믿고 싶은 것만 믿는 '확증편향'이나 집단 속의 '동조화'가 일어날 수 있다. 이들이 개인 이익을 극대화하기 위해 폐쇄적 집단주의를 추구하면 사회의 공정한 협력체계는 크게 위협받는다. 우리나라에서 엘리트 계층이라고 불리는 의료계, 법조계 사람들도 자기들의 중요한 이해관계에 얽힌 문제에 부딪히면 '폐쇄적 집단주의'가 작동해 합리적인 판단 능력이 상실되고 겸손함이 사라진다. 이들은 대부분의 사람들이 합리적이지 않다고 생각하는 주장을 '정말' 부끄러운 줄 모르고 스스럼없이 드러내고 실행에 옮긴다.

사회의 부조리는 개개인의 비도덕적인 행위보다 '연고주의' 내지 '폐쇄적 집단주의'가 작동할 때 더 큰 문제가 될 수 있다. 우리나라에서는 금융권뿐 아니라 이익이 있는 분야 어디에서든 이권을 위한 집단적 사고와 네트워크 추구를 어렵지 않게 찾아볼 수 있다. 자원의 분배를 공정하게 결정해야 하는 사회제도가 이러한 사고에 영향을 받는다면 이는 불공정한 사회의 커다란 원인이 될 수 있다.

우리는 사회의 연고주의, 폐쇄적 집단주의가 공정하지 못한 사회가 되는 직접적인 원인이 될 수 있음을 인식하고, 내가 어느 집단에 소속되어 있음으로써 나의 사고가 왜곡될 수 있음을 스스로 경계해야 할 것이다.

금융시장 참가자의 책임의식 제고와 금융정책 결정 과정의 투명성 제고가 중요하다

금융시장이 이익을 중심으로 한 연결성이 강해지고 있음에도, 금융이 제 기능을 하는 것은 지금도 넘지 말아야 할 선을 지키고 절제하며 금융시장이 건전하게 기능하도록 노력하는 수많은 금융인, 감독당국자, 사회적 감시자 역할을 하는 언론, 시민단체 등이 있기에 가능할 것이다. 하지만 더욱 공정하고 신뢰받는 금융시장을 이루기 위해서는 금융당국자, 금융인 모두 자기 이익을 위해 반칙을 하지 않겠다는 '책임의식', '윤리의식'을 다지고, 금융시장에서 엄정한 견제·책임 메커니즘을 만들어 적용해야 할 것이다.

그와 더불어 금융정책 결정 과정의 '투명성 제고'가 공정한 금융시장을 위한 절대적인 기준이 되어야 한다. 미국의 대법관이었던 루이스 브랜다이스Louis D. Brandeis가 남긴 "햇빛은 최고의 살균제이며, 전등은 가장 유능한 경찰이다"라는 말과 같이 정책 결정 과정이 투명해야 이익을 위한 연대구조가 힘을 발휘하지 못하고, 경쟁을 통해 자원이 효율적으로 배분될 것이다. 또한 투명한 정책 결정 과정에서 다양한 의견이 반영되어 정책의 신뢰를 얻을 수 있다.

이해세력 간 연대가 공고해지고 기득권화될수록 우리 사회의 불공정, 불평등은 더욱 커지고 굳건해질 것이다. 우리가 진정한 선진사회로 나아가기 위해서는 사회 곳곳에서 이익으로 연결된 네트워크 사회의 병폐가 치유되어야 한다.

지구의 환경을 보존하는 일도 모든 사람이 불편을 감수하고 개선하려는 노력이 있어야 가능하듯, 공정한 금융을 지키는 일도 금융인, 당국자의 노력뿐 아니라 금융소비자인 국민, 법조계, 언론 등 모두가 서로를 견제하고 투명함을 지키려는 행동이 이어져야 가능할 것이다. 우리에게 필요한 것은 이익 유지를 위한 '유대'가 아니라, 공정한 금융을 지키려는 사회의 '연대'다.

2부

공정한 금융시장을 위해
우리는 무엇을 해야 하는가?

현시대는 금융이 주도적 역할을 하는 금융자본주의 시대이지만, 사람들은 앞으로 인공지능, 정보통신, 양자역학 등 첨단기술력의 절대 우위가 세계질서를 주도하는 기술패권 시대로 이행하고 있다고 생각한다. 기술패권의 시대에도 데이터와 결합한 금융의 중요성은 여전히 강조되고 있다.

우리는 앞에서 금융시장 실패 사례와 금융시장 참가자의 행동, 즉 금융업자의 단기수익 추구, 금융당국의 미흡한 금융시장 관리, 이익 유지를 위한 네트워크 형성 등에 대해 생각해 보았다. 이러한 금융시장의 모습은 사실 우리나라뿐 아니라 금융자본주의가 자리 잡은 많은 나라에서 공통적으로 보이는 현상이라고 할 수 있다. 하지만 여러 나라의 양태를 자세히 보면, 국민에게 공평한 경제참여의 기회가 주어지고 성과를 고르게 나누어 가지는 선진 경제시스템을 가진 일부 국가의 금융시장 운영 행태는 다르다고 할 수 있다. 그러한 나라들은 세계적 금융위기가 닥쳐도 피해가 덜했으며, 경제적 어려움도 슬기롭게 헤쳐 나갔다.

우리나라도 경제 외형으로는 선진국에 다가섰다고 할 수 있다. 그러나 진정한 선진국으로 도약하고 경제가 안정적으로 유지되려면 모든 국민이 합리적인 규칙 속에서 공정한 몫을 보장받는 튼튼한 경제구조를 갖추는 것이 필수적이다. 여기에는 공정성과 투명성이 바탕이 된 금융시장과 금융제도 구축이 선결 조건이 된다.

2부에서는 금융시장이 공정하게 발전하기 위해 금융시장 참가자들이 노력해야 할 부분에 대해 생각해 보고자 한다. 공정한 금융시장은 결국 시장 참가자들이 금융업의 올바른 역할에 대한 인식을 갖고, 결함이 있는 제도에 대해 각자의 영역에서 개선 방안을 고민하며 실효성 있는 대책을 추진할 때 가능할 것이기 때문이다.

그에 대한 논의는 먼저 금융시장 감독자이자 조정자로서 역할을 하는 금융당국의 노력에서 시작한다. 금융시장은 여러 이해관계자가 자신의 이익을 위해 최선을 다하는 정글로 묘사되는 영역이다. 금융당국이 시장 상황을 이해하고 참여자와 소통하며 문제점을 개선할 수 있는 감독당국자의 자세에 대해 생각해 본다. 금융당국은 공정한 금융시장 질서유지를 위한 원칙을 가지고 행동하되 시대 흐름에 경직적이지 않으며, 시장과 소통하되 시장 참여자와 건강한 긴장 관계를 유지하는 것이 중요하다. 그것을 잘해내야 능력 있는 금융당국이 될 것이다.

금융당국자의 자세와 아울러 금융감독이 보다 공정하고 효율적으로 기능할 수 있는 시스템인 금융감독체계에 대해 생각해 볼 필요가 있다. 공직자의 업무 자세, 행동과 더불어 감독체계가 올바른 구조를 갖추어야 효율적이고 공정한 금융감독이 가능할 것이다.

다음으로 금융시장에서 주도적 역할을 하는 금융업자의 공정한 책임 이행을 위한 '금융회사의 지배구조와 내부통제', '금융회사의 사회적 책임'의 개선 방안에 대해 고민해 보도록 하겠다.

아울러 금융시장의 주요 이해관계자이자 거래당사자이지만 시장 실패의 피해자가 되기 일쑤인 금융소비자에 대해 생각해 본다. 금융소비자 보호를 위한 금융당국과 금융회사의 역할과 더불어 거래계약의 당사자로서 자기의 권리와 책임을 인식하는 현명한 금융소비자의 자세에 대해 살펴본다.

금융시장의 개선 방안을 생각한다고 해도 어느 상황에서나 모든 문제를 해결할 묘안은 찾기 어렵다. 사회, 경제의 여러 구조적 요인이 얽히고설킨 시장 상황을 보면 수습이 쉽지 않아 보인다. 더욱이 미국 트럼프 대통령의 재집권 이후 전 세계적으로 더욱 노골화되는 극단적 이익 추구의 흐름에서는 그 해결이 더욱 아득해 보이기도 한다. 그렇지만 더 나은 금융을 위해서는 해결책을 끊임없이 찾아 고차방정식을 풀어 나가야 한다.

우리는 좀 더 나은 세상을 희망한다. 그곳은 국민 누구나 필요한 금융서비스를 이용할 수 있고, 금융시장 참가자가 자기 권한에 따른 책임을 지며 시장 참가자 사이에 견제와 균형이 이루어지는 금융시장일 것이다. 그러한 세상에 이르기 위한 고민이 필요하다. 그 논의의 시작은 항상 소중하고 서로 간의 격려는 큰 힘이 될 것이다.

05

공정 금융을 위한 금융당국의 역할

금융시장의 실패를 살펴본 후 금융업의 개선 방향에 대해 논의할 때에는 금융당국이 그 역할을 제대로 수행하는지 먼저 성찰하고, 올바른 역할을 하기 위해 무엇을 보완해야 하는지 생각해 보는 것이 사리에 맞을 것이다. 왜냐하면 금융업의 시장 실패가 금융자본주의의 구조적 원인에 기인한 면이 있고 현대의 경제구조가 시장의 힘에 기울어져 있다 하더라도, 그 치유를 위한 고민은 국가가 우선적으로 해야 하기 때문이다. 개인의 행복한 삶에는 여러 사회제도가 관련되어 있고, 국가의 역할은 시스템의 미흡한 부분을 개선해 국민이 좋은 제도를 향유하게 하는 것이다. 금융당국은 시장을 분석하는 연구기관이 아니다. 실제 금융시장의 실패를 예방하고 금융시장에서 발생한 문제를 제대로 해결해야 하는 곳이다.

로버트 쉴러 교수는 『새로운 금융시대』에서 "금융자본주의는 완벽한 시스템과는 거리가 멀고 불경기와 호황에 좌우된다. 정책 결정자의 업무는 이러한 불안정성을 줄이고 경기 영향을 최소화하는 것이다. 경기에 대응하기 위해서는 시장 참여자의 동기, 사고에 대한 판단 및 정치 상황의 변화에 대한 이해가 필요하다"라고 하며 금융당국 역할의 중요성을 강조했다. 금융업자, 금융소비자 등 시장 참여자가 제한적 합리성을 가진 행태 편향의 모습을 보이는 것과 마찬가지로, 금융당국자 역시 그러한 모습을 보이는 개인이 모인 집단이다. 금융제도, 감독 집행 과정에서 기대되는 역할에 미치지 못할 수 있다.

우리나라 금융감독기구 설치 근거법인 '금융위원회의 설치 등에 관한 법률' 제1조에서는 금융위원회와 금융감독원의 설립 목적을 "금융산업의 선진화와 금융시장의 안정을 도모하고, 건전한 신용 질서와 공정한 금융거래 관행을 확립하며, 예금자 및 투자자 등 금융 수요자를 보호함으로써 국민 경제의 발전에 이바지함을 목적으로 한다"라고 규정하고 있다. 금융당국의 설립 목적에 맞는 역할을 구체적으로 살펴보자.

금융당국은 '국가 위험관리자'로서의 역할을 제대로 해야 한다

오늘날 모든 경제 활동은 금융과 긴밀히 연결되어 있어, 안정적인 금융시장이 정상적인 경제시장 작동의 절대적 '전제 요건'임은 상식에 속하는 내용이다. 성공적인 국방정책은 전쟁이 일어나지 않도록 잠재적 위험을 줄이는 것이 최선책이듯, 금융당국은 금융시장의 안정을 위해 '국가 위험관리자'로서의 역할을 올바르게 해야 한다.

금융시장의 위험을 최대한 빨리 인지해 적극적으로 대처하는 자세

번개가 잦으면 천둥이 울리듯 금융사고가 발생하기 전에는 여러 징후가 있다. 재해와 관련해서 널리 알려진 하인리히 법칙 Heinrich's law이 있다. 이는 미국 보험회사에 근무하던 하인리히가 1931년에 소개한 개념인데, 하나의 대형 사고가 발생하기 전에 위기를 보여주는 사고가 29번, 그 전에 경미한 위험신호가 300번 있다는 통계 법칙이다.

2008년 글로벌 금융위기 이전에도 은행의 과도한 주택담보대출에 대한 경고가 있었고, 우리나라의 2019년 부실 사모펀드 사태 전에는 KIKO 파생금융상품 사태, 여러 고위험 금융투자상품의 부실 판매에 대한 위험신호가 있었다. 이와 같이 금융위기, 사고 전에 여러 징후가 있었음에도 금융당국은 시장의 자율 조정 기능을 믿고 그 신호를 제대로 인식하지 못하고, 새로운 위험에 효과적으로 대처하지 못했다고 할 수 있다.

그 이유로는 먼저 금융시스템이 '효율적이고 안전할 것'이라는 과도한 믿음이 있었다. 그러한 낙관적인 믿음 외에 공직자 업무 처리의 '경직성'을 생각할 수 있다. 이는 시장이 잘못되고 있는 것을 알더라도 하던 일을 계속해서 하는 것이 더 쉽다고 생각해 적극적으로 나서지 않는 '경로 의존path dependency' 성향의 문제와 업무가 여럿에게 분산되어 있어 잘못되고 있는 일에 대한 내 책임은 아주 일부분이라는 '책임 분산diffusion of responsibility' 의식의 문제가 겹쳐져 나타날 수 있다. 금융시장에 문제의 징후가 나타나도, 당국자들이 과제를 해결하기 위해 적극적으로 노력하기보다 현상이 그대로 유지되는 것이 용이하다고 판단하고, 사태가 발생하더라도 내 책임은 일부에 그친다고 생각한 데에서 시장의 실패가 더욱 증폭된 면이 있다는 것이다.

정치철학자 한나 아렌트Hannah Arendt는 '악의 평범성Banality of evil', '무사유Thoughtlessness'의 개념을 통해 "권위에 순응하며 자신의 행동을 보통이라 여기는 평범한 사람들의 행동이 나쁜 결과를 초래할 수 있다"라는 무비판적 사고의 위험성을 경고한 바 있다.

금융시장의 효율성에 대한 과도한 믿음, 공직자의 경직성과 아울러 금융시장에서의 '집단적 성향'도 시장 문제 해결의 장애로 작용할 수 있다. 여러 금융위기 분석가들은 2008년 금융위기가 사전에 인지되고도 별다른 조치가 없었던 것은 그 책임자들이 인맥으로 얽혀 있었기 때문이라는 점을 공통적으로 지적한다. 우리나라에서도 금융사고가 자주 발생해도 해결이 어려운 원인을 금융시장의 주요 참여자들이 '집단적 사고'를 하는 데다가 '연고주의'가 많이 퍼져 있다는 데에서 찾기도 한다.

금융감독 업무는 평소 아무리 잘하더라도 문제가 생기면 온갖 비난을 받고 보상은 받기 힘든 일Thankless Job이다. 금융당국의 업무는 어디에서도 환영을 받기 어렵다. 언론의 비판은 당국을 견제하는 것이 그 속성이어서 그렇다 하더라도 감독을 직접 받는 금융회사는 간섭이 심하다고 생각하고, 금융소비자는 금융당국이 소비자 보호에 소극적이라 여긴다. 하지만 대부분의 금융당국 종사자들은 금융시장의 안정을 지키고 금융소비자를 보호하는 임무에 대한 사명감으로 열심히 그 소임을 다하고 있다. 그 결과 금융시장이 대부분의 경우 안정적인 역할을 하고 있다고 볼 수 있다.

우리는 모두 사고가 나서 수습하기보다 사고를 예방하는 것이 훨씬 중요함을 잘 알고 있다. 그러나 사고 예방에 보상이 돌아가는 경우는 드물다. 사회는 금융사고가 어쩌다 발생하더라도 그 파장이 워낙 커 금융당국에 무척 엄격한 잣대를 들이댄다. 금융당국 종사자는 열 번의 타석 중 세 번 이상만 안타를 쳐도 칭찬을 받는 야구 경기의 타자가 아니라, 아홉 번 잘해도 한 번의 실수로 골을 먹으면 온갖 비난을 받는 축구 경기의 골키퍼와 같은 입장이라고 할 수 있다.

금융당국에 대한 시장의 평가가 엄정하다고 느껴지더라도 당국의 국가 위험관리자로서 역할은 안정적이고 건전한 금융시장을 위해 아무리 강조해도 지나치지 않을 것이다. 금융당국자는 시장의 위험요인에 대해 마치 자기 집에 불이 날 위험을 살펴보고 대처하는 것과 같은 마음으로 적극적으로 행동하고 그를 위해 항시 깨어 있어야 한다.

규제정책, 특히 날로 커지는 그림자 금융 관리의 중요성

금융시장 위험관리에서 중요하게 생각해야 할 내용이 '규제정책'이다. 과거 대부분의 금융사고가 발생하기 전에는 금융업의 '발전기회 창출'을 위한다는 규제완화 또는 규제조정의 실패가 있었다. 금융당국은 시장 상황에 대한 모니터링, 그에 따른 규율체계의 면밀한 검토와 조정이 유기적으로 이루어지도록 해야 한다.

또한 금융당국은 전통적인 금융규제를 회피할 수단이 될 수 있는 그림자 금융shadow banking과 같은 규제 사각지대의 위험관리에 더욱 신경을 쓸 필요가 있다. 그림자 금융은 은행과 비슷한 신용 중개 기능을 함에도 은행과 달리 엄격한 규제를 받지 않는 금융기관과 금융상품을 이르는 말이다. 이는 일반적인 금융시장과 달리 구조가 복잡해 재무 상황 및 위험이 투명하게 드러나지 않는다고 해 '그림자'라는 별칭이 붙었다. 고위험 그림자 금융투자가 늘고 있는 것과 아울러, 산업 간 경계가 불분명해진 빅블러Big blur 시대에 금융과 다른 산업이 혼재된 영역의 위험관리도 그 중요성이 더욱 부각된다. 금융과 비금융 간 위험이 전이되거나 책임 소재가 불분명해지는 리스크가 커지고 있다.

2021년에는 할인 상품권을 대량으로 유통시켰다가 환불 소동을 일으킨 머지포인트 사태가, 2024년은 전자상거래 업체인 티몬·위메프의 환불 지연사태가 있었다. 특히 티몬·위메프 사태는 소비자 및 납품 판매업자의 피해 규모가 조 단위로 웬만한 대형 금융사고에 맞먹을 정도다. 티몬·위메프는 유통사업에 덧붙여 상품권, 충전식 카드 등을 통한 자금 조달 기능을 갖추면서 여러 사업을 무리하게 벌였는데, 이에 대한 규제는 상거래 관련 규율법, 전자금융법, 금융 관련법 등이 혼재되어 있고 감독기관도 여러 곳에 분산되어 리스크 관리 및 피해자 보호가 어려웠다. 앞으로 상조계약 등과 유사한 사업 분야에서 금융 위험은 더욱 커질 것이다.

이런 분야를 금융과 똑같은 시각으로 규제하기는 어렵지만, 새로운 산업 영역의 특수성을 인정하면서도 소비자를 보호할 수 있는 규율체계를 보완할 필요가 있다. 이러한 영역은 금융당국뿐 아니라 여러 정부 부처 간 협업 및 상시적 감독체계 정비가 중요하다. 정부 부처 사이에 '책임 분산의 함정'이 나타나서는 안 될 일이다. 위험관리가 전문인 금융당국의 역할이 더욱 중요해지고 있는 시기다.

규제 사각지대의 리스크 관리와 아울러 전체 금융시장의 '리스크 총량 관리'에 대한 대응도 중요하다. 특히 금융시장에서 전통적인 주식, 채권 이외의 부동산, 사모펀드 등 다양한 투자 방식을 총칭하는 대체투자 alternative investment 상품에 대한 투자 비중이 커지고 있다. 이러한 시장에 참여하고 있는 개별 경제주체는 자기 이익 극대화에 몰두하느라 전체 시장의 '군집 행동 herd behavior'을 인지하거나 관리하기 어렵다. 금융시장의 안정을 위해 전체 리스크 관리가 중요하다. 이러한 역할은 '전체 시장'의 위험관리자인 금융당국이 더욱 힘을 쏟아야 하는 영역이다.

금융당국은 '공정한 심판자'로서의 역할을 수행해야 한다

금융당국은 시장이 위기 상황에 처하기에 앞서 감시견Watch Dog의 역할을 잘해 '위험관리 시스템'이 제대로 작동하도록 해야 할 뿐 아니라, 금융시장이 건전하게 기능하도록 시장 거래질서를 '공정하고 엄정하게 관리'할 의무가 있다.

2023년 2월 튀르키예에서 발생한 강력한 지진으로 튀르키예 남동부 지역 대부분이 엄청난 피해를 입었지만, 에르진이라는 도시는 사망자는 물론이고 무너진 건물도 없어 주목을 받은 적이 있다. 다른 도시와 달리 이 도시는 건축 안전규정을 철저히 지켜 불법 건축물을 절대 용납하지 않았기 때문이라고 한다. 이러한 사례는 엄정한 공적 업무 수행이 위험관리에 얼마나 중요한지 보여준 사례라 할 수 있다. 금융당국이 시장을 공정하게 관리하기 위해 지켜야 할 사항을 살펴보자.

첫째, 전문성 있는 권위인 '감독 재량권'을 책임에 맞게 공정하게 사용한다.
금융시장 게임의 규칙은 법과 규정으로 정리되어 있다. 하지만 잘 정리된 음식 요리법이 맛있는 음식을 보장하지 못하듯 법·규정 자체가 공정을 담보하지 못한다. 금융당국의 실제 재량권 사용이 중요한 이유이다. 로마 신화에 등장하는 정의의 여신 '유스티티아Justitia'의 모습은 눈을 가리고 칼과 저울을 들고 있는 형상이다. 눈가리개는 편견이나 선입견이 없음을 상징하고, 저울은 법의 공평함을 상징하며, 칼은 사법의 권위와 권력을 상징한다고 한다. 금융당국은 사법부는 아니지만, 편견 없이 감독 재량권을 사용해야 그 정당성을 인정받을 수 있다.

금융감독의 재량권을 정파적 이해관계에 따라 선택적으로 사용하거나, 시장 참여자에게 불공평한 잣대를 적용해서는 시장에서 감독 권한의 정당성을 인정받을 수 없다. 말로만 '법과 원칙'을 주장하고 행동은 정치적 고려와 자기 이해를 생각한다면 감독의 신뢰만 상실될 뿐이다. 원칙에서 벗어나는 일들이 계속 쌓이면 결국 감독 원칙과 금융 현장 사이의 거리는 돌이킬 수 없이 멀어진다. 국민은 현명하다.

금융감독기구의 '정치적 중립성'과 '독립성'은 시장질서 감독을 위해 절대적으로 소중한 가치다. 정권이 교체될 때마다 일부 권력기관은 정치적 중립성 논란에 휩싸이곤 한다. 금융당국은 권력기관이 아니라 국민을 위한 '서비스 기관'이다. 정치적 중립성 논쟁이 벌어지는 일이 있어서는 안 된다. 금융감독은 국민을 위해 필요한 것이지 특정 정치권력, 감독자의 이해를 위해 존재하는 것이 아니다. 사사로움은 공정한 금융감독의 적이다.

둘째, 금융당국은 금융정책을 장기적 관점에서 일관성 있게 추진해 국민의 신뢰를 얻어야 한다.

2004년 노벨 경제학상을 수상한 핀 키들랜드Finn E. Kydland와 에드워드 프레스컷Edward C. Prescott 교수는 "정책은 시간이 지남에 따라 정책을 바꾸려는 유인이 존재하고, 정책 효과를 위해서는 시간이 필요함을 설명한 '동태적 비일관성Dynamic Inconsistency' 개념을 제시하며, 정부는 장기적인 관점에서 투명하고 예측 가능한 정책을 펼쳐야 성과가 있다"라고 했다. 그들은 단기적인 성과에 급급해 정책을 자주 바꾸거나 인기 영합적 정책을 펼치면 정책성과를 담보하지 못할 뿐 아니라, 시장에 나쁜 영향을 미칠 수 있다며 정책의 '신뢰'를 강조했다.

사마천의 『사기』 상군열전商君列傳에 '이목지신移木之信'이라는 이야기가 있다. 중국 전국시대 진나라의 재상 상앙이 수도의 남문 앞에 큰 나무 기둥을 두고 "이 기둥을 북문으로 옮기는 자에게 10냥을 내리겠다"

고 했다. 그러나 사람들은 그 말을 믿지 않아 아무도 나무를 옮기지 않았다. 이에 상앙은 상금을 50냥으로 올렸다. 그러자 한 사람이 그 기둥을 옮겼고, 그에게 상금 50냥을 내렸다. 이 소문이 퍼져나가자, 사람들이 나라의 법을 굳게 믿게 되었다고 한다. 위정자가 한 약속은 반드시 지켜야 한다는 것으로 정부정책 신뢰의 중요성을 생각하게 하는 이야기다.

금융정책은 일관성과 함께 정보통신 혁명 등 환경 변화의 흐름에 뒤처져서도 안 된다. 금융환경 변화의 '맥락에 맞는' 금융정책을 장기적 관점에서 원칙에 맞게 추진할 때 금융혁신의 기운이 경제, 사회 분야에 스며들어 정책 효과를 나타낼 것이다.

정책 결정에는 '깊은 고민'이 필요하다. 규제를 설계하는 사람은 정책의 오류나 부작용이 사회구성원에게 큰 영향을 미친다는 사실을 인식하고, 규제의 본질에 대한 인식을 강화할 필요가 있다. 금융시장의 현상에 대한 정밀한 분석과 증거에 기반한 논리로 안을 만들고 이를 시장에 묻고 검증한 후 정책을 집행해야 그 실효성을 담보할 수 있을 것이다.

셋째, 금융감독 당국은 '전문성 제고'를 위해 노력한다.

금융감독 분야는 금융·경제에 대한 상당한 전문 지식과 판단력이 요구되는 분야다. 성공적인 금융정책과 감독은 금융에 대한 정확한 지식과 금융시장에 대한 올바른 현장 감각을 갖추어야 가능하다. 구체적 감독 업무에 대해 전문성이 부족하면 시장에 대한 책임 있는 자세를 유지하기 어렵고, 국민을 설득하기 힘들다. 전문성을 제고하기 위해서는 감독당국자 스스로 전문성을 강화하기 위한 학습 노력이 중요하다.

영어 속담에 "늙은 개는 새로운 재주를 배울 수 없다You can't teach an old dog new tricks"라는 말이 있다. 나이 든 사람에게는 새로운 걸 가르치기 어렵다는 뜻인데, 끝임 없이 배움을 유지해야 하는 정보화 사회, 학습사회에는 적합하지 않은 말이다. 조지프 스티글리츠 교수는 『창조적 학습사회Creating a learning society』에서 "사회의 변화가 이루어지려면 자본의 축적보다 학습이 긴요하며, 금융규제 분야도 금융시장이 올바른 방향으로 행동하도록 학습하는 것이 중요하다"라고 하며 배움의 소중함을 강조했다.

금융감독자의 개인적 노력과 아울러 전문성 강화를 위한 연수가 필요하다. 특히 장기 연수의 경우 직원들의 업무 성과에 대한 보상이 아니라 새로운 시대 흐름을 읽을 수 있는 실질적인 역량 강화 연수가 중요하다. 아울러 한 분야에서의 근무 기간 및 업무 실적에 기초한 공정한 평가 등 제도적 뒷받침도 일관성 있게 이루어져야 한다.

금융당국에서 시대 환경 변화에 신속하고 효율적으로 적응하기 위해서는 외부 전문가의 수혈도 필요하다. 기존 조직원의 이익을 위해 순혈주의를 고집할 경우 감독기관의 경쟁력을 떨어뜨리는 우를 범할 수 있다. 진정한 창조의 힘은 다른 눈으로 세상을 바라볼 때 이루어질 수 있다. 다양성을 존중하고 잘하는 것을 나누어 협업하는 조직이 힘이 있고 성과를 실현할 수 있다.

금융감독의 전문성 제고를 위해서는 감독자의 학습 노력과 아울러 올바른 정책 결정을 위한 정보data 확보도 중요한 요소이다. 좋은 정책을 위해서는 문제에 대한 정확한 진단이 이뤄져야 하는데, 올바른 데이터가 없으면 제대로 된 진단이 어렵기 때문이다.

넷째, 금융 정책의 효율적 실행을 위해서는 시장과의 소통 노력을 소홀히 해서는 안 된다.

금융당국이 공정한 감독자 역할을 수행하기 위해서는 시장 참여자와 유착하지 않아야 하는 것은 너무나 당연한 사실이나, 책상에 앉아서 머리로 생각하는 것만으로는 '현장의 관점'을 이해하기 쉽지 않다. 낫 놓고 기역 자만 알고, 낫의 쓰임새를 모를 수 있다는 것이다. 금융 정책은 우리가 발을 디디고 있는 현실 환경과 시스템에 적합해야 한다. '제도의 언어'와 '현장의 언어'는 다르다. 규제를 수용하는 사람의 반응을 생각하고 수용 가능한 정책을 만들어야 실제 효과가 있다.

소통하면 미국의 프랭클린 루스벨트Franklin Roosevelt 대통령의 노력을 떠올릴 수 있다. 그는 재임 기간 중 1000회에 가까운 기자회견을 했는데, 특히 라디오를 활용한 '노변정담fireside chat'이라 불린 소통을 통해 뉴딜 정책에 부정적이던 여론을 환기해 국민적 공감을 이끌어냄으로써 대공황을 성공적으로 극복할 수 있었다.

금융당국은 시장 상황을 잘 이해하기 위한 소통뿐 아니라 금융시장 참여자를 상대로 정책의 당위성을 설득하는 도덕적 설득moral suasion을 잘 활용하는 것도 중요한 감독 수단이 될 수 있다. 이는 금융위기와 같이 예상하지 못한 비상 상황이나, 통상적인 정책으로 대응하기 어려운 경우 더욱 긴요하게 쓰일 수 있다. 미국의 글로벌 금융위기 등의 상황이나, 우리나라의 여러 긴급한 경제위기 상황에서도 금융시장의 안정을 위해 당국의 도덕적 설득이 필요한 경우가 있었다. 이러한 적극적인 감독, 조정 역할이 공공연하게 시장에 개입하는 관치금융과 정치적 중립성을 벗어나는 행위와는 명확히 구분되어야 함은 물론이다. 둘 사이를 정확히 경계 짓기는 쉽지 않지만, 전체 금융시장과 국민을 위해 원칙 있고 투명한 행정을 할 때 그러한 소통은 정당성을 인정받을 것이다.

정책 집행은 이상적인 행정 목표와 가능한 행정 행위 사이에 일어나는 계속적 협상 과정으로, 금융당국은 규제·감독을 수용하는 사람의 반응을 항상 생각하고 업무를 해야 할 것이다. 모든 정책은 국민의 이해와 수용성에 따라 성패가 결정되기 때문이다. 또한 소통은 일방적 설득이 아닌 반론과 자기 교정이 가능한 '상호 소통'이 되어야 한다. 영국 철학자 칼 포퍼Karl Popper가 "비판적 토의와 반론을 허용하는 열린사회open society가 그렇지 않은 사회보다 분명 효율적일 것이다"라고 얘기했듯이, 경제주체들 사이의 진솔한 의사소통을 바탕으로 상호 공감을 이루어야 성공적인 정책 집행이 가능할 것이다.

금융당국은 '금융소비자를 적극 보호'해야 할 의무가 있다

금융소비자는 금융거래의 당사자로서 정당한 권리를 보유하고 있지만, 금융회사에 비해 금융상품에 대한 정보 부족 등으로 금융거래에서 열위에 있는 경우가 많다. 우리가 사는 세상에서 완전한 경제적 평등을 실현하는 것은 어려운 과제이지만, 공정한 금융시장을 위해 누구도 불공평한 대우를 받아서는 안 된다. 공정한 금융시장을 위해 금융소비자 보호가 중요한 이유다.

존 롤스는 『정의론A Theory of Justice』에서 "정의의 원칙은 절대적으로 인간에게 부여되는 것이 아니라, 사회구성원들 스스로 원초적으로 평등한 상황에서 어떤 원칙에 동의할 것인지를 묻는 방법으로 정해진다"라고 주장한다. 그는 자신이 누구인지 철저히 모르는 '무지의 장막veil of ignorance' 뒤라는 가상적 상황에서 사회구성원들이 사회의 구조에 관해 합의를 이룬다고 추론했다. 그곳에서 이루어지는 사회의 구조에 관한 합의는 '누구도 자신이 장래 사회에서 어떤 위치를 차지하게 될지 모른다'라는 생각 속에서 이루어진다. 그에 따라 경제적 평등과 관련한 정의는 첫째, 공정한 '기회균등의 원칙'이고, 둘째, 불평등이 모든 이에게 이득이 될 수 있을 때에만 정당화될 수 있다는 '차등의 원칙'이다.

사회구성원 누구나 살아가면서 예측하지 못한 사고, 실업 등으로 언제든 경제적 약자로 전락할 수 있다. 사회제도는 사회구성원 누구나 어떤 상황에 처하더라도 안전한 삶을 이룰 수 있도록 구성될 필요가 있다. 공익에 대한 관점은 사회에서 가장 취약한 구성원의 입장에서 바라보아야 한다. 금융소비자 보호도 마찬가지다.

금융당국은 소비자의 목소리에 세심히 귀를 기울여야 한다. 감독당국은 민원 창구를 통해 제기된 소비자의 어려움을 직접 해결하는 것뿐 아니라, 민원을 통해 제도의 미비점을 미리 발견하고 개선해 시장의 실패를 예방할 수 있다. 소비자의 불만 제기는 시장의 문제를 미리 인지하게 해주는 고마운 '리트머스 시험지'로 생각하고 적극적으로 대응할 필요가 있다.

금융당국은 효율성과 성과주의가 지배하는 금융시장에서 특히 차별받기 쉬운 고령층, 자영업자 등 금융 취약계층을 더욱 적극적으로 포용할 의무가 있다. 우리나라는 2024년 12월 전체 인구 중 65세 이상 인구가 20%를 넘어서며 초고령 사회에 본격 진입했으며, 고용 증가가 쉽지 않은 경제 환경에서 생계형 자영업의 많은 창업과 경쟁 격화로 높은 폐업률을 보이고 있다. 코로나19 팬데믹 이후 높은 물가와 금리 인상으로 취약계층은 더욱 경제적 어려움을 겪고 있다. 이들에 대한 보호의 필요성은 더욱 커지고 있다.

금융시장에서 소외되고 배제된 계층을 국가가 충분히 포용하지 못할 경우 이들에 대한 차별이 고착화될 수 있다. 국가는 사회적 약자 보호의 가치를 실현해야 할 헌법적 의무가 있다. '헌법' 제34조 1항에서는 "모든 국민은 인간다운 생활을 할 권리를 가진다", 2항에서는 "국가는 사회보장·사회복지의 증진에 노력할 의무를 진다"라고 규정하고 있다.

영국 경제학자 알프레드 마셜Alfred Marshall이 주장한 '냉철한 머리와 따뜻한 마음cool head but warm heart'이 공직자에게 요구된다고 하겠다.

공직자, 관료조직에 대한 동·서양의 인식

동양에서는 유교적 전통이 강해 공직자를 '군자의 이상형'을 실현해야 하는 사람으로 생각했다. 공직자는 도덕적 모범을 보이며 국민을 섬기는 것을 중요한 덕목으로 인식했다. 공자는 공직자가 도덕적이고 윤리적인 품성을 가져 올바르게 처신하고, 국민을 위해 헌신해야 한다는 덕치주의德治主義를 강조했다. 전국시대의 한비자는 국가 운영을 위해서는 보상과 처벌을 공정하고 엄정하게 하는 신상필벌信賞必罰과 법에 의한 통치를 강조하는 법가法家사상을 주장했다.

서양에서는 기독교적 윤리관에 기반해 법치주의와 민주주의를 공직자 도리의 원칙으로 생각했다. 공직자는 법을 준수하고 법을 공정하게 집행해야 하며, 민주적 절차에 따라 행동하고 국민의 의사를 존중해야 한다는 생각이 공직의 중요한 원칙으로 인식되었다.

동·서양의 공직자 도리에 대한 생각은 역사적·철학적 배경에 따라 다르게 발전되어 왔으나, 두 문화권 모두 공직자는 국민을 위해 봉사해야 하며 도덕적이고 공정하게 행동해야 한다는 믿음을 가졌다고 볼 수 있다.

근대의 관료조직에 대한 분석은 정치학, 사회학 등에서 주로 조직의 효율성, 권력관계, 의사결정 과정 등의 측면에서 다루어졌으며, 독일의 정치가이자 사회학자인 막스 베버Max Weber의 관료제 이론Bureaucracy Theory은 공공 행정이론의 기초를 제공했다고 할 수 있다. 베버는 관료제를 근대사회에서 가장 합리적이고 효율적인 조직 형태로 보았으며, 관료조직은 명확한 권위·계층 구조, 규칙과 절차에 기반하며, 전문화된 분업을 통해 효율성을 극대화하는 특징을 갖는다고 했다. 하지만 베버는 관료제가 할당된 부분에만 충실한 나머지 전체를 보지 못하고, 비인간적이며 비효율적으로 변질될 가능성도 있다고 경고했다.

한편, 현대에 들어와 경제학자 제임스 뷰캐넌James M. Buchanan 교수는 정치과정을 경제학의 원리와 방법론으로 분석한 '공공선택이론public choice theory'에서 모든 개인은 자신의 이익을 극대화하는 행동을 한다는 가정을 하고, 관료도 예산 증가 및 권한 극대화와 같은 행동을 추구한다고 했다. 따라서 이러한 개인의 행동 동기를 고려한 '제도'를 잘 설계해야 정책의 투명성과 책임성을 높여 정책 효과를 달성하고, 경제 효율성과 공공의 이익을 증진할 수 있다고 주장했다.

금융당국자에게는 시장에 대한 올바른 판단력과 공정한 역할을 해내겠다는 책임의식이 요구되고, 사회는 이를 적극 지원한다

건전하고 안정된 금융시장을 위한 금융당국의 노력을 국가 위험관리자, 공정한 심판자, 금융소비자의 적극적 보호자로서의 역할이라는 관점에서 살펴보았다. 이러한 역할 수행은 결국 공직자가 공익을 우선하고 사회의 공통가치를 지켜내겠다는 책임의식을 가져야 가능하다. 그와 더불어 공직자의 올바른 역할을 지원하는 사회제도가 뒷받침되어야 성공할 수 있을 것이다.

공동체에 대한 책임의식이 부족한 공직자는 국가 전체의 이익보다는 자기 자신이나 자기가 소속된 부처의 몫을 더 차지하려는 지대 추구의 유혹에 빠질 수 있다. 그렇다고 공직 사회에 대한 낮아진 인식과 영향력, 높지 않은 대우 등으로 상대적 박탈감을 겪고 있는 공직자에게 고결한 '소명의식'만을 맹목적으로 요구하는 것이 무리일지 모른다. 근래 젊은 공직자들의 이탈이 증가한다는 언론 기사를 자주 볼 수 있다. 시대의 변화와 그에 따른 의식의 변화를 좇아 공직자의 사기를 북돋우면서 그 역할을 성취하게 하는 유연한 대응이 필요하다.

공직자 스스로가 책임의식과 윤리적 기준을 갖는 것과 더불어 이들이 보람을 갖고 국민에게 봉사할 수 있도록 이들에 대한 정당한 평가와 보상이 동시에 중요하다. 우수한 공직자가 채용되고 계속 근무하기 위해서는 적절한 보상이 필수적이다. 또한 정치권력의 교체와 상관없이 국민만을 위해 일할 수 있는 정치적·사회적 환경이 조성되어야 한다.

아무리 개인주의, 각자도생이 만연한 생존주의 시대라 하더라도 공직의 소중한 역할은 존중받아야 한다. 나중에 부자가 되겠다는 생각에 경력 쌓는 곳으로 이용하려고 공직에 들어가는 사람은 없을 것이다. 공직자가 긍지와 보람을 갖고 공익에 헌신할 때 공직자로서 역할이 최대한 발휘될 것이다. 그들의 역량이 극대화될 때 사회도 효율적으로 운영되고 사회구성원도 만족스러운 공공서비스를 영위할 수 있다. 이들에게 동기를 부여하기 위한 사회적 지원과 이를 응원하는 문화가 중요하다.

'시장의 힘'이 중요한 금융자본주의 시대에 금융당국의 올바른 역할을 빼놓고는 금융의 공정을 생각하기 어렵다. 공정한 금융시장을 위해서는 깨어 있고 사심 없는 공직자가 필수적이다. 효율적이고 정의로운 정부가 가장 중요한 '공공재'이고 국가 경쟁력의 원천이라고 하지 않는가. 분명한 것은 금융당국이 금융시장의 정의를 바로 세우기 위해 노력하고 그 성과가 있다면, 공직자 스스로 보람을 느낄 것이고 사회도 이에 정당하게 반응할 것이다.

06

더 나은 금융시장을 위한 금융감독체계 개편의 필요성

사회문제를 해결하기 위해서는 '제도개선'이 먼저인가, 사람의 '행태 변화'가 우선인가 하는 질문은 답하기 쉽지 않은 인류의 오래된 물음일 것이다. 앞선 글에서 금융감독 업무를 담당하는 공직자의 인식, 태도(소프트웨어)를 얘기했지만, 금융감독 업무가 운영되고 있는 감독체계(하드웨어)를 빼놓으면 핵심 문제의 하나를 비켜 갔다고 볼 수 있다. 아무리 금융당국자가 책임의식을 가지고 감독 업무를 잘하려고 노력한다 해도, 감독체계에 구조적 모순이 있다면 정책 효과의 한계가 있을 수밖에 없기 때문이다. 금감원 출신인 필자가 감독체계에 대해 언급하는 것이 곡해될 여지가 있으나, 이 논의는 금융감독이 제 기능을 하기 위해 꼭 필요한 것으로 그동안의 경험에 따른 생각을 솔직하게 전하고자 한다.

복잡하게 얽혀 있는 금융시장이 문제없이 평온했던 적은 거의 없었다. 가계부채 문제를 비롯해 각종 금융사고 등으로 해결해야 할 현안이 많은 지금 시점에 감독체계 개편 논의가 필요한지에 대해서는 여러 의견이 있을 수 있다. 하지만 문제가 누적되었다고 생각하면 최적의 답을 찾아야 하고, 건전한 금융시장의 발전, 튼튼한 금융감독의 기초를 다지기 위한 진지한 논의는 빠르면 빠를수록 좋을 것이다. 금융감독체계 개편을 논의하는 시기가 따로 정해져 있는 것은 아니다.

오늘날 금융은 규모가 비약적으로 확대된 것은 물론이고 금융의 디지털화, 다른 산업과의 융·복합 등으로 그 중요성 및 확장성이 더욱 커지고 있다. 그러나 금융업 스스로 과도한 이익 추구 욕구를 제어하기 쉽지 않고, 경쟁은 치열해 시장질서가 자율적으로 통제되기 어렵다. 따라서 금융업의 신뢰 유지, 금융소비자 보호를 위해 규제와 감독이 필수적이다. 세계에 금융감독기구가 없는 나라는 없다.

금융시스템이 비슷하게 운영되는 국가 중에서도 글로벌 금융위기 등에서 충격을 덜 받은 것으로 평가받는 호주, 캐나다와 같은 국가가 존재했다. 그러한 사실에는 여러 원인이 있겠지만, 그중 그 나라의 금융감독기구가 금융회사의 경영 활동에 따른 리스크를 평가하고 취약 부문에 대한 감독에 집중하는 리스크 중심 감독 업무를 잘 수행했다는 평가가 있다. 경제위기 관리에 금융감독이 중요한 이유이다.

우리나라의 금융감독체계는 1997년 외환위기 이전에는 금융감독 권한이 정부와 금융권역별 은행·증권·보험감독원·신용관리기금의 4개 감독기관에 나뉘어 있었다. 그러다가 1998년 외환위기 수습 과정에서 금융업종 간 경계가 점차 약해지는 금융 환경과 업종별 감독기구 분리에 따른 규제·감독의 비효율성 문제가 제기됨에 따라 통합감독체계가 발족되었다. 통합감독체계는 합의제 행정기구인 금융감독위원회와 감독집행기구인 금융감독원으로 구성되었다.

2008년 이명박 정부가 들어서면서 기획재정부에서 국제 금융정책을 담당하고, 금융위원회(금융위)에서 국내 금융정책과 감독 업무를 총괄하며, 민간 독립기구인 금융감독원(금감원)에서 금융감독 업무를 담당하는 감독체계를 구성해 운영되고 있다. 지금까지 금융당국이라 말한 것은 금융위와 금감원을 함께 이르는 말이다. 금융업에 대한 감독이 중요함에도 국민 중 금융위와 금감원을 구분할 수 있는 사람은 많지 않을 것이다. 그만큼 금융감독체계 구성은 간단하지 않다. 이는 세계에서 유례를 찾아보기 어려운 중층적 감독구조이다.

과거 금융시장에 위기가 발생하거나 커다란 금융사고가 발생할 때마다 금융감독체계 개편 필요성에 대한 논의가 있었다. 하지만 금융감독체계 개편은 금융시장의 운영 패러다임을 바꾸는 중요한 일이고, 정부, 금감원, 한국은행 등 여러 이해당사자의 권한 및 업무 재조정이 필요해 이를 조정하기가 쉽지 않았다. 그에 따라 정권교체기나 IMF 경제 위기 등 큰 금융위기가 발생해야 감독체계 개편이 가능했다. 이는 미국에서도 대공황 이후 증권거래위원회SEC와 예금보험공사FDIC가 설립되고, 2008년 글로벌 금융위기 이후 소비자금융보호국CFPB이 생긴 것과 유사하다고 볼 수 있다.

2022년 정권교체기에도 여러 국회의원이 감독체계 개편안을 발의하고, 금융·경제 분야 대학교수 등 외부 전문가가 금융감독 개혁을 촉구하는 성명서를 발표하는 등 사회적 논의가 있었다. 특히 경제 전문가의 성명서 발표에는 참여 인원의 수가 312명이나 되어 이전의 다른 경제개혁 성명서에 참여한 전문가의 수보다 압도적으로 많았다. 성명서에서는 감독기구의 책임성 확보, 투명성 제고 등을 위해 금융감독기구 개혁의 필요성을 주장했다. 세부 감독기구 개편 방안은 금융산업정책을 경제부처가 맡고, 금융감독을 정책과 집행이 통합된 민간 공적 기구가 중립적으로 수행함이 바람직하다고 했다.

하지만 이미 실행되고 있는 제도에 관성이 생기고 이해관계를 조정할 국회 등의 정치적 타협 능력이 부족해 금융시장 안정이 우선이라고 하며 감독체계 개편에 대해 결론을 내지 못하고 넘어갔다. 금융감독제도는 어느 체제가 정답이라는 것은 없다. 나라별로 역사적 상황, 시장 특성에 맞는 제도를 선택해 잘 운영하면 될 것이다. 지금의 금융위, 금감원의 이중 감독체계도 그동안 잘 작동되었다면 운영의 묘를 살려 보완해서 유지하면 될 일이다.

하지만 2008년 현행 금융감독체계로 개편된 이후 2011년 저축은행 사태, 2013년 동양증권 사태, 2019년 부실 사모펀드 사태 등 여러 금융사고가 계속 발생했고, 거기에 부실 금융감독에 대한 문제 제기가 꾸준히 있었다. 또한 정권이 바뀔 때마다 경제정책 운영 방향에 따라 금융감독 정책 내용이 적잖이 변동성을 나타내곤 했다. 금융감독체계 개편 논의는 현재의 감독체계가 금융시장 상황에 맞게 제 역할을 하고 있는지, 부족한 점이 있다면 보완이 필요한 점은 무엇인지에 대한 '진지한 논의'가 있어야 한다. 그런데 논의가 시작되면 조직 간 권한 다툼, 밥그릇 싸움으로 폄하되어 본질적 논의를 진전하기 어려웠다.

금융감독체계 개편 논의는 금융당국자나 금융업자를 위한 것이 아닌, 금융의 주인인 전체 국민을 위해 필요한 것이다. 이제는 금융시스템의 안정, 건전한 금융시장 질서의 확립, 금융소비자 보호라는 금융감독의 목표를 온전히 달성할 수 있는 감독체계에 대해 진지한 논의를 시작해 제도개선을 이루어야 할 시기라고 생각한다. 바람직한 금융감독체계 개편 방향에 대해 구체적으로 살펴보자.

금융감독체계의 구체적 개편 방향

첫째, 금융산업정책과 금융감독 업무를 분리해 양자 간 견제와 균형을 이루는

그림. 현행 금융감독체계

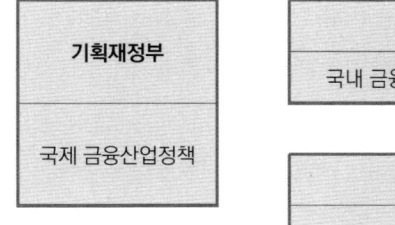
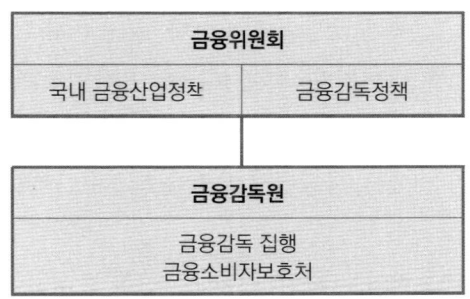

것이다.

현재의 감독체계는 기획재정부에서 국제 금융정책을 담당하고, 금융위에서 국내 금융(산업)정책과 감독업무 모두를 총괄하고, 금감원에서 금융감독 집행 업무를 담당하며 금감원 내에 금융소비자 보호 업무를 하는 금융소비자보호처를 두고 있는 형태이다.

금융위의 업무를 금융산업정책과 금융감독정책으로 구분해 표현했지만, 사실 '금융위원회의 설치 등에 관한 법률'에도 두 업무에 대해 명확히 구분한 정의는 없다. 일반적으로 금융산업정책은 법률 제·개정을 통해 금융제도를 운영해 금융산업의 선진화를 이루는 정책으로 생각하고, 금융감독정책은 감독기구가 금융회사에 대해 인허가, 감독, 검사 등을 통해 금융회사의 건전성 제고, 공정한 시장질서 확립, 금융소비자 보호를 하는 업무라고 인식한다.

금융감독 업무는 공정한 시장질서 확립과 금융소비자 보호를 위해 '규제'와 '감독'에 중점을 두는 반면, 금융산업정책은 금융회사의 성장과 수익을 중시해 규제를 완화하려는 유인이 생길 수 있다. 따라서 감독 업무와 산업정책 업무는 서로 상충trade-off 관계에 있을 수 있어 둘 사이에는 견제와 균형이 필요하다. 금융규제 완화는 금융감독 약화로 자연스럽게 이어진다. 이에 따라 금융산업정책은 정책성과가 잘 드러나고 금융회사에 친화적이어서 정부 입장에서는 금융사고로 시장이 혼란을 겪기 전에는 시장에서 부담을 느끼는 규제감독 업무보다 우선하기 마련이다.

금융회사도 단기간 내에 자산을 불리고 수익을 올리고 싶어 해 이러한 산업정책에 호응하게 된다. 결국, 금융산업정책과 금융감독의 균형이 어긋나 공정한 시장질서 확립과 금융소비자 보호가 제대로 이루어지지 못할 우려가 있는 것이다.

앞에서도 살펴본 바와 같이 과거 거의 모든 금융시장 실패가 금융산업 진흥을 위해 규제를 완화하면서 감독 수단 마련 및 시장 대응에 미흡했던 것에 커다란 원인이 있다. 2020년 11월 국회 입법조사처에서도 2019년 부실 사모펀드 사태 발생은 자본시장 육성을 위해 사모펀드 진입 규제 및 투자자 요건을 2015년 대폭 완화하면서 이를 감시·감독해야 할 '안전장치' 마련은 소홀히 했기 때문이라고 지적한 바 있다.

해외 주요 나라의 금융감독체계를 살펴보아도 일본만이 정부조직인 금융청이 금융산업정책과 금융감독을 단일 기구에서 운영하고 있을 뿐이다. 영국, 독일, 호주 등 대부분의 나라에서는 금융정책은 정부 부처가, 금융감독은 정부 부처로부터 독립적인 금융감독기구가 수행하고 있다. 미국은 금융산업의 규모가 매우 크고 금융회사의 수가 많아 금융업종별로 감독기관이 다르고, 연방제 국가여서 연방 및 주 차원의 이원적 감독체계(보험업은 주 단위 감독만 존재)를 가지고 있어 다른 나라와 평면적으로 비교하기 어렵다.

현행 금융감독체계 유지를 주장하는 입장에서는 금융정책과 금융감독을 구분하기 어려우며 조화롭게 운영하면 된다고 한다. 하지만 지난 금융시장 실패의 사례가 보여주듯 금융사고가 터지기 전에는 금융시장에 친화적인 업무가 우선될 수밖에 없다. 금융사고 뒤에도 근본적인 제도개선보다는 부분적으로만 보완을 하다가 시장이 좀 안정되면 다시 산업 우선 정책으로 복귀해 감독 업무보다 우선하게 된다. 금융감독이 시장의 위험관리, 공정한 질서유지, 금융소비자 보호에 집중하면서 금융산업정책과 견제와 균형을 유지함으로써, 궁극적으로 금융시장을 안정시키고 지속가능한 금융업의 성장을 이룰 수 있다.

둘째, 금융감독의 정책과 집행은 단일기관에서 효율적으로 운영되어야 한다.
현재의 감독체계에서는 금융감독의 정책과 집행 업무가 금융위, 금감원으로 이원화되어 있어, 금융감독에 관한 의사결정 및 제도개선이 지연되거나 효율적이지 못할 수 있다. 두 기관 간 감독 업무의 역할에 혼선이 있거나 기관 간 책임 전가 등으로 감독 업무가 효과적으로 이루어지지 않을 수 있다는 뜻이다. 금융위, 금감원 이중 구조로 인해 감독 제도개선 및 제재 의사결정에 혼선이 생기거나 지연된 사례는 종종 있었다. 2019년 발생한 라임 펀드 사태에서 '증권회사 대표에 대한 제재' 확정은 무려 5년이나 소요되었다. 금융감독 업무의 비효율로 불확실성이 지속되면 사회적 비용이 증가하고, 감독기구에 대한 신뢰가 훼손되어 감독 기능이 취약해질 수밖에 없다.

IMF도 2010년 "규제regulation와 감독supervision 책임을 하나의 기구가 가지고 있어야 규제의 취지를 명확히 이해하면서 감독 업무를 집행할 수 있고, 금융시장 현장 정보와 감독 경험이 감독정책 수립에 제대로 반영될 수 있다"라고 하며 단일 감독기구가 감독정책과 집행을 수행할 것을 권고한 바 있다.*

지금은 인공지능이 금융상품을 추천하고 금융과 이종 산업이 융합하는 시대다. 핀테크 등 새로운 금융 행위로 인한 리스크emerging risk에 대한 감독 수요, 금융시장의 수많은 이해관계 조정, 검사 업무에 시의성 있게 제대로 대응하는 감독 역량은 전체 금융산업 경쟁력 강화의 측면에서도 중요한 요인이 되고 있다.

이상적으로 생각하면 기관이 분리되었더라도 '협업'을 잘하면 문제가 없을 것이다. 하지만 우리 현실은 그렇지 못했다. 금감원에서 감독·검사 업무를 통해 현장과의 접점에서 체득한 금융시장의 변화 정보는 금융정책 수립과 집행에 효율적으로 반영되지 못한 경우가 있었다. 금융감독의 정책과 집행이 단일기관에서 이루어지면 현장의 제도개선 필요성의 요구에 금융정책 의사결정이 효율적으로 대처할 수 있을 것이다.

셋째, 금융감독 업무의 독립성이 강화되어야 한다.
금융시장의 안정과 공정한 시장질서의 확립을 위해서는 금융감독기구가 정치권과 정부정책으로부터 '독립적'으로 운영되어야 한다. 금융감독기구의 독립성은 감독기구의 '생명선'과도 같이 소중한 것이다. 독립성이 미약하면 금융감독이 경제정책에 종속되어 내수 진작 등의 목적에 활용될 수 있다. 이는 2003년 소비를 통한 경기 활성화를 위해 신용카드 감독정책을 펴다가 맞이한 카드 대란이나, 부동산 관련 금융을 주택시장 대책의 정책 수단으로 활용하여 가계부채 증가의 주요인이 되어 경제에 큰 부담이 되고 있는 경우 등이 그렇다.

• IMF, "좋은 감독 만들기(The Making of Good Supervisio: Learining to say "No")", 2010.5.18.

또한 금융감독 행위가 정치적 의도에 따라 이용되거나 여러 시장 참여자에게 공평하게 집행되지 않는다면, 첨예한 이해관계가 부딪치는 금융시장에서 금융감독 업무는 신뢰를 얻을 수 없다. 더욱이 금융감독은 검사와 제재 권한을 잘못 행사할 경우 국민의 권익을 침해할 우려가 있어 정치적 중립성은 더욱 중요하다.

금융감독의 독립성은 피감독기관으로부터의 독립을 포함한다. 금융회사가 점차 대형화되고 큰 영향력을 가지게 됨에 따라 금융감독기구가 피감독기관에 포획되거나, 금융당국이 금융정책 효과를 나타내기 위해 금융회사의 협조를 얻으려고 이들에게 우호적인 정책을 펴는 경우를 생각할 수 있다. 금융정책이 금융산업의 경쟁력 강화를 금융감독보다 우선 목표로 삼을 때 이러한 문제가 발생하기 쉽다.

바젤 은행감독위원회BCBS 같은 국제기구도 금융업의 건전한 발전을 위해 금융감독기구는 '독립적'으로 운영되어야 한다고 주장한다. BCBS에서는 금융감독기구는 지배구조, 감독 활등, 예산상으로 독립성을 보유하고, 그에 따른 감독업무에 대해서는 책임을 져야 한다고 주장한다.•

금융감독을 담당하는 기관은 감독 업무의 정치적 중립성, 독립성을 고려해 금융감독 고유의 역할에 집중하는 '민간 공적 기구'가 수행하는 것이 바람직하다. 정부조직은 내수 진작 등 거시경제정책 목표 수행이나 정치권으로부터의 독립성을 유지하는 데 어려움이 있을 수 있다. 금융감독을 좁은 의미의 행정부만이 할 수 있다는 편협한 생각에서 벗어나야 한다. 현재의 금융감독원은 이미 '금융의원회의 설치 등에 관한 법'

• BCBS의 감독 핵심 원칙(Principle 2, Independence, accountability, resourcing and legal protection for supervisors): 감독기관은 운영의 독립성, 투명한 절차, 건전한 거버넌스, 자율성을 저해하지 않는 예산 절차 및 충분한 자원을 보유하고 있으며, 그 임무 수행과 자원 사용에 대해 책임을 진다.

이 직접 부여한 권한에 따라 여러 행정 작용을 하고 있다.

또한 금융감독은 전문성이 필요하고 시대 환경 변화에 대한 신속하고 효율적인 대응이 중요한 분야다. 민간 감독기구는 외부 전문가 영입 등 유연한 조직, 인력 운용에 적합하고 변화하는 금융시장 환경에 효율적으로 대응하는 데 많은 장점을 가지고 있다. 영국 PRA, FCA, 독일 BaFin, 호주 APRA, 프랑스 AMF, 스위스 FINMA 등 다수의 금융선진국에서는 특별법에 의해 설립되고, 정부로부터 독립된 공적 법인이 금융감독 업무를 담당하고 있다. 국민을 위해 금융감독의 목적을 가장 효과적으로 달성할 수 있는 금융감독체계를 선택하는 것이 제일 우선적 고려 대상이다.

금융감독 업무가 독립적으로 수행되고 우수한 감독 인력을 확보하기 위해서는 업무 운영과 예산에 '자율성autonomy'이 부여될 필요가 있다. 물론 자율성이 부여된 민간 금융감독기구에는 엄격한 '책임성accountability'과 '투명성transparency'을 물을 수 있는 '견제 장치'가 마련되어야 한다. 감독기구가 커지면 검사 등의 업무를 수행하는 중 국민에 대한 권리 침해가 발생할 수 있는 등 권력기구화에 대한 우려가 있을 수 있다.

금융감독기구는 건전한 지배구조를 갖는 것이 중요하다. 이를 위해 감독기구 구성 시 금융뿐 아니라 정보통신, 소비자 보호 전문가 등 외부의 금융전문가 참여를 대폭 확대해 금융감독 의사결정의 독립성과 전문성을 강화할 수 있도록 해야 한다. 또한 감독 의사결정 과정은 최대한 공개disclosure되어야 한다. 국회, 정부에 대한 업무 보고, 감사원 감사 등 외부 견제 장치를 철저히 해야 함은 물론이다. '어항 속의 금붕어'와 같이 투명성과 책임성 담보를 위해 충분한 견제가 상시적으로 이루어져야 한다. 금융에 대한 전문성을 갖추고 금융감독의 독립성에 대한 철학을 갖춘 인력으로 감독기구를 구성하고, 투명성·책임성을 확보하는 시스템을 운영하는 것은 감독체계 외형 설계 못지않게 중요한 과제다.

현재의 금융위원회는 위원장·부위원장 각 1명과 기획재정부 차관, 금융감독원장, 예보 사장, 한은 부총재, 금융위원장 추천 2인, 대한상공회의소 회장 추천 1인 등 9인의 위원으로 구성되어 있어, 위원 중 대부분이 정부를 대표하는 구조로 짜여 있다. 외부 민간 전문가의 참여가 부족해 정부 주도 의사결정 관행이 강하다. 또한 금융위원회 내 안건심사소위원회, 법령해석심의위원회 등의 의사결정 과정에 대한 공개가 미흡해 투명성이 부족하다는 지적이 있다.

넷째, 금융소비자 보호 기능이 더욱 강화되어야 한다.
금융감독은 금융시장의 안정과 더불어 금융소비자 보호라는 중요한 감독 목적을 가지고 있다. 금융감독기구의 건전성·영업 행위 감독 등 모든 감독 역량이 금융소비자 보호의 가치와 함께 작동되어야 하고, 이를 위한 감독 업무 영역 간 유기적 협조체계는 더욱 강화되어야 한다. 금융당국 내 여러 위원회에도 소비자의 권익을 균형감 있게 대변할 수 있는 민간 전문위원의 참여가 확대될 필요가 있다.

감독체계를 건전성과 영업 행위 감독으로 나누는 쌍봉형 감독체계 논의의 문제점

금융회사는 단기수익성을 최고의 가치로 두고 금융소비자 보호를 형식적으로 생각하는 경향이 있다. 그럼에도 금융감독기구는 금융산업의 성장과 개별 금융회사의 건전성 유지를 중시해 금융소비자인 국민을 보호하는 일에 미흡했다는 지적이 제기되고 있다. 그에 따라 금융소비자 보호 전담기구를 설치하고, 금융감독을 기능적으로 '건전성 규제'와 '영업행위 감독'으로 나누는 쌍봉형Twin Peaks 감독체계로 하자는 논의가 제기된 바 있다. 금융소비자 보호 전담기구 설치 논의는 금융감독원 내에 준독립기구 형태인 '금융소비자보호처'를 설치하고 지속적으로 그 기능과 조직을 확대해 금융소비자 보호 기능이 이전보다 상당 부분 보완되었다.

쌍봉형 감독체계 개편 논의는 금융회사의 업무가 건전성 업무와 영업 행위 업무로 구분이 가능하고 영국, 호주 등 일부 국가에서 선택했다는 논리로 제기되었다. 하지만 점점 복잡해지고 있는 금융 업무를 건전성과 영업 행위 업무로 단순히 구분하기 어려울뿐더러 구분의 의미도 크지 않다. 가령 금융상품을 기획해 판매하는 행위는 금융회사의 건전성에 영향을 미치지만, 동시에 금융상품 판매에 대한 영업 행위 규제에도 해당된다. 금융상품의 제조·판매·사후관리 행위는 회사의 건전성과 영업 행위 모두에 영향을 미친다.

과거 금감원 내에서도 검사 업무를 건전성, 준법성(주로 영업 행위가 해당) 부문으로 구분·운영한 적이 있다. 그러나 금융검사 업무를 단순히 건전성·준법성 행위로 구분하기 어렵고, 그에 따른 부서 간 업무 협조의 어려움, 책임 소재 불분명 등으로 성공적이지 못해 얼마 지나지 않아 원상복구 되었다. 금융소비자 보호는 금융감독의 최종 목적의 하나로 감독기관 전체 부서가 힘을 합쳐 추구해야 하는 감독목적이다.

영국과 호주의 쌍봉형 감독체계로의 개편은 금융소비자 보호를 위해서라기보다는 정치적 역학관계와 감독기구 통합 과정의 단계에서 이루어져 금융소비자 보호 목적의 감독체계 개편 주장과는 다르다. 영국의 금융감독체계 개편은 2010년 총선 과정에서 보수당이 승리해 종전 노동당의 통합 감독체계를 건전성 감독기구인 PRA Prudential Regulation Authority, 영업 행위 감독기구인 FCA Financial Conduct Authority로 분리 개편한 것이고, 호주는 1998년 11개나 되는 금융규제 기구를 2개로 통합하는 과정에서 이루어졌다.

　감독체계의 쌍봉형으로의 분리는 감독기관의 증가로 인한 중복 규제, 업무 영역 혼선으로 인한 금융감독 사각지대 발생 등이 우려되어 오히려 금융소비자 보호의 실효성이 약화될 수 있다. 과거 부실 사모펀드 사태 등 여러 금융사고에서도 금감원의 감독·검사 모든 영역에서 총력 대응해 소비자 보호의 효과를 높인 적이 많이 있었다. 더욱이 감독기관이 구분되면 기관 이기주의, 업무 구분의 어려움 등으로 제도 정착 과정에 수많은 시행착오와 혼선이 불가피해 금융감독 기능이 약해질 우려가 있다. 다만 쌍봉형 주장에서 그동안 금융소비자 보호가 미흡했다는 지적은 소중하게 받아들여야 할 부분으로, 앞으로 감독체계 개편 시 금융소비자 보호 강화를 위해 민간 전문위원 참여 확대, 분쟁조정 기능 강화 등 지배구조 개선을 위한 노력이 필요하다.

우리나라 상황에 맞고, 금융감독 '고유의 목표'를 달성할 수 있는 금융감독체계 개편 논의가 되어야 한다

이상의 논의를 바탕으로 바람직한 금융감득체계를 정리하면 '금융산업정책'은 경제부처로, '금융감독'은 민간 공적 감독기구로 분리해 각각 독립된 기관에서 수행하는 것이 타당하다. 경제성장에 주안점을 두는 기획재정부와 금융·물가 안정을 중시하는 한국은행이 균형을 이루듯 금융산업정책과 금융감독의 견제와 균형을 달성하는 것이 좋은 선택이다. 감독체계를 조정하면 현재 금융위원회와 기획재정부에서 담당하는 국내 금융정책과 국제 금융정책 업무는 경제부처 한 곳에서 수행하도록 하여 금융정책의 효율성을 증가하도록 한다. 요즘과 같이 자본이 자유화된 글로

그림. 새로운 금융감독체계(안)

금융산업정책 전담 부서	금융감독 및 집행 (민간 공적 금융감독기구)	
	금융감독정책	금융감독집행
국내, 국제 금융정책	금융소비자보호처	

벌 금융시장에서는 국내·국제 금융이 긴밀히 연관되어 있어 금융정책을 분리해 수행하는 것보다 한 기관에서 다루는 것이 합리적이다.

또한 금융감독의 정책과 집행은 현재의 금융위, 금감원의 중층적 구조에서 그 효율성을 위해 한 조직에서 수행하는 것이 옳다. 그 기관은 감독 업무의 정치적 중립성, 독립성을 고려해 금융감독 고유의 역할에 집중하는 '민간 공적 기구'가 수행하는 것이 바람직하다. 여기에는 건전한 지배구조, 투명한 업무 절차, 국회·정부·언론 등 외부 기관의 철저한 견제 등 엄격한 책임성이 확보되어야 한다.

한편, 금융감독체계 개편 시 금융시장의 안정을 위해 금융정책 부처, 금융감독기관, 한국은행, 예금보험공사 등 유관기관 사이의 협력체계는 더욱 공고해져야 한다. 2008년 글로벌 금융위기를 경험하며 세계 각국은 미시적 금융정책만으로는 금융시스템 전체의 리스크를 파악하기 어려워 금융시장의 안정을 이루기 어렵다는 사실을 인식하게 되면서 거시 금융감독의 중요성이 부각되었다.

금융안정은 금융시장 참가자들 사이에 신뢰가 유지되고, 금융회사들이 자금 중개 기능을 제대로 수행해 금융시스템이 순조롭게 작동되는 것을 의미한다. 금융안정은 정상적인 경제발전을 위한 기본 요건으로 통화, 재정, 금융정책이 조화롭게 운영될 때 이루어질 수 있다. 따라서 여러 국가기관은 금융안정을 위해 기관 업무 성격에 맞게 협력하는 것이 중요하다. 현재 우리나라는 시스템 리스크 대응과 관련한 유관기관 협의체가 운영되고 있으나 법적 구속력이 없고 기능이 미흡한 상황이다. 효과적인 시스템 리스크 감독을 위한 법제화 등 보완 검토가 필요하다.

다시 강조하지만 모든 나라에 통용되는 금융감독 시스템은 없다. 앞에서의 주장도 이전 감독제도의 효익·비효율을 따져보아 새로운 시스템으로 개선하자는 것이다. 그 나라의 역사, 환경에 맞고 금융감독 '본연의 목표'를 가장 잘 달성할 수 있는 최상의 제도를 구축하는 것이 중요할 따름이다. 과거 여러 번의 금융감독체계 개편 논의가 쉽지 않았던 것은 감독기구 개편이 금융산업정책, 감독정책의 '운영의 틀'을 바꾸는 일로서 정부 등 여러 이해당사자의 기득권, 업무 재조정을 이루어내기가 쉽지 않았고, 금융회사 등 다른 시장 참여자들도 새로운 변화에 적극적이지 않았기 때문이다.

이러한 개편 논의가 성공적으로 이루어지기 위해서는 무엇보다 관련 기관의 이해 갈등을 조정하는 '정치적 능력'이 중요하다. 그런 면에서 국회를 비롯해 정부, 학계, 언론의 대응 및 진솔한 소통 노력이 필요하다. 언제까지 감독체계 개편 논의를 내용의 복잡성, 다양한 이해관계 조정의 어려움을 이유로 미루기만 할 것인가. 제대로 된 금융감독 기능은 금융의 주인인 국민을 위해 존재하는 것이지, 특정 기관의 이익을 위해 필요한 것이 아니다.

그러한 감독체계 개편 논의와 아울러, 감독체계 개편 전이라도 현재 감독체계에 노정된 문제 및 잘못된 관행 개선을 위한 노력은 지속적으로 이루어져야 한다. 금융감독이 제 역할을 하지 못하면 그 피해는 오롯이 국민이 지게 된다.

07

금융회사 혁신은 건전한 지배구조 확립과 철저한 내부통제 이행에서 시작된다

금융은 자금의 중개서비스 과정에서 사람의 행동이 거의 전부라 할 수 있는 업종이다. 그래서 금융업을 사람과 종이만 필요하다고 해 인지紙 산업이라 부르기도 했다. 요즘은 종이를 컴퓨터가 대체하고 있으니 인컴 산업이라 불러야 할지도 모르겠다. 금융회사의 단기성과주의에 따른 과도한 이익 추구 행위, 금융시장에서 계속 발생하는 금융위기와 금융사고, 미흡한 금융소비자 보호 문제 등을 좇아가면 결국 사람을 움직이는 지배구조corporate governance와 내부통제internal control의 문제에 닿게 된다. 이 두 가지는 타인의 자금을 운용해 수익을 내고 이해관계자 사이의 신의성실이 중요한 금융회사에는 더욱 커다란 의미가 있다.

우리는 탐욕을 포함한 인간의 결점을 완전히 제거하고 살 수는 없을 것이다. 수천 년 동안 노력해도 쉽지 않음을 역사는 보여주고 있다. 그럼에도 불구하고 우리는 인간의 흠결에 최대한 흔들리지 않는 '시스템'을 만들기 위해 노력해 왔다. 민주주의도 선거에 뽑힌 사람이 올바른 정치를 할 것이라 확신할 수 없고, 오히려 무능하고 나쁜 의도를 가진 사람이 선거에서 선출되더라도 폭정을 하지 못하도록 행정부, 국회, 법원이 서로 견제하는 것이 최고의 장점인 제도라고 하지 않는가.

'건전한 지배구조 확립'은 지속가능하고 발전하는 회사의 필수 요건이다

세계적 헤지펀드인 브리지워터Bridgewater Associates 설립자인 레이 달리오 Ray Dalio가 『원칙Principles』에서 "지배구조란 조직을 이끄는 어떤 사람보다 조직이 더 강한 힘을 갖도록 보장해 주는 '견제와 균형의 시스템'이다"라고 했듯이, 일반적으로 기업의 지배구조란 회사 내 주주, 이사회, 경영진, 감사 등이 구성하는 견제와 균형의 제도이다. 금융감독기구도 공정한 감독 업무를 수행하려면 투명한 업무 절차 및 임무 수행에 대한 책임을 담보하는 올바른 지배구조를 갖춰야 한다. 모든 조직의 경영 활동이 제대로 이루어지려면 건전한 지배구조를 갖추는 것이 기본이고 출발점이라 하겠다.

세계적으로 여러 금융위기와 금융사고를 겪으며 사람들은 금융시장의 안정, 금융회사의 건전한 경영을 위해서는 실효성 있는 리스크 관리와 내부통제가 중요하고, 이를 위해서는 건전한 지배구조 확립이 필수라는 믿음을 갖게 되었다. 금융사고를 일으키거나 경영위기를 겪는 금융회사는 여러 리스크 요인을 경영진이 관리하지 못하거나, 경영진을 견제할 이사회가 제 기능을 하지 못한 공통점이 있다.

기업 지배구조는 한 나라의 정치, 경제, 사회제도 등 여러 환경적 영향을 받기 때문에, 어느 나라에서나 통용되는 보편적인 제도를 상정할 수 없다. 우리도 그동안 존속했던 지배구조 제도를 살펴, 우리 상황에 적합한 지배구조 제도가 기능하도록 지속적으로 보완해 나가야 한다. 우리나라는 2016년 '금융회사의 지배구조에 관한 법률'(지배구조법)을 제정했고, 지배구조에 관한 '모범 관행best practice'을 작성하는 등 지배구조의 중요성을 인식하고 제도 보완을 해오고 있다. 그러나 아직은 금융회사의 지배구조가 '지배구조법'의 형식적 준수에 그치는 등 실질적인 지배구조 건전화는 이루어지지 못하고 있는 실정이다.

공적 조직이든 사적 기업이든 주인과 대리인 사이의 이해 상충으로 '대리인 문제agency problem'가 발생한다. 특히 사적 기업의 경우 회사의 규모가 커지면서 회사 주인인 주주와 경영자가 분리되어 이들 사이에 정보의 불균형, 감시의 불완전으로 전문경영인의 도덕적 해이 위험이 존재한다. 금융회사는 주주의 자본금만이 아니라 개인과 법인 고객의 자금을 이용해 얻는 수익의 비중이 매우 크므로, 주주뿐 아니라 소비자 등 이해관계자의 입장을 더욱 고려해야 하는 지배구조상 특성이 있다.

회사의 경영자에게는 선량한 관리자의 주의 의무가 있으나, 그것만으로 대리인 문제 해결을 기대하기는 어렵다. 대리인과 주인의 손익이 일치하도록 하는 유인책과 감시를 보완할 필요가 있다. 금융회사 경영진이 선량한 관리자의 의무를 위반한 사례는 2008년 금융위기 당시 미국 대형 투자은행인 리먼 브라더스Lehman Brothers 경영진이 경영 성과를 드러내 자신들의 지위를 유지하고 경제적 보상을 키우기 위해 자기자본의 수십 배가 넘는 빚을 끌어들여 파생상품 등에 무리하게 투자했다가 은행이 파산하게 된 경우* 등에서 찾아볼 수 있다.

• 리먼 브라더스가 파산 신청하기 전인 2008년 8월 우리나라 산업은행이 동사를 인수하려고 지분 매입 협상을 벌인 적이 있다. 외화가 부족한 당시 우리나라 상황에서 부실 회사에 수십억 달러를 투자하는 것에 대한 부정적 여론으로 인수 협상이 중단되었는데, 만약 초대형 부실 회사를 인수했다면 우리나라 경제에 엄청난 부담이 되었을 것이다. 아찔했던 순간이다.

우리나라는 소유 관계가 명확한 회사이건 소유가 분산된 회사이건 지배구조가 취약하긴 마찬가지다. 재벌의 경우 소수 지분으로 그룹 회사의 지배권을 유지하려 하고 자녀들에게 경영권을 승계하려다 보니, 그룹 계열 회사 간 이익 몰아주기, 무리한 기업 분할·합병 등 여러 불법 행위를 저질러 사회문제를 일으키기도 한다.

소유가 분산된 기업은 임원이 주인과 같은 역할을 하는 '임원 중심' 지배구조가 허점으로 작용한다. 특히 주주가 단기적 성과를 통해 배당에만 관심을 갖고 경영에 참여하지 않는 우리나라 은행 지주회사 같은 경우에는 최고경영자에게 권력이 집중되는 현상을 보인다. 이들은 자신에게 우호적인 사람들로 이사회를 구성하고, 권력 유지를 위해 정관계 및 언론과의 네트워크 형성에 힘을 쏟는 등 '금융의 정치화'가 이뤄질 우려가 있다. 금융회사 경영진이 외부 세력뿐 아니라 노동조합 등 내부 세력과도 유착 관계나 파벌을 형성할 경우 회사의 노사관계, 지배구조 및 기업문화에도 나쁜 영향을 줄 수 있다.

자본주의 경제의 회사 시스템에서 지배구조 문제는 오랫동안 해결이 쉽지 않은 구조적 문제다. 지배구조 문제는 완전히 새로운 해결책이 있는 것은 아닐 것이다. 기본 규칙을 제대로 정립하는 데서 출발해 차근차근 실효성 있게 운영하는 수밖에 없다.

첫째, 주주를 대신해 경영진을 감독하는 이사회의 구성 및 역할을 제대로 정립한다.
최고경영자가 자기에게 우호적인 이사회를 구성하는 데 영향을 끼치는 지배구조가 되어서는 안 된다. 그렇게 선임된 이사는 현재의 경영진에 유리한 의사결정을 할 수밖에 없다. 경영진의 셀프 연임 시도에도 제 목소리를 내기 어렵다. 경영진을 감시해야 할 이사회가 경영진과 같은 마음이라면 운동경기에 '허수아비' 심판을 세우는 것과 다를 게 없다.

올바른 이사회 구성을 위해서는 무엇보다 사외이사의 선정이 제대로 이루어지는 것이 중요하다. 사외이사는 금융에 대한 전문성은 물론 사외이사의 역할, 금융의 공공성, 소비자 보호를 이해하고 이사회의 독립성에 대한 확고한 인식을 가진 사람이 선임되어야 한다. 현재 금융회사의 사외이사는 대부분 경영학·경제학 전공의 교수들로 구성되어 있어, 정보통신 기술, 소비자 보호 등의 분야를 전문으로 하는 사외이사가 부족하다. 급속히 변화하는 금융 환경에 대한 대응 및 미약한 소비자 보호를 위한 개선 노력이 부족하다고 할 수 있다.

이사회를 독립적으로 구성하고, 사외이사들이 전문 분야에 집중해 경영진에 대한 견제·감시 기능을 객관적인 입장에서 충실히 이행할 수 있는 환경을 조성하는 것이 중요하다. 사외이사 지원을 위한 전담 조직을 이사회 산하에 설치하고 업무 지원을 강화할 필요가 있다. 사외이사는 회장님이 아닌 회사 및 이해관계자를 위한 역할을 제대로 해야 한다.

이사회 산하 모든 소위원회가 역할을 제대로 해야 하지만, 이사회와 경영진을 감시하는 '감사위원회'가 제 역할을 하도록 하는 것이 중요하다. '지배구조법'에는 감사위원의 3분의 2 이상을 사외이사로 두었다면, 감사위원회 구성은 금융회사 또는 주총에서 자율적으로 정하는 것이 가능해 감사위원회에서 사외이사가 위원장으로 선정되는 경우가 흔히 있다. 그런데 사외이사가 감사위원회에서 비상근으로 근무할 경우 회사 내부 정보에 대한 접근성이 낮고 감사 업무에 대한 검증이 쉽지 않아 실효성 있는 감사가 이루어지기 어려울 수 있다. 또한 감사위원은 이사의 지위를 동시에 지니기에 자기 감사의 문제가 생길 수 있다. 독립적이고 실효성 있는 감사위원회 운영을 위한 제도 검토 및 보완이 필요하다.

한편 2024년 6월 모 기업 최대주주가 '이사 보수 한도'를 50억 원으로 결정한 주주총회의 결의가 무효라는 법원 판결이 나왔다. 이번 판결 결과는 주주제안(지분 3% 이상을 보유한 주주가 직접 주주총회의 목적 사항을 제안할 수 있는 권리)으로 선임된 감사가 회사를 상대로 낸 주총 결의 취소소송에서 승소한 것이다. 이는 최대주주 회장이 '셀프 보수 한도'를 정한 관행의 부당성을 지적한 점에서도 의미가 있지만, 독립적인 감사가 경영진에 대한 견제·감시 기능을 이행했다는 것에서 의미 있는 사례라 할 수 있다.

둘째, 이사회는 경영진에 대한 평가, 보상 업무를 정확하게 집행한다.
대부분 사람은 자신이 하는 일이 실제 자기가 이룬 성과보다 훨씬 더 중요하다고 생각하는 '자기 기여의 과대평가 경향'이 있다. 앞서 언급한 레이 달리오의 브리지워터 헤지펀드에서 직원들에게 회사의 성공에 개인적으로 몇 퍼센트나 공헌하고 있는지 조사해 전체 합계를 정리해 보니 300%가 넘게 나타났다고 한다. 이는 정확한 성과 평가가 어렵고, 또 평가를 제대로 해야 하는 이유를 생각하게 하는 사례라 할 수 있다.

2024년 1월 미국 델라웨어Delaware주 법원에서는 테슬라Tesla 이사회가 CEO인 일론 머스크에게 부여한 560억 달러 상당의 스톡옵션이 지나치게 많고 승인 과정이 공정하지 못해 무효라고 하는 소액주주 원고의 주장을 인용하는 판결이 있었다. 테슬라의 '보상결정위원회'에 당시 일론 머스크와 밀접한 관계에 있는 이사들이 참여한 것은 보상 승인 과정에 큰 결함이 있었다고 판단한 것이다.●

델라웨어주 법원 판결 취지와 같이 이사회는 경영진의 업무를 객관적으로 평가해 경영진 보상액이 '자기 주머니에서 나가는 것'처럼 엄격

● 테슬라는 2024년 6월 13일 주주총회를 열어 종전의 성과보상안을 재승인했다. 테슬라는 주 법원 결정에 대한 항소심에서 주총 결과를 활용할 것으로 보인다.

하게 결정해야 한다. 또한 경영진의 실적 및 임원에 대한 보수 정보를 투명하게 공개해 주주, 언론 등 외부의 견제 기능을 높이는 것도 중요하다. 현재 임원의 보수 산출 근거와 산정기준을 공시하고 있지만, 보수액과 산정기준 등이 더욱 구체적으로 작성되도록 개선할 필요가 있다. 만약 경영진이 불법을 저지르거나 주주에게 손해를 끼쳤으면 퇴진은 물론이고 손해배상 책임도 져야 한다.

어떤 스포츠도 자기 기록을 자기 자신이나 자기에게 우호적인 사람이 평가하게 하지는 않는다. 실력 있는 경영자를 선임하고 보상해 회사를 위해 기여하도록 하는 것이 지배구조의 중요한 역할이다.

이사회의 감독이 미흡할 경우 '주주'의 이사회에 대한 견제 기능을 높일 필요가 있다. 임원 이상의 보수는 경영진이 일방적으로 정할 수 없도록 미국, 영국의 Say-on-pay(주주 투표로 경영진 보수 결정)와 같은 주주의 경영진 보수 감시 시스템을 검토할 가치가 있다.

또한 주총에서 상법과 정관에 정한 사항 이외에도 안건을 발의하고 의결할 수 있는 '권고적 주주제안 제도' 활성화 및 주주가 회사를 위해 이사에 대해 제기하는 '주주 대표 소송'의 요건 완화도 무조건 부정적으로 생각할 것이 아니라, 우려되는 사항은 보완하여 금융회사의 특성에 맞는 제도개선을 전향적으로 고려해 볼 필요가 있다.

지배구조를 개선하는 것이 기업가치를 올리는 일이다

근래 기업가치를 올리는 밸류업value up과 관련해 주식시장을 비롯해 사회적으로 관심이 높다. 우리나라 기업가치가 저평가된 이유는 기업의 낮은 수익성과 성장성, 부족한 주주환원 수준과 함께 지배 주주와 일반 주주의 이익이 충돌되는 '후진적인 기업지배구조'도 주요한 원인으로 지목

되고 있다. 투자자보다 기업 오너나 현 최고 경영진의 이익에 우선하는 지배구조가 기업가치 저평가의 한 원인이 된다는 것이다.

밸류업 논의와 더불어 사회적으로 논란이 되고 있는 상법상 이사의 충실의무 대상을 회사뿐 아니라 주주로 확대하는 '상법' 개정 논의도 '주주 권익 보호'와 '경영의 자율성 보장'이 균형을 이룰 수 있게 추진할 필요가 있다. 소송 남발 등 우려 사항에 대해서는 이사의 정상적 경영 관련 의사결정에 대한 업무배임죄의 적용 범위를 합리적으로 조정하고, 합병·중복상장 등 혼선이 있을 수 있는 업무에 대해서는 가이드라인을 제시하는 등의 조치를 보완하면 될 것이다.

좋은 기업 지배구조는 한 기업의 차원뿐 아니라 사회, 국가의 성장과 발전을 위한 경쟁력의 중요한 요소가 되고 있다. 금융당국에서도 이사회의 경영진 견제 미흡, CEO 선임 및 경영 승계절차의 투명성·공정성 부족, 이사회의 독립성 결여 등의 문제의식을 갖고, 2023년 12월 '30개 핵심 원칙의 은행지배구조 모범 관행'을 마련했다.

그 핵심 원칙은 사외이사 지원조직 및 체계, CEO 선임 및 경영 승계 절차, 이사회 구성의 집합적 정합성 및 독립성 확보, 이사회 및 사외이사 평가 체계 등 4개 주요 주제에 대해 30개의 세부 원칙으로 구성되었다. 금융회사 지배구조 개선에 대한 사회의 인식과 제도적 틀은 지속적으로 보완되고 있다. 금융회사는 실질적 지배구조의 개선 효과가 이루어지도록 세부 이행 방안을 회사 상황에 맞게 추진해야 한다. 아울러 금융당국, 언론도 회사가 지배구조를 형식만 갖추어 각자의 이익을 좇아 운영하고 있지 않은지 철저히 견제하는 것이 중요하다.

철저한 내부통제의 이행은 금융회사 경영의 기본이다

지배구조가 조직 내 견제와 균형을 이루기 위한 권력관계를 의미한다면, 내부통제는 회사 구성원 사이에서 견제와 균형을 통해 위험을 관리하는 과정process으로서의 모든 행위라고 할 수 있다. 만일 인간이 결점이 없는 완전한 존재라면 외부 및 내부 통제는 필요 없을 것이다. 하지만 금융업은 '소중한' 고객의 돈을 다루는 업종으로 금전사고 등 여러 위험요인이 있고, 건전한 경영성과 달성을 위해서는 리스크 관리가 중요하다. 또한 시장 참여자 사이의 신뢰가 필수적이어서 외부규제나 감독이 필요하다.

그러나 금융업의 세계화, 금융 디지털화 및 산업 간 융합 등으로 복잡해지는 금융시스템에서 외부 규율만으로 모든 위험을 예방하기는 불가능하다. 따라서 회사 스스로 고유 위험을 예방하거나 문제가 생기더라도 조기에 대응해 사회적 비용을 절감하는 내부통제의 중요성은 더욱 커지고 있다.

우리나라의 금융규제법상 내부통제 개념 도입에 큰 영향을 준 것은 BCBS의 1998년 「내부통제 시스템 평가를 위한 프레임워크」와 미국공인회계사협회AICPA 등 5개 민간기관이 참여해 1992년 발표한 「COSO* 보고서」라고 할 수 있다. 두 보고서 모두 내부통제 목적으로 '경영의 효율성과 실효성 확보', '재무 및 관리 정보의 신뢰성 제고', '법규준수'의 세 가지 목적을 제시하고 있다. 다만 내부통제의 개별 목적은 서로 중첩되거나 연결될 수 있다.

- COSO(Committee of Sponsoring Organizations of the Treadway Commission)는 미국 공인회계사협회 등 민간기관이 연합해 회사의 내부통제 및 위험관리에 대한 지침을 제공하는 조직이다.

내부통제의 목적

첫 번째 내부통제의 목적은 '경영의 효율성과 실효성'을 확보하는 것이다. 이는 금융회사가 회사 자산 및 기타 자원을 활용하고 손실로부터 회사를 보호함에 있어 효율적이고 실효성 있게 경영 행위를 하는 것을 의미한다. 임직원이 과도한 비용을 초래하는 행위를 하거나 금융회사의 이해관계보다 자신의 이해관계를 앞세우는 행위를 하지 않아야 한다는 것이다.

1995년 영국 베어링스Barings 은행 직원의 파생상품 전략이 잘못되어 은행이 파산한 사례는 내부통제의 중요성을 전 세계에 알린 상징적 사건이다. 이는 200년이 넘는 역사를 가진 베어링스 은행의 싱가포르 선물거래회사 직원이었던 닉 리슨Nick Leeson이 무모한 투기성 선물거래를 했다가, 은행에 14억 달러의 손실을 입혀 은행을 파산으로 몰고 간 사건이다. 이 사건은 한 은행원의 무모한 파생상품 거래 행위뿐 아니라 은행이 실적 좋은 직원을 과도하게 신뢰하면서, 은행의 내부통제 시스템이 전혀 작동하지 않아 은행이 손실로부터 보호되지 않았던 사례를 보여주었다.

두 번째 내부통제의 목적인 '재무 및 관리정보의 신뢰성 및 완전성'은 조직의 의사결정에 필요한 회계 기준에 부합한 재무제표를 포함한 신뢰성 있는 정보 보고서가 적시에 마련되어야 한다는 것이다. 특히 재무정보의 적정성은 회사에 대한 시장의 신뢰, 가격 효율성, 투자자 보호 등의 관점에서 매우 중요한 의미를 갖는다. 재무정보의 신뢰성이 무너진 대표적인 사례는 회사 경영진이 자신들의 경영성과를 부풀려 경제적 보상을 극대화하기 위해 회사의 매출과 이익을 회계 조작한 미국의 에너지 기업 엔론Enron 사태(2001)를 들 수 있다. 엔론이 저지른 회계조작 사건으로 회사는 파산했고, 담당 회계법인이었던 아서 앤더슨Arthur Andersen이 해체되는 등 엄청난 후폭풍을 일으켰다. 엔론 사태는 2002년 회계 부정에 대한 제재와 재무보고 감사 절차를 강화한 '사베인-옥슬리법Sarbanes-Oxley Act' 제정에 결정적인 영향을 끼쳤다.

우리나라에서도 기업의 재무 정보 보고가 제대로 이루어지지 못한 사례로 대우그룹, SK글로벌, 대우조선해양 회계분식 사건을 들 수 있다. 이 회사들은 매출액·영업이익 등을 과대 계상하거나 부실 자산을 숨기는 방법으로 경영 성과가 실제보다 좋아 보이도록 회계장부상 정보를 조작하는 분식회계를 통해 재무제표를 허위로 작성했다. 이러한 회계분식 사건은 수많은 투자자, 채권 금융회사 등 산업 전반에 큰 피해를 입혔다.

특히 2008년부터 2016년 사이 수조 원대의 회계분식으로 커다란 사회적 파장을 일으켰던 대우조선해양 회계분식 사건은 2018년 내부회계관리제도•에 대한 외부감사, 주기적 감사인 지정제, 분식회계 처벌 강화 등 회계 투명성을 높이기 위한 여러 제도개선을 내용으로 하는 '주식회사 등의 외부감사에 관한 법률'(신외부감사법)이 제정되는 계기가 되었다.

세 번째 '법규준수' 목적은 회사 업무가 관련 법규, 규정 및 내부 방침 등을 준수한 상태에서 이루어지도록 하는 것이다. 법규준수 의무는 사회적 신뢰가 생명인 금융회사로서는 당연히 준수되어야 할 기본적인 의무이나, 이 의무가 이행되지 않아 수많은 금융사고 등 내부통제 실패가 발생하고 있다.

• 신뢰성 있는 회계 정보의 작성과 공시를 위해 회계 처리를 사전에 규정한 절차와 방법에 따르도록 하는 내부통제 시스템을 말한다.

세계화와 정보기술의 발전으로 금융회사의 업무 범위가 넓어지고 복잡해지면서 금융사고 발생도 끊이지 않는다. 과거에는 금융회사 임직원의 화이트칼라형 금융사고가 대부분이었다. 하지만 2008년 서브프라임 사태 이후에는 금융회사가 자신들의 이익 창출을 위해 소비자에게 커다란 피해를 일으키는 금융사고가 많아졌다.

우리나라의 금융사고 현황

우리나라도 사모펀드 불완전판매 사태, 금융회사 직원의 계속되는 횡령사고, 금융회사 직원의 내부정보 이용 부당이익 취득, 사문서 위조 등을 통한 불법 대출 등 수많은 내부통제 부실 사례가 있다. 이러한 일이 계속되는 것은 금융회사가 내부통제를 부적절한 업무 프로세스나 직원관리 미흡 또는 외부 사건으로 회사에 손실을 가져오는 운영 리스크 operation risk 에 대한 관리•로 인식하지 않고, 단지 직원 개인의 준법 문제 compliance 로 대응해 내부통제 구축에 소극적으로 대응했던 것에 주요 원인이 있을 것이다.

〈표〉의 금융권 금융사고 현황 자료를 보면 2019년부터 2022년까지 4년 동안 311건의 금융사고가 발생했고, 사고 금액은 9255억 원(연평균 78건, 2314억 원)에 이르렀다. 금융사고 중에서 사기로 인한 피해액(6708억 원)이 전체의 72.5%로 가장 컸는데, 이는 금융투자부문의 불법 사모펀드 공모 건의 피해액이 대부분을 차지한 데 따른 영향이었다.

- 미국 COSO(내부통제 및 위험관리에 대한 지침을 제공하는 조직)는 1992년 보고서가 내부통제 절차에 초점을 맞춰 작성되었다는 한계를 인식하고, 위험관리에 초점을 맞춰 내부통제 개념을 확장한 ERM(Enterprise Risk Management-Integrated Framework, 전사적 위험관리 통합 프레임워크) 보고서를 2004년에 발표했다.

표. 2019~2022년 동안 금융권 금융사고 현황

(단위: 건, 억 원)

사고 종류	2019		2020		2021		2022	
	건수	금액	건수	금액	건수	금액	건수	금액
횡령·유용	35	111	38	143	30	228	37	897
업무상 배임	9	282	11	167	7	219	9	233
사기	35	4,106	31	1,081	24	314	23	1,207
도난 등 기타	3	4	8	27	6	65	5	171
계	82	4,503	88	1,418	67	826	74	2,508

주: 피해가 확정되지 않은 펀드 사고는 집계에서 제외.
자료: 윤한홍 국회의원실에서 금감원 자료로 만든 보도자료(2023.9.12).

우리나라에서는 2000년대 초부터 은행법 등 각 금융업권별 규제법에 내부통제 제도에 관한 규율 내용이 도입되어 운영되었다. 그 후 2016년 각 업권별 내부통제 관련 규정 내용이 '지배구조법'에 통합되어 내부통제 기준 마련 의무 등 제도적 기틀은 갖추어졌다. 그러나 내부통제 규율이 '형식적·절차적 의무'로 인식될 뿐 실질적으로 관리자, 직원들의 의식과 행동 변화를 이끌어내는 데는 상당히 미흡한 실정이다. 또한 금융회사별로 경영진의 내부통제 준수 의지에 따라 회사의 이행 수준 차이가 크고, 그에 따라 금융사고 발생 빈도, 손실 규모에 있어 큰 차이가 나타난다.

지난 부실 사모펀드 사태에서도 일부 은행은 '상품선정위원회' 단계에서 파생결합펀드 등 부실 상품을 걸러냈고, 한 외국계 은행은 본사 내부통제 기준에 사모펀드 판매 조건이 적합하지 않아 내부통제 단계에서 상품 판매가 허락되지 않았다. 그러나 나머지 은행에서는 사전·사후 내부통제가 작동하지 않아 회사와 소비자에게 막대한 피해를 입혔다. 내부통제가 잘 작동하면 외부규제나 감독보다 훨씬 효과적임을 알 수 있는 사례이다. 금융회사의 내부통제가 제대로 작동하기 위해 고려해야 할 사항을 살펴보자.

첫째, 최고 경영진의 '헌신과 결단'의 자세가 제일 중요하다.
내부통제 혁신은 올바른 경영 활동과 조직문화를 선도하는 정직하고 유능한 리더의 역할을 정립하는 것이 출발점이 될 것이다.『맹자』공손추公孫丑 편에서는 왕도정치의 첫 번째 조건으로 현명한 사람을 발탁해 필요한 자리에 임명하는 '인재 등용'의 중요성을 강조했다. 이는 유성룡이 임진왜란 중 절체절명의 위기에 빠진 조선을 구한 이순신 장군을 천거했던 사례가 잘 설명해 주고 있다.

　시스템이 잘되어 있더라도 리더가 누구냐에 따라 경영성과는 크게 달라진다. 창업보다 어렵다는 기업 회생을 성공시킨 마이크로 소프트의 CEO 사티아 나델라Satya Nadella 사례와 같이 리더가 바뀌고 나서 회사의 경영 실적, 기업문화가 변화하는 것은 물론이고 미래의 전망까지 달라지는 일은 리더 역할의 중요성을 잘 나타내 준다. 미국의 전기작가 도리스 컨스 굿윈Doris Kearns Goodwin은『혼돈의 시대, 리더의 탄생Leadership: In Turbulent Times』에서 에이브러험 링컨Abraham Lincoln, 프랭클린 루스벨트Franklin Roosevelt, 시어도어 루스벨트Theodore Roosevelt, 린든 존슨Lyndon Johnson 등 4인의 지도자에 대해 이야기한다. 이들은 개인이나 당파의 이익보다는 '국민의 이익'을 중요시하고 '약속'을 지킨 공통점이 있으며, 위기 속에서 공동체를 구한 리더의 참모습을 보여주었다.

　최고의 가치투자자로 평가받는 워런 버핏의 핵심 투자전략 중 하나가 정직하고 유능한 경영진이 운영하는 기업을 선정하는 것이라고 한다. 리더가 조직문화를 이끄는 가장 강력한 변수인 것은 분명하다.

　CEO의 경영철학은 조직문화를 통해 직원들에게 전달된다. 금융회사의 리더가 회사의 미래가치, 평판보다는 단기수익을 중시하는 메시지를 회사 내에 전파하게 되면, 직원들은 실적 압박으로 고객에게 피해를 끼칠 우려가 있음을 알더라도 당장의 이익을 가져오는 고위험 금융상품을 개발하고 불완전판매로 이어질 위험이 있다.

둘째, 내부통제 실패에 대해서는 그에 상응하는 책임을 진다.
회사가 내부통제를 제대로 이행하지 못해 소비자에게 큰 피해를 끼치는 등 사회적 물의를 일으켰다면 징벌적 과징금, 인적 제재 등 엄정한 책임을 물어야 한다. 금융회사는 수익을 내야 하는 사기업이라 '선의'에만 기대어 대응하려 하면 실패하기 쉽다. 2019년 부실 사모펀드 사태 이후 은행 창구에서 고위험상품의 판매를 제한하는 규율 도입에 대한 논의가 있었으나, 은행권의 철저한 내부통제 이행을 조건으로 판매가 허용되었다. 2024년 금융시장을 흔들었던 홍콩H지수 ELS 사태도 그 영향이 있다고 할 수 있다. 은행의 내부통제 시스템이 금융회사의 끊임없는 수익 추구 욕구를 억제하기에 역부족이었다.

2023년 12월에 금융회사 스스로 임원별 내부통제 책임을 명확히 하는 책무구조도 도입과 내부통제 관리의무 부여 등을 명시한 '지배구조법' 개정안이 국회에서 통과되었다. 지배구조법 개정안의 주요 내용은 첫째, 책무구조도 도입을 통해 임원 개개인이 책임져야 하는 내부통제 대상 업무의 범위와 내용을 사전에 명확히 하고, 둘째, 임원은 내부통제 관리의무를 이행하며, 셋째, 이사회의 내부통제 역할도 명확히 해야 한다는 것이었다.

종전에는 내부통제 관련 조직 내 구성원 간 역할과 책임이 불명확해, "누가 어떤 '역할'을 해야 하고, 누가 이에 대한 '책임'을 지는지 불분명"하다는 점이 지적되었다. 성과에 따라 보상을 받는 자와 사고로 책임을 지는 자가 달라 권한과 책임이 일치하지 않았다. 법률 개정으로 금융회사 내부통제 행태에 큰 변화가 기대된다.

2019년 부실 사모펀드 사태와 관련해 일부 은행장들은 금융당국으로부터 중징계 처분을 받고 징계 처분 취소소송을 제기했다. 이에 금융당국은 종전 지배구조법에서도 금융회사에 내부통제 마련 의무가 규정되어 있고, 시행령 등 하위규정에도 내부통제가 '실효성 있게' 이루어지기 위한 절차와 기준들이 열거되어 있다고 주장했다. 하지만 법원은 지배구조법에 내부통제 기준 마련에 대한 처벌 조항만 있을 뿐이고, 내부통제 기준 마련과 준수 의무는 구별되어야 한다며 징계 처분 취소소송을 낸 원고에게 승소 판결을 내렸다.

부실 사모펀드 사태는 소비자 피해 규모, 은행 위반 행위의 지속 기간, 가담 인원, 금융시장에 미치는 파급 효과가 종전의 다른 금융사고와는 비교하기 어려울 정도로 매우 컸던 사안이었음에도, 법원에서는 행정제재의 엄격하고 명확한 기준 적용을 우선으로 판단했다. 금융회사는 행정적 제재 책임은 지지 않았지만, 소비자에 대한 도의적 책임이 면제되긴 어렵다.

2023년 개정된 지배구조법에서는 평소 상당한 주의를 기울여 내부통제 관리 의무를 충실히 이행한 금융회사 임원에 대해서는 책임을 감경 또는 면제받을 수 있도록 했다. 복잡하고 불확실한 금융 환경에서 통제하기 어려운 금융사고로부터 임원의 소신과 판단을 보호할 필요가 있는 것은 옳다. 하지만 법규에 따른 내부통제 제도 마련 등 형식적 요건만 갖추고, 실질적인 내부통제 관리를 하지 않는 경우에도 제재를 면하게 제도가 운영되어서는 안 된다. 금융제재는 금융회사의 부당 행위를 억제하는 기능이 발휘될 수 있어야 한다. 처벌이 목적이 아니라 금융사고의 '사전 예방적' 기능이 달성되어야 한다. 위반 행위 결과의 중대성, 금융시장에 미치는 파급 효과에 대한 고민도 함께 이루어져야 할 것이다.

언론에서는 책무구조도 도입을 금융판 '중대재해처벌법'이라고 표현하기도 한다. '중대재해를 예방하고 노동자의 생명과 신체를 보호하기 위해' 2022년 1월 27일부터 시행된 '중대재해 처벌 등에 관한 법률'은 시행 초기이기는 하나 법규 내용의 불확실성, 적용 범위의 제한 등으로 중대재해사고 감소 효과가 상당히 미흡한 실정이다. 금융회사 책무구조도 도입도 내부통제에 대한 책임 강화의 동기가 약화되지 않도록 제도를 설계하고 확실히 이행하는 것이 중요하다.

금융회사는 동 제도를 통해 조직 구성원이 내부통제에 대한 인식과 가치관을 새롭게 해 실질적인 행동 변화가 이루어지도록 할 필요가 있다. 금융당국도 회사의 내부통제 관리를 객관적으로 평가하고 감독할 수 있는 능력을 갖춰야 한다. 금융회사에 대해 내부통제의 이행 모범 사례를 공유하고, 회사의 내부통제 이행 실태를 지속적으로 점검해 금융업종별, 회사 규모에 맞게 내부통제가 실질적으로 작동할 수 있도록 뒷받침해야 한다.

셋째, 직원들의 성과보수체계 혁신이 이루어져야 한다.
단기수익 창출이 최고의 가치로 인정받는 금융업 현실에서 회사 내에서 법규준수, 금융소비자 보호를 내세우는 내부통제 준수 주장이 제 목소리를 내기는 쉽지 않다. 경영진이 위험관리나 준법 부서보다 영업 파트에 힘을 실어주는 분위기에서, 판매 실적과 연동되는 강력한 성과보수KPI 체계는 직원의 업무 행태에 큰 영향을 끼치게 된다. 모든 금융상품의 불완전판매와 부동산 PF 등 과도한 위험 추구 행위의 배경에는 잘못된 성과보수체계가 있다고 볼 수 있다. 직원들의 인센티브 구조를 살펴보면 장래 그들의 행동을 충분히 예상할 수 있다.

2023년 모 은행 직원들이 고객 몰래 문서를 위조해 불법 계좌를 개설한 행위가 적발되었다. 이는 2016년 미국 웰스 파고Wells Fargo 은행에서 비이자수익 증대를 목표로 은행원들에게 수백만 개의 계좌 개설 목표를 제시해, 은행원들이 고객 동의 없이 별도로 은행 계좌나 신용카드 계좌를 개설해 큰 파문을 일으킨 사건과 아주 유사했다. 웰스 파고 은행은 허위 계좌 개설로 미국 소비자금융보호국으로부터 1억 8500만 불의 벌금과 연방준비제도로부터 자산동결, 이사진 교체의 중징계를 받았다. 두 사건 모두 개인 KPI를 올리기 위한 행위가 사고를 낸 배경이었다.

금융회사가 직원별 매출, 이익 창출 규모에 의한 KPI를 운영함에 따라 직원들은 고객에게 상품의 위험성에 대해 제대로 설명하지 않은 채 판매에만 신경 쓴다. 지난 여러 번의 금융사고에서 금융회사는 고위험의 복잡한 투자상품을 확정금리 상품과 같이 설명하고 팔았는데, 일선 창구에서는 그 상품구조를 이해하고 팔았는지, 자신이 고객이라면 그 상품을 구입했을 것인지 의문이 드는 상황이었다. 푸줏간에서 자기가 먹고 싶지 않은 고기를 손님에게 팔아서야 되겠는가?

사회에 커다란 파장을 일으킨 금융사고가 터지더라도 회사 경영진은 성과보수를 받고 자기 직위를 보전하는 데 큰 장애가 없다. 경영진은 리스크는 타 경제주체에게 전가하거나 뒤로 미루어 영업 성과를 부풀리고 금융사고로 인해 사회에 커다란 피해를 끼쳐도 거액의 보수를 챙겼다. 마찬가지로 판매 직원도 성과급을 받았다.

회사 경영진은 자기 임기 내에 성과와 보상을 모두 취하려는 욕망을 가지기 쉽다. 지배구조법에서는 임원과 금융투자 담당자의 성과보수를 이연 지급하는 규정을 두고 있다. 이는 임직원이 단기간에 고위험 상품을 팔아 성과를 낸 뒤 이직하는 등의 도덕적 해이를 막기 위해 성과급을 여러 해에 걸쳐 나눠 주도록 하는 것이다. 금융감독원에서 2022년 중 증권회사의 부동산 PF 관련 임직원 성과보수체계를 점검했다. 점검 결과, 일부 회사의 경우 성과급을 이연하지 않고 지급하거나, 지급 기간도 임의로 단축하는 사례가 있었던 것으로 확인되었다.

금융회사의 올바른 경영은 정당한 KPI 기준 마련에서부터 시작되어야 한다. KPI 기준에서 금융업 본연의 가치창출, 금융소비자 보호 등 '공공성'의 비중을 강화해야 한다. 아울러 성과평가 기준은 금융상품 불완전판매 성과는 배제하고 중장기적 성과를 반영하며, 회사에 손실을 발생시키거나 금융사고로 사회에 피해를 끼쳤을 경우 나중에 이익을 환수clawback하도록 구성해야 한다. 성과보수체계가 임직원의 장기성과에 기반한 인센티브 강화라는 본연의 목적을 실효성 있게 집행할 수 있도록 면밀히 보완되어야 한다.

앞서 언급한 대로 일부 은행에서는 내부통제 시스템이 제대로 작동해 부실 고위험 상품 판매를 막아 위험을 회피해 회사의 손실을 막았다. 그러한 행위는 정당하게 평가받아야 한다. 올바른 KPI 산정은 금융회사 임직원의 올바른 동기부여에 큰 힘이 될 것이다. 금융회사 및 당국의 실증적 분석과 개선이 지속되어야 한다. 실효성 있는 내부통제가 회사의 가치를 제고하고, 지속가능한 발전을 담보한다는 점에 대한 모두의 이해가 절실하다.

지배구조와 내부통제의 혁신은 공정한 금융업 발전의 필수 요건이다

지배구조나 내부통제의 해법은 너무 복잡할 이유가 없다. 제도개선 내용은 누구나 이해하고 실천할 수 있게 명확해야 효과적일 것이다. 퓨전 요리와 같이 음식 구성이 너무 복잡하면 음식 맛에 집중하기 쉽지 않다.

지배구조는 공정하고 독립적인 이사회가 구성되도록 사외이사를 공들여 선정하고, 이사회는 능력 있고 도덕적인 경영진을 선임해 이들이 제 역할을 하도록 올바른 평가·보상 과정을 이행한다. 이사회는 회사 경영진이 아닌 주주, 금융소비자 등 모든 이해관계자가 납득할 수 있는 역할을 수행해야 한다.

내부통제는 먼저 정직하고 유능한 리더가 내부통제를 중시하는 조직문화를 만들고, AI를 이용한 금융사고 예방시스템 등 내부통제 인프라에 대한 투자를 아끼지 않아야 한다. 그리고 권한과 책임 및 업무 절차를 명확히 규정하고 권한에 따른 책임이 투명하게 이행되도록 한다. 또한 성과보수체계도 금융회사의 역할, 공공성 평가를 강화해 그에 대한 직원의 동기부여를 촉진한다. 성과보수체계는 '부실 경영의 근원'이 아니라 '건전 경영의 기초'가 되어야 한다. 이상의 내부통제 시스템, 성과보수체계 개선과 아울러 금융업 종사자의 직업적 윤리의식 고양도 필수적이다. 아무리 시스템이 철저하다 해도 사람이 나쁜 마음을 가지면 금융사고를 막기는 쉽지 않다.

금융회사 지배구조 및 내부통제의 혁신이 이루어지면 금융회사의 책임성이 제고되고, 금융회사에 대한 신뢰가 커져 우리나라 금융업의 건전한 발전을 위한 든든한 밑받침이 될 것이다. 이를 위해서는 금융회사, 금융당국의 노력뿐 아니라 회사 경영진, 이사회의 역할에 대한 주주, 언론, 시민단체, 회사 노동조합 등의 감시와 협조가 더욱 소중하다.

08

공정 금융을 위한
금융회사의 사회적 책임

2019년 11월 처음 발생한 것으로 보고된 코로나19 바이러스는 수백만 명의 생명을 앗아갔을 뿐 아니라, 경제·사회·문화 등 모든 영역에서 인류에게 커다란 영향을 끼쳤다. 특히 전염병 확산을 막기 위한 사회적 거리 두기social distancing 등으로 경제 활동이 위축되어 세계 대부분의 나라가 경제적 위기 상황을 벗어나고자 유동성을 확대했고, 그에 따라 자산가치가 많이 올라 경제적 불평등은 더욱 커지게 되었다. 반면 금융회사는 부동산 가격 상승에 따른 담보대출 증가로 이자수익이 크게 증가했다. 2022년 코로나가 진정된 이후 각 나라에서는 과도한 유동성, 우크라이나 전쟁 등 국제 분쟁, 기후위기로 인한 농작물 수확 감소 등으로 높아진 물가를 진정시키고자 금리를 올렸다. 금리 상승기에 예대마진 확대 등으로 금융회사의 이익은 더욱 증가했다.

이처럼 국민들은 팬데믹 이후 높은 물가와 금리, 경기 위축으로 큰 경제적 어려움을 겪고 있는데, 금융회사는 2023년 사상 최고의 수익을 실현해 임직원들이 높은 성과급, 명예퇴직금을 받아 사회적으로 '공공성 논란'이 크게 일어났다. 금융회사의 높은 수익이 경영 혁신이나 만족스러운 금융서비스에 기반한 자기들의 노력과 성취에 의한 것이라면 논란이 그리 크지 않았을 것이다. 사람들은 금융회사의 성취에 대해 금융이 경제거래에 기여해서라기보다 팬데믹이라는 시대적 환경과 제도적 특혜에 따른 것이었다고 생각한 것이다.

정유업계도 마찬가지였다. 우크라이나 전쟁의 영향 등으로 국제유가가 상승함에 따라 석유회사들도 높은 수익을 올렸는데, 석유회사가 유가 상승에 기여한 것이 있기는 한 것인가? 금융회사나 정유회사 모두 세계 유동성 과잉 상황, 국제분쟁에 따른 우연한 힘이 작용해 성과가 커진 횡재windfall gain라고 사람들은 생각한다.

금융회사는 예금자, 투자자, 보험계약자 등 다양한 이해관계자와 관계를 맺고 있어 고유의 경제적 역할과 더불어 이해관계자에 대한 소임까지 포괄하는 '사회적 책임CSR, Corporate Social Responsibility'이 중요하다. 따라서 금융회사가 사회적 책임 역할을 제대로 하고 있는지 살펴볼 필요가 있다. 공공성 논란 이후 금융권은 소상공인에 대한 이자 부담 경감 등 상생 금융지원 확대 대책을 내놓았다. 금융회사는 사회적 논란에 따른 취약계층 지원 등의 대처보다는 사회적 책임에 대한 체계적 이해에 기반해 지속성 있는 역할을 실천하는 것이 중요하다.

기업의 사회적 책임은 시대별로 기업과 사회 간의 상호작용이 이루어지는 모습에 따라 다양한 개념으로 발전해 왔다. 20세기 중반까지는 CSR 개념은 주로 기업 소유주의 기부 활동과 관련되었다가 점차 윤리적 책임으로 확대되어 갔다. 1970년대 이후에는 기업이 사회 전반에 걸쳐 막대한 영향력을 행사하게 됨에 따라 환경, 노동권, 소비자 보호 분야 등으로 CSR 논의가 구체화되었다.

1990년대와 2000년대에는 글로벌화와 함께 유엔, OECD 등 국제기구를 중심으로 환경 및 사회적 책임에 대한 글로벌 시민의식이 국제적으로 확산되었다. 유엔 산하 기관인 글로벌 콤팩트UN Global Compact에서는 2004년 인권, 노동, 환경, 반부패 분야의 열 가지 사회적 원칙을 기업들에 제시했는데, 이는 기업들이 그 원칙을 기업 운영과 경영전략에 포함시켜 기업의 사회적 의무와 책임을 다하도록 해 기업의 지속가능성을 향상하도록 하는 데 그 목적이 있다. OECD는 2013년 다국적기업의 책임 있는 비즈니스 활동을 위한 '다국적기업 책임경영 가이드라인'을 제정했다. 가이드라인은 환경, 인권, 부패, 소비자 보호 등 총 11개 장으로 구성되었다.

2008년 글로벌 금융위기는 금융시장 참가자의 책임지지 않는 행동으로 나타났다고 할 수 있다. 글로벌 금융위기 이후 금융회사의 사회적 책임에 대한 논의는 더욱 확대되었다. 그동안 금융회사는 막대한 이익을 올리고 있었음에도 사회적 책임에 인색했으나, 금융위기로 막대한 세금이 경제위기 극복에 쓰여 시민 부담이 가중되면서 사회적 책임경영이 요구되었다. 그에 따라 금융회사는 취약계층에 대한 금융지원 및 금융서비스 확대에 더욱 관심을 기울였다.

2010년대 이후에는 CSR이 기업의 전략적 경영과 연계되어 기업의 장기적 지속가능성을 위한 필수 요소로 자리 잡아갔다. 또한 기업이 환경, 사회적 책임경영, 건전한 지배구조를 통해 지속가능한 발전을 추구하는 ESG Environmental, Social and Governance 경영전략이 부각되면서, 기업의 사회적 책임이 기업에 대한 투자의사 결정의 중요한 기준이 되어가고 있다.

1970년 밀턴 프리드먼이 ≪뉴욕타임스≫에 "기업의 사회적 책임은 이익을 증진하는 것"이라는 글을 발표해서 사회적으로 큰 반향을 일으킨 적이 있었다. 이렇듯 이전에는 기업은 주주의 이익을 극대화하기 위해 존재하고, 이익을 내는 활동 자체가 곧 사회 기여라는 '주주자본주의

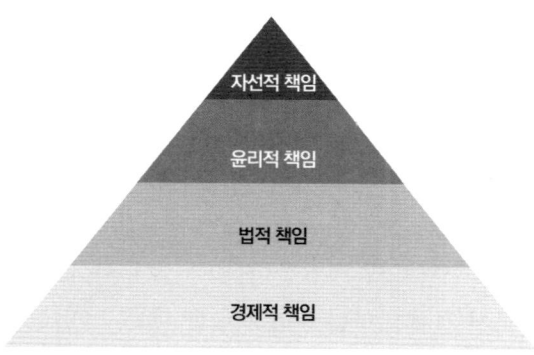

그림. 아치 캐럴 교수의 CSR 피라미드

shareholder capitalism'가 주류였다.

그러나 이제는 기업의 사회적 책임, ESG 경영을 강조하고 노동자, 협력업체, 소비자 등 이해관계자들을 주인처럼 존중하는 '이해관계자 자본주의stakeholder capitalism'로 흐름이 변화하고 있다. 더욱이 규제산업인 금융업은 자격을 취득한 자에게만 허용되고 허가받은 금융회사에는 많은 제도적 혜택이 있고, 소비자 및 기업의 자금을 운용해 수익을 올리는 특성이 있으므로 일반 기업과는 다른 차원의 '마땅히 져야 할' 사회적 책임이 요구된다.

1991년 미국 조지아 대학교 아치 캐럴Archie Carroll 교수가 기업의 사회적 책임을 4단계의 피라미드 모형으로 발표한 이후 CSR 이론에서 4단계 모형이론이 많이 인용되고 있다. 피라미드의 제일 아래 1단계는 경제적 책임Economic Responsibility이다. 기업이 제품과 서비스의 생산, 유통, 판매를 통해 경제적 가치를 창출하는 것으로 기업의 가장 기본적이면서도 중요한 역할을 나타낸다.

2단계 법적 책임Legal Responsibility은 기업이 제품 생산은 물론 회계, 경영 활동 과정에서 법규를 준수함을 의미한다. 3단계는 윤리적 책임 Ethical Responsibility이다. 이는 법적 규제보다 더 넓은 범위에서 기업이 사회에 이롭도록 도덕적인 규율을 준수하고, 이해관계자의 윤리적 권리를 존중하기 위한 노력을 말한다. 마지막으로 4단계는 기업이 창출한 이윤의 일부를 소외계층 지원 등 사회복지를 증진시키는 프로그램에 적극적으로 참여하는 자선적 책임 Philanthropic Responsibility을 의미한다.

아치 캐럴 교수의 CSR 개념을 원용해 금융회사의 사회적 책임을 ① 금융회사로서 경제적 역할을 다해야 할 책임, ② 법령을 준수하고 윤리적 경영을 해야 하는 책임 및 ③ 사회에 공헌할 책임으로 나누어 생각해 보고, 마지막으로 근래 중요성이 강조되고 있는 ④ ESG 경영에 있어서 금융회사의 역할에 대해 살펴보도록 하겠다.

금융회사의 구체적 사회적 책임

첫째, 금융회사의 가장 큰 사회적 책임은 '금융 본연의 역할' 수행이다.
금융회사의 가장 중요한 사회적 책임이행은 무엇보다 스스로 리스크를 부담하면서 민간의 투자 활동을 지원하고 금융서비스를 제공하는 '금융 본연의 역할'을 제대로 수행하는 것이라 할 수 있다. 자본이 필요한 실물경제에 자금을 공급하는 기능, 개인과 기업의 위험을 관리해 주는 기능, 소비자의 부를 관리해 주는 기능, 금융결제의 안정성·편의성을 제고해 주는 기능을 금융업종별, 금융회사별 특성에 맞게 잘 이행하는 것이다. 금융업은 또한 정보통신 기술을 활용한 디지털 지급, 온라인 금융상품 개발 등 과학기술 발전과 결합해 시대가 요구하는 금융서비스를 제공해 경제에 '혁신의 활력'을 불어넣는 역할을 한다.

1장 「금융의 역사와 바람직한 금융의 역할」에서 살펴본 바와 같이 금융은 사람들이 새로운 사업을 위한 자금이 필요하거나 경제거래의 위험을 회피하고 편의성을 증진시키고자 할 때 은행제도, 주식·채권 시장의 발명, 위험 회피를 위한 보험상품, 거래 변동성을 완화해 주는 파생상품 개발 등 창의적인 아이디어로 그 필요성을 충족시켜 주었다. 그러나 금융의 비중이 커질수록 금융업은 주택담보대출 등 안정적인 영역에서 주로 자금을 운용해 실물경제 지원 역할은 줄어들어 경제혁신과 성장에 도움이 되지 못하고 있다. 또한 더 많은 수익을 위해 금융상품 자체를 거래하는 비중을 키워 금융거래 위험을 키우고, 사회의 경제적 불평등을 심화시켰다는 비판을 받는다. 이익을 절대 중시하는 금융업의 행위는 사회 전반에 돈을 최고의 가치로 여기는 배금주의적 가치관이 확산되는 데 영향을 끼쳤다.

　우리나라에서도 금융업이 해방 이후 짧은 기간에 산업화를 이루는 데 커다란 역할을 했고, 발전된 정보통신 기술로 금융소비자가 인터넷뱅킹, 간편지급 등 금융혁신 서비스를 이용할 수 있었다. 하지만 그 이면에는 금융시장의 위험관리 실패로 IMF 경제위기, 저축은행 사태 등을 겪으며 국민에게 큰 부담을 지웠고, 잘못된 성과보수 체계에 기반한 단기이익 추구 영업으로 크고 작은 금융사고를 일으켜 소비자에게 재산상 피해를 끼쳤다. 또한 보이스피싱, 인터넷 도박 등 디지털 범죄에 금융이 이용되거나, 금융서비스 제공 시 고령층 등의 디지털 정보 격차 digital divide가 발생하는 등 디지털 경제 이행 과정에서 부작용이 발생하기도 했다. 금융혁신의 이름으로 새로운 서비스를 제공할 때에도 다른 부작용은 없는지 면밀하게 살펴볼 필요가 있다.

　금융회사의 경제적 책임이행이 꼭 거창하고 색다른 것을 의미하지는 않는다. 금융회사가 금융 업무를 건전하게 영위해 국민에게 만족스러운 금융의 효익을 제공하고, 그에 대한 대가로 충분한 이익을 실현해 회사의 '재무건전성'을 유지하는 것도 중요한 경제적 책임의 이행이다. 금융회사가 부실해지면 공적 자금 투입 등 사회적 부담이 커지고, 경제 시스템은 효율적으로 작동되지 못한다.

한편 근래 관심이 커지고 있는 기업가치 상승에서 강조하고 있는 기업이익의 주주환원 확대는 금융회사의 경우 이를 금융회사의 건전성과 연관해 고민해 볼 필요가 있다. 금융회사의 건전성 유지는 금융회사의 매우 중요한 과제다. 경기침체 등 국가 경제가 위기에 처할 경우, 금융회사는 국가 경제의 안전판 역할을 한다. 금융회사의 재무건전성이 부실해질 우려가 있는 상태에서 무리하게 주주환원을 확대할 경우 소탐대실이 될 수 있다. 당연히 금융회사 주주의 가치는 존중되어야 한다. 금융회사의 건전성 유지와 주주가치 제고의 가치가 균형을 이루도록 해야 한다.

둘째, 법령 준수 및 윤리적 경영의 책임을 충실히 이행한다.

이는 금융회사가 금융거래 관련 법규를 준수하고, 사회의 윤리적 기대에 맞게 합리적인 경영 활동을 해야 한다는 사회적 책임이다. 고객의 자금을 바탕으로 사업을 하고 신뢰 유지가 생명인 금융회사에는 너무나 당연한 사회적 책임이다. 금융회사가 경제적 책임은 이행하지만, 법적 책임을 소홀히 한다면 이해관계자로부터 손해배상 책임, 민사·형사상 책임을 지는 법률 리스크를 부담하거나, 회사 이미지 하락 및 그로 인한 손실을 지는 평판 리스크reputation risk에 맞닥뜨릴 수 있다.

또한 법적으로는 금융회사의 책임이 아니라 하더라도 사회 구성원들의 윤리적 공감대를 고려하는 '윤리적 책임'을 다해야 할 경우가 있다. 2008년 여러 수출 기업이 통화 옵션 계약인 KIKO에 가입했다가 환율이 폭등하면서 피해를 본 사건에서, 수출기업들은 나중에 KIKO 계약이 불완전판매 거래였다고 주장하며 소송을 했지만 대부분 기업이 패소했다. 파생상품에 대한 높은 전문 지식을 가진 은행이 고객의 투자 목적과 조건에 맞는 상품을 권유했어야 함에도, 환율 변동에 따라 커다란 손실을 부담할 수 있는 상품을 중소 수출 기업들에 적극적으로 권유했다는 점에서 은행도 '도의적 책임'에서 자유로울 수는 없을 것이다.

금융의 역사에서 금융회사가 법적·윤리적 책임을 이행하지 않아 커다란 리스크에 직면한 사례는 금융사고의 역사와 동전의 앞뒷면과 같다고 볼 수 있다. 금융회사가 당장은 높은 이익을 시현하더라도 회사가 법적·윤리적 책임을 이행하지 못한다면 시장과 소비자로부터 신뢰를 상실해 결국은 회사가 지속가능한 성장을 이루지 못할 것이다.

우리나라에서는 금융회사 및 금융당국이 준법 관련 내부통제를 강화하겠다는 노력과 다짐을 계속하고 있음에도, 금융회사 직원의 횡령사고, 업무상 취득한 내부 정보를 이용한 사익 추구 등 소비자의 신뢰를 무너뜨리는 행위가 계속되고 있다. 금융회사 임직원의 이익과 지위 보전을 위한 행위의 동기가 준법·윤리 경영의 가치를 압도하기 때문에 근본적 행동 변화로 이어지지 못하고 있다. 금융사고가 발생해도 금융회사는 법률회사 등을 이용해 책임을 축소하고 당장의 위기만 벗어나려는 행위가 계속되고 있다. 회사의 지속가능성을 위해서라도 준법·윤리 경영의 가치가 회사경영에서 '기본값'으로 정착되어 있어야 한다.

중국 춘추전국시대의 정치사상가인 맹자는 의인지안로義人之安路라는 말을 했다. 이는 "올바름은 인간이 살아가는 길 중에 가장 편안한 길이다"라는 뜻으로, 인간이 세상을 살아가는 수단이 정당해야 함을 강조한 말이다. 금융회사도 준법, 윤리경영을 하면 국민의 신뢰를 받고 편안한 성장의 길을 걷게 될 것이다.

홍콩은 아시아의 금융 허브 중 하나로 수백 개의 국제적 금융회사가 활발하게 영업하고 있음에도, 커다란 금융사고가 잘 발생하지 않고 안정적인 금융시장이 유지되고 있다. 그 배경에는 금융회사의 준법감시 조직이 전문성을 기반으로 독립성을 갖고 있고, 이들의 활동을 존중하는 금융문화가 중요한 역할을 하고 있다고 한다. 금융회사가 법령을 준수하고 윤리적 책임경영을 하겠다는 의지를 갖고, 금융당국과 준법 사항과 관련해 상시적으로 소통하고 협력하는 홍콩 금융시장의 준법경영 문화를 참고할 필요가 있겠다.

셋째, 사회에 공헌할 책임도 중요한 금융회사의 역할이다.
기업이 이익의 일부를 사회에 지원하는 자선적 책임은 기업의 경제적 책임, 법 준수 및 윤리적 경영책임에 비해 그 중요성이 상대적으로 크다고 보기는 어렵다. 하지만 금융회사는 소비자의 금융자산을 위탁, 운용해 경제적 이익을 얻는 특성이 있고, 공공적 역할이 중요해 그 책임이 작다고만 할 수는 없다. 금융회사는 이윤 극대화가 경영목표가 될 수 있지만, 존재의 유일한 목적이 되어서는 안 된다. 금융회사의 경영 활동이 모든 이해관계자에게 이익이 될 때 국민으로부터 신뢰를 받아 건전한 회사 발전이 가능할 것이다.

필자가 구정 전날 은행을 방문했을 때의 일이다. 주택가 지점인 데다 명절 전날이라 창구는 북새통을 이루었다. 바쁜 가운데 여러 노인 고객들이 소액 계좌이체 등을 요구해 은행원들이 매우 힘든 상황이었다. 그럼에도 빠른 손놀림으로 정성껏 친절히 응대하는 은행원의 태도에 깊은 인상을 받았다. 금감원에 재직할 때에는 어느 지방은행의 금융교육 봉사 동아리에서 지방 오지를 마다하지 않고 열심히 교육 봉사활동을 다니는 것을 본 적이 있었다. 이러한 사례들을 통해 수익성을 넘어서는 금융회사의 공공적 역할에 대해 다시 생각해 보게 되었다.

포용 금융적 관점의 사회공헌 책임

금융의 사회공헌 책임은 여러 가지로 생각할 수 있으나, 사회적 약자의 금융 접근성을 높이고 취약계층 금융소비자를 보호하는 '포용금융'적 관점을 우선적으로 고려할 수 있다. 세계은행은 2000년대 초 포용금융을 "개인과 기업이 금융배제financial exclusion에서 벗어나는 상태"라고 정의했으나, 2018년에는 "모두가 쓸모 있는 금융상품과 서비스에 유용하고 편리하게 접근할 수 있는 상태"라고 능동성을 강조해 포용금융의 개념을 확장했다.

취약계층을 포함한 모두의 금융 접근성이 높아지는 포용금융이 확장되면 소득불평등과 빈곤율이 완화되어 경제성장에 긍정적인 영향을 끼치고 금융안정에도 기여해 궁극적으로 금융발전을 촉진할 수 있다. 우리나라 금융당국에서는 서민의 금융부담 완화, 청년·취약층에 대한 맞춤형 금융지원, 취약 채무자 보호 등을 포용금융의 우선적 추진 사항으로 한다. 경제적 어려움에 처한 사람에 대한 금융 지원은 매우 요긴한 사회 안정망의 보완적 기능을 한다고 할 수 있다.

근래 국내 노동시장, 대학 등 여러 부문에서 외국인 비중이 증가하고 있는 현실을 고려해 외국인 거주자의 금융 접근성 제고에 대한 대책도 중요하게 생각할 필요가 있다. 금융 취약계층별로 가장 필요한 금융서비스는 다를 것이다. 이들의 금융 니즈에 맞는 금융 접근성 확대에 대한 고민이 중요하다.

오늘날은 '풍요 속의 빈곤'을 고민해야 하는 시대이다. 우리 경제가 외형적으로 크게 성장한 이면에는 여러 계층 국민의 희생이 있었다고 할 수 있다. 현대사회에서는 모든 것이 협동을 통해 이루어진다. 경제성장의 혜택이 모두에게 미칠 수 있도록 정부, 금융업계는 노력할 필요가 있다.

금융권의 서민금융 공급 규모가 2022년 9.8조 원, 2023년 10.7조 원으로 증가하고 있으나, 취약계층의 금융 수요, 우리나라 금융업 성장 규모에 비하면 미흡한 수준이다. 금융위원회에서는 2023년 금융기관들과 연계해 취약계층의 불법 사금융 피해를 막기 위해 신용점수를 따지지 않고 최대 100만 원까지 대출해 주는 '소액생계비 대출'(2025년 3월 말부터는 '불법 사금융 예방 대출'로 명칭을 변경했다)을 출시했는데 신청이 폭주했다. 취약계층에게는 신용거래에서 소액의 어려움이 발생하더라도, 실제 경제 활동에서 받게 되는 불이익은 매우 크다. 금융권에서 취약계층의 금융서비스 이용 문턱을 조금만 낮추어도 많은 사람들이 '불법 사금융'으로 넘어가는 것을 방지할 수 있음을 보여주는 사례다. 실제로 코로나19 팬데믹 이후 취약계층의 불법 사금융 이용이 크게 늘어나면서, 금감원의 '불법 사금융 신고센터'에 접수된 신고, 상담 건수가 2021년 9,919건에서 2024년 15,397건으로 55.2%나 증가하였다.

우리나라는 고용시장이 안정적이지 못해 취업자 중 자영업에 종사하는 사람들의 비중이 세계에서 아주 높은 편이다. 통계청 2024년 6월 말 경제활동인구조사에 의하면 자영업자 수는 570만 명에 달한다. 그중 '생계형' 자영업자가 늘어난 수에 비해 경기불황으로 폐업하는 자영업자의 수가 큰 폭으로 증가하고 있다.

3개 이상의 금융회사로부터 대출을 받고 있어 채무불이행 위험이 큰 다중채무자의 숫자가 2024년 2분기에 457만 명이고, 이들의 대출금액은 575조 원(NICE 평가정보)에 육박한다. 우리나라 경제의 제일 큰 위협요소로 평가받는 가계부채는 총량이 큰 것도 문제이지만 부채의 성격이 더 걱정스럽다. 특히 자영업자의 부채부실이 제일 커다란 위험요인이 되고 있다. 2024년 6월 한국은행 금융안정보고서에 의하면 자영업자 대출 연체율이 빠른 속도로 상승해 2022년 2분기 말 0.5%에서 2024년 1분기 말 1.52%까지 약 3배 수준으로 높아졌다. 폐업 자영업자에 대한 채무조정과 함께 업종 전환 지원 프로그램 등 적극적인 대책 마련이 시급한 실정이다.

장강명의 소설 「현수동 빵집 삼국지」에는 100미터 거리 안에 빵집이 세 곳이나 생기고 이들이 어떻게든 살아남기 위해 치열하게 경쟁하는 자영업자의 이야기를 실감 나게 그리고 있다. 그들은 빵 하나라도 더 팔기 위해 빵값을 내리고, 영업 시간을 연장하기도 한다. 결국 세 빵집 중 한 곳이 문을 닫는 것으로 이야기는 끝나지만, 두 집의 앞날도 순탄하지는 않을 것이다. 생존을 위해 자영업을 창업할 수밖에 없고, 그들끼리 한정된 파이를 나눠 갖기 위해 분투하는 오늘날 우리 경제의 모습을 날것 그대로 보여주는 소설 같지 않은 소설이라고 하겠다.

취약계층의 경제적 어려움은 그리스 신화에서 하늘을 떠받치는 형벌을 받은 거물신 아틀라스Atlas가 어깨에 무거운 짐을 진 것과 같을 것이다. 이들의 고충에 대해 매번 이자 유예, 대출 연장 등 임시방편적인 사후적 대책만 계속하는 것에 대해서는 고민이 필요하다. 시간이 걸리더라도 금융기관, 금융당국이 서민금융 이용 자료를 면밀히 분석해 경제위기 가구에 대해 서민금융과 고용·복지를 연계하는 시스템 마련, 중·저신용자용 대출 규모 확대, 채무조정 강화 등 취약계층에 실질적이고 지속적인 도움이 될 수 있는 대책 마련이 긴요한 시기다.

사회적 금융 활성화를 통한 사회공헌 책임성 제고

포용금융과 아울러 '사회적 금융social finance'에 대한 금융권의 역할도 더

그림. 사회적 금융의 개념

구분	자선, 기부	사회적 금융 (광의)	사회책임투자	일반 투자
추구 가치	사회적 가치	사회적 가치 우선 / 동시 추구	재무적 가치 우선	재무적 가치
투자 대상	공익법인·단체(NPO)	사회적 경제기업 등	ESG 준수 영리 기업	영리 기업

자료: 금융위원회 보도자료, "사회적 금융 활성화 방안"(2018.2.8).

커질 필요가 있다. 사회적 금융은 주로 사회의 공공 이익과 공동체 발전에 기여하는 가치를 우선 추구하는 '사회적 경제 기업'(사회적 기업, 협동조합, 자활기업, 마을기업 등)에 대해 투자·융자·보증을 통해 자금을 지원하는 금융 활동을 의미한다. 넓은 의미로는 공익법인에 대한 보조금grant과 자선 행위도 포함하거나, 사회적 가치의 개념을 넓게 적용해 환경·사회적책임·지배구조ESG 우수기업에 투자하는 사회책임투자Social Responsibility Investment까지 포괄하기도 한다.

현재 금융권의 사회적 금융은 은행권에서 '사회적 경제 기업'에 대한 대출이 주를 이루고 있는데, 앞으로 은행 이외 타 업권에서도 사회적 금융 참여가 활성화될 필요가 있다. 정부가 일자리 부족, 경제 양극화 확대, 복지 수요 증대 등 사회문제 모두를 전적으로 감당하기는 힘들다. 민간 영역에서 사회문제의 일부를 스스로 해결하려는 경제 활동이 활성화되도록 금융권이 사회적 금융을 적극적으로 지원할 가치가 있다.

금융업권별 사회공헌 실적

금융회사의 사회공헌 실적은 업권별 협회를 통해 공개되고 있다. 은행연합회는 서민금융, 지역사회·공익, 학술·교육, 문화·예술·체육, 환경, 글로벌 6개 분야에 2020년 1조 929억 원, 2021년 1조 617억 원, 2022년 1조 2380억 원, 2023년 1조 6349억 원의 사회공헌 활동 금액을 공시했다. 2023년에는 금융권 '공공성' 논란에 따라 공헌 금액이 증가된 측면이 있다. 이익 규모가 컸던 2022년에는 그 전해보다 사회공헌 금액이 감소하기도 하는 등 사회공헌 실적이 안정적이라그 보기 어렵다. 또한 은행권 사회공헌 실적 중 서민금융 지원은 공적 보증기관의 보증과 휴면예금이 포함되어 있어 순수한 사회공헌이라 보기 어려운 측면이 있다. 또한 공헌금액에는 은행이 마케팅이나 홍보 등의 목적으로 문화·예술행사 후원금을 내거나 체육구단을 운영하는 데 드는 비용이 포함되어 있다.

생명보험협회는 생명보험회사들이 출연(2023년 1063억 원)한 생명보험사회공헌재단, 사회공헌기금, 사회공헌지정법인 3개 운영 기관에서 공동 사회공헌 사업을 하고 있으며, 개별 회사에서도 사회공헌활동을 하고 있으나 회사별로 지원 실적의 편차는 크다. 손해보험협회는 사회공헌협의회를 구성해 손해보험업권 특성에 맞는 긴급재난구호 지원사업, 종합재해대응 공동사업 등을 추진하고 있으나, 활동 실적 및 지원 규모가 업권 규모에 비해 미흡한 수준이었다. 금융투자협회의 홈페이지에서는 협회 차원의 사회공헌 실적만 일부 게시되었고 회원사의 사회공헌 실적은 찾기 어려웠다. 여신금융협회의 홈페이지에서는 업권의 사회공헌 공시 내용을 확인할 수 없었다.

이상을 보면 매년 최고 실적을 경신한다고 알려진 금융회사의 사회공헌이라고 하기에는 믿기 어려울 정도의 미흡한 사회공헌 실적이 공시되고 있었다. 은행권 및 생명보험 업권의 공시 내용은 어느 정도 충실하다고 할 수 있었으나, 공시 수준이 업권별로 차이가 컸으며 일부 업권은 사회공헌 공시가 이루어지지 않거나 형식적인 공시에 그치는 등 체계적이지 못한 모양새이다.

금융회사는 업권별 특성에 맞는 금융 분야에 실효성 있는 사회공헌 활동을 적극적으로 하는 것이 바람직하다. 저소득 취약계층에 대한 저축계좌 개설, 대출 지원, 일자리 창출 및 지역사회 발전을 위한 펀드 조성, 재난 구원사업, 취약계층에 대한 금융교육 강화 등 금융회사별 여건에 맞는 사회공헌을 적극적으로 이행할 필요가 있다. 골프대회 후원 같은 마케팅 내지 홍보 목적의 행사 지원은 사회공헌이라 보기 어렵다.

금융당국에서도 금융회사의 사회공헌 현황을 정확히 파악할 수 있도록 공시 체계를 개선하고, 업권별 사회공헌 모범 사례를 공유해 금융회사의 참여를 적극적으로 유도하는 등 금융업의 사회공헌을 확대하고 체계적으로 발전시켜 나갈 필요가 있다.

금융회사의 기업 ESG 경영에 있어서의 역할

현대 경제에서 기업은 경제적 가치뿐 아니라 기업의 환경 보호 수준 Environment, 사회적 책임이행 정도 Social responsibility, 건전한 지배구조 구축 Governance과 같은 비재무적 사항에 대해서도 '지속가능 경영'의 요소로 평가받고 있다. 금융회사 자체 경영에 있어서도 ESG 요소를 회사의 리스크 관리 체계로 통합해 관리할 필요성이 증가하고 있다. 예를 들어 금융회사의 '사회공헌 프로그램'을 일관되고 효과적으로 운영하기 위해 이사회 내 사회공헌을 위한 별도의 '사회공헌위원회'를 설치하고 지원조직을 강화하는 방향으로 지배구조를 개선하는 것이 의미가 있다.

또한 금융회사는 ESG 기준을 투자의사 결정에 활용해 책임투자를 하고, 환경친화적 투자 자금을 마련하기 위해 발행되는 녹색 채권green bond 등 ESG 관련 금융상품을 개발하는 것이 중요한 ESG 경영이라고 할 수 있다. 금융회사 스스로의 ESG 경영과 아울러 일반 기업의 ESG 경영 활성화를 위해 금융회사가 '지원 역할'을 하는 것도 금융회사의 사회적 책임이행으로써 의미가 크다.

최근 기후변화가 거시경제, 특히 물가에 미치는 영향에 대한 우려가 증대하고 있다. 한국은행의 「기후변화가 국내 인플레이션에 미치는 영향(2024.7)」 보고서에 따르면 기후변화의 영향으로 2040년까지 농산물 가격은 0.6~1.1%, 전체 소비자물가는 0.3~0.6% 높아질 것으로 예측되었다. 기후변화는 인플레이션 상방 압력을 높이고 경제 변동성을 증대시키는 요인으로 작용할 수 있다. 이러한 가운데 환경 문제와 관련해 탄소 배출 기업이 환경 개선에 크게 이바지하는 녹색기업Green Company으로 전환하는 과정에서, 금융회사가 ESG 컨설팅 및 R&D 지원, 사회적 채권 등 ESG 연계 금융상품 개발, 자산관리 등에서 적극적인 역할을 할 수 있다.

한편 기업의 경영 활동이 환경에 미치는 영향, 사회적 책임 그리고 지배구조의 투명성 등을 공개적으로 보고하도록 하는 지속가능성(ESG) 공시 의무화가 국제적으로 요구되고 있다. 대한상공회의소 등 기업의 입장을 대변하는 기관이나 일부 언론에서 지속가능성 공시가 기업의 부담을 가중시켜 경쟁력을 저하시킬 것이라고 주장하며 도입 연기를 주장하고 있다. 하지만 ESG 공시는 이미 글로벌 기준이 되었고, 공시는 회사를 위한 것이 아니라 투자자를 위한 것이다. 국제시장에서 자금 조달을 해야 하는 회사 입장에서 ESG 공시는 피할 수 없는 상황이다. 유럽

연합은 2025년부터 ESG 전 영역에 대한 기업 정보를 사업보고서에 공개하고, 미국은 2026년부터 기후 리스크 관련 정보를 재무제표에 공시해야 한다.

환경권은 기본적 인권일 뿐 아니라 미래 국제경쟁력의 핵심이 되고 있다. 정부나 기업 모두 ESG 공시를 전향적인 자세로 접근해 내실 있게 준비해 우리나라가 글로벌 시장에서 뒤처지는 우를 범해서는 안 될 것이다. 모두가 녹색금융은 선택이 아닌 필수라는 인식을 가져야 하는 시대에 살고 있다.

금융회사의 '경제적 가치'와 '사회적 가치'는 동행한다

오늘날 기업의 사회적 책임은 단순히 기업이 사회에 기여해야 한다는 당위의 차원이 아니라 지속가능한 발전을 위한 경영의 중요한 전략 요소가 되었다. 더욱이 시장경제에서 커지는 금융의 비중, 금융의 공공성을 생각할 때 금융회사는 경제적 책임, 법령 준수 및 윤리적 경영의 책임, 사회공헌 책임 모두에서 일반 기업과는 차원이 다른 훨씬 큰 책임성이 요구된다. 그러나 금융회사의 경영시스템이 지나치게 단기이익을 좇고, 사회적 책임에 대한 경영진의 인식도 높지 않은 상황이다. 임직원의 성과평가지표에서부터 회사의 수익 기여도뿐 아니라 준법경영, 소비자 보호, 취약계층 지원 등 사회적 책임에 대한 평가를 강화할 필요가 있다.

금융당국도 금융회사의 사회적 책임이행을 금융회사 경영실태평가에 일부 반영하는 것에 그쳐서는 안 된다. 회사의 사회적 책임에 대한 공시 체계 개선, 모범 사례 공유를 비롯해, 각종 인허가 시 사회적 책임이행 정도를 연계하는 인센티브를 통해 금융회사의 사회적 책임이행을 체계적으로 활성화할 필요가 있다.

 금융회사는 사회적으로 금융회사의 공공성 논란이 일 때마다 마지못해 사회공헌 금액을 소폭 증액하는 방식으로 대응할 수 있는 단계가 아니다. 금융회사에는 건전한 경영과 공공적 역할의 균형을 통해 금융시장의 안정과 국가 경제발전에 기여해야 할 사회적 책임의 이행 요구는 더욱 커질 것이다. 금융업계는 회사의 경제적 가치economic value와 사회적 가치social value는 별개라는 인식에서 벗어나야 할 때이다. 금융회사의 지속가능한 성장, 금융업의 신뢰도 제고, 국가 경제 및 공동체 구성원의 이익을 위해 금융업권, 금융당국 모두 금융회사의 사회적 책임에 대한 인식을 다져야 할 때다.

09

금융소비자의 권리보호는
어떻게 이루어지는가?

가수가 아무리 음정과 박자를 잘 지켜 노래를 유창하게 불러도 가슴에 와 닿지 않으면 사람들은 감동을 느끼지 못한다. 금융회사도 형식적 판매 절차를 지켜 수익을 많이 올리고 외형적으로 날로 성장하더라도, 고객들에게 만족스러운 금융서비스를 제공하지 못하면 인정받는 금융회사가 되기 어려울 것이다. 소비자 보호를 가볍게 여긴다고 말하는 금융회사는 없다. 수익성만 최고의 가치로 삼고, 금융소비자 보호를 부수적인 문제로 생각하는 금융회사라면 고객의 마음을 움직일 수 없다. 말과 행동이 다르면 행동만이 인정받을 뿐이다. 말에는 비용이 들지 않지만, 행동에는 책임이 뒤따르기 때문이다.

2020년 금융위원회에서 실시한 '금융소비자 보호에 대한 인식조사'에서 국민은 금융회사의 행동에 대해 "사고가 생기면 책임을 회피한다"(78.2%), "금융회사 경영진이 소비자 보호에 관심이 없다"(71.0%)라고 생각하며, 금융서비스 이용 시 "너무 어려운 상품 내용"(89.0%), "과도한 영업 관행"(83.1%)에 불만을 표시하고 있었다. 한국소비자원의

「2021년 한국의 소비생활 지표 산출 연구」에서도 소비생활 분야별 중요도에서 금융 분야는 2013년 2.1%에서 2021년 12.2%로 6배 정도 대폭 증가했으나, 소비생활 만족도는 69.7%로 전체 평균 67.0%를 약간 웃돌 뿐이었다.

금융시장에서 사람들은 여러 금융사고를 겪으며 스스로의 권리보호를 위해 금융상품을 제대로 알아야 한다는 인식을 갖게 되었다. 그러나 금융상품에서 쓰이는 개념은 추상적인 데다 내용이 복잡해 소비자가 금융상품 구조를 제대로 이해하기는 쉽지 않다. 금융소비자는 금융상품에 내재된 위험 요소에 둔감하기 쉽다. 외화로 표시된 금융상품에 가입한 소비자가 금융시장의 환율 변동 가능성에 대해 그다지 중요하게 생각하지 않는 경우가 그렇다.

금융소비자는 금융회사의 공신력과, 금융당국이 시장에서 공정한 심판자의 역할을 할 것이라 믿고 복잡한 금융상품에 가입했다. 그러나 금융소비자들은 크고 작은 금융사고를 겪으면서 회사가 우월한 협상력을 이용해 금융상품에 대해 사실과 다르게 설명하거나 중요한 내용을 알리지 않아 금융거래에서 속지 않을까 두려워한다.

금융소비자는 거래조건을 분명히 이해하고 금융상품을 선택할 수 있어야 한다. 따라서 금융상품은 알기 쉬운 용어로 설명되어야 한다. 금융상품 판매 과정에서 금융회사가 어려운 전문용어나 뜻이 모호한 약관을 깨알같이 적어놓고 확인 서명을 받아서는 안 될 일이다. 금융회사가 소비자의 합리적인 선택을 방해하는 행위는 불완전판매가 될 수 있다. 그래서 상법 및 각종 금융 관련 법령, 금융당국의 감독, 금융회사 내부통제 관리 강화 등 여러 규제 장치를 두어 금융거래 계약의 신뢰성을 보완하고 있다.

미국의 정치철학자 프랜시스 후쿠야마는 『트러스트Trust』에서 "제도와 시스템이 중요하나 사회 발전을 담보하지 않는다. 사회가 지닌 신뢰의 수준에 따라 국가나 산업의 경쟁력이 결정된다"라며, 신뢰를 사회적 자본의 핵심 요소라고 강조했다. 우리 국민은 약속과 신뢰를 매우 소중하게 생각한다. IMF 외환위기 등 경제위기 시절에 채무자들은 아무리 빚 갚기에 어려움을 겪어도 채무 조정이 이루어지면 채무상환 약속을 이행하려고 최선을 다했다. 사회적 협동은 서로의 믿음을 전제로 한다. 금융은 특히 그러해 금융업에는 신뢰가 한 몸처럼 붙어 있어야 한다. 신뢰에 금이 가면 금융거래가 지속되기 어렵다.

금융사고 이후 금융소비자 보호제도의 변화

인간이 설계한 금융제도는 숱한 금융사고를 거치며 부족한 점이 보완되면서 발전해 왔다. 금융소비자 보호의 역사도 마찬가지다. 미국에서는 대공황 이후 예금보험제도가 도입되었고, 1980년대에는 저축대부조합들이 부동산 대출 등 고수익·고위험 대출을 늘렸다가 지급불능 상태에 빠졌던 저축대부조합 위기Savings and Loan Crisis 이후 저축대부조합에 대한 감독과 규제가 강화되었다(그 과정을 보면 우리나라 저축은행 사태와 매우 유사하다). 1990년대와 2000년대 초반에는 신용카드 남용과 대출 관행 문제가 발행하면서 신용카드 관련 규제 강화 조치가 있었다.

하지만 2007년부터 벌어진 서브프라임 모기지 사태는 세계 실물경제에 미친 영향뿐 아니라 소비자에게 끼친 피해 면에서도 다른 금융사고와는 차원이 달랐다. 글로벌 금융위기 이후 2010년 '도드-프랭크법'이 제정되고, 소비자금융보호국CFPB이 설립되는 등 금융소비자 보호를 위한 제도 보완이 대폭 이루어졌다. 미국에서 CFPB가 설립되기 전에는 금융소비자 보호 업무가 여러 감독기구로 분산되어 전문적인 감독 역량이 부족했었다.

　CFPB가 만들어지는 과정은 엘리자베스 워런 상원의원의 저서 『싸울 기회A Fighting Chance』에 자세히 묘사되었다. 책에서는 CFPB의 기능을 축소하려는 대형 금융회사의 집요한 로비와 저항이 언급되어 있다. 그녀는 CFPB의 초대 청장으로 유력한 후보였으나, 기득권 세력의 집요한 반대로 고문에 위촉되는 데 그쳤다. 그러나 CFPB가 자리 잡는 데 커다란 역할을 했다. 2008년 금융위기는 미국뿐 아니라 전 세계적으로 금융소비자 보호의 중요성을 확산시키는 중요한 계기가 된다.

　영국도 2005년경 은행의 지급보증보험PPI 불완전판매 사태 이후 감독기관이 금융상품과 관련해 금융시장에 개입할 수 있는 '금융상품 개입제도'를 제정했으며, 2008년 글로벌 금융위기 이후 금융규제를 대폭 강화하고 금융소비자 보호를 위한 여러 개혁을 단행했다. 그러한 조치에도 불구하고 영업 행위 금융감독청FCA, Financial Conduct Authority에서는 금융소비자 권익 침해가 계속되고 있다고 판단해 2022년 새로운 소비자보호제도A new consumer duty를 도입해 시행하고 있다. 새로운 소비자보호제도는 첫째, 금융회사는 소비자에게 긍정적 성과를 제공하는 목표를 설정한다는 소비자 원칙consumer principle, 둘째, 소비자에게 신의를 다해 행동하고 피해를 예방한다는 지배규정cross-cutting rules, 셋째, 소비자에게 필요한 상품 및 서비스 설계, 공정한 가격, 소비자의 이해 등의 성과기준outcomes으로 구성되어 있다.

　이 제도의 제일 중요한 원칙은 금융회사는 원칙적으로 모든 행위를 소비자 입장에서 고려하도록 하는 것이다. 금융상품 판매 시 단순히 설명의무만 이행하는 것이 아니라 소비자가 '실제로 상품 내용을 이해'하는지에 중점을 둔다. 또한 금융상품 및 서비스 가격의 공정성·합리성을 회사 스스로 평가하고 입증하도록 하는 등 금융회사에 적극적인 금융소비자 보호의 역할을 요구했다.

우리나라에서도 여러 금융사고에서 소비자 피해를 겪고 난 뒤, 금융소비자 보호를 위한 규제가 강화되고 소비자 보호 방안이 도입되었다. IMF 외환위기 등 커다란 경제위기 후에는 금융감독체계도 변화를 겪었으며, 2012년에는 금융감독원 내에 준독립기구 형태로 금융소비자보호처가 설치되었다. 그 뒤로도 여러 금융사고를 겪으며 금융소비자보호처의 기능이 지속적으로 보완, 강화되었다.

'금융소비자보호법' 제정

우리나라에서는 2008년 KIKO 사태와 2011년 저축은행 사태 등의 금융사고를 겪으며 금융소비자 보호 강화에 대한 필요성을 크게 느껴 2011년 '금융소비자 보호에 관한 법률'(금소법)이 최초로 발의되었다. 그러나 금융업계에서 금융소비자 보호 규제가 강화되면 금융산업 성장에 부담이 되고 금융혁신을 통한 소비자 혜택이 줄어든다는 논리로 반대하는 등 사회적 합의가 이루어지지 않아 실제 입법에는 이르지 못했다. 그러나 2019년 종전의 금융사고와는 소비자 피해 규모가 확연히 다른 부실 사모펀드 사태를 겪고 나서 금융소비자 보호에 커다란 공백이 존재한다는 데 사회적 공감대가 형성되면서 2020년 3월에 금소법이 국회를 통과했다. 이는 우리나라 금융소비자 보호의 역사에서 커다란 전환점이 되었다.

금소법은 금융소비자의 권리 강화, 금융회사의 책임성 제고 및 건전한 금융시장 질서 구축을 통해 금융소비자 보호의 실효성을 제고하는 것을 목적으로 한다. 금소법은 기존의 은행법 등 금융업권별 법령에 흩어져 있던 금융소비자 보호 규제를 통합하면서 금융소비자 보호를 강

표. '금융소비자보호법' 주요 내용

금융소비자 (권리 강화)	금융회사 (의무 강화)	금융당국 (감독 수단 강화)	분쟁조정 (실효성 제고)
청약철회권[1]	소비자 보호 관련 내부통제 마련, 관리 책임	소비자 피해 우려 시 판매제한 명령	소액 분쟁 사건 조정이탈 금지[3]
위법계약의 해지권	6대 판매 규제[2]	징벌적 과징금, 과태료 상향	진행 중인 소송 중지
권리구제 목적의 자료열람요구권	설명의무 위반 시 손해배상 입증책임 전환		

주: 1) 상품 가입 후 일정 기간 내 계약을 철회할 수 있는 권리.
　　2) 적합성 원칙, 적정성 원칙, 설명의무, 불공정 행위 금지, 부당 권유 금지, 광고 규제.
　　3) 권리 가액이 2000만 원 이내인 경우 분쟁조정안 제시 전까지 소송 제기 금지.

화하는 여러 법률 조항을 신설했다. 이는 〈표〉에서 구분한 바와 같이 ① 위법계약 해지권 등 금융소비자의 권리를 강화하는 조항, ② 소비자 보호 관련 내부통제 마련 책임 등 금융회사의 의무를 강화하는 조항, ③ 금융당국의 금융상품 판매제한 명령 등 감독 수단 강화 조항, ④ 소액 분쟁 사건 조정이탈 금지 등 분쟁조정 실효성 강화 조항 등으로 구성되어 있다.

　　금소법 제정으로 금융소비자 보호에 커다란 진전이 있을 것으로 기대하고 있지만, 금융회사의 일선 영업 현장에서는 상품 판매 시 고객의 '형식적 동의'만 늘어나는 등 절차만 복잡해졌다는 지적도 있다. 고객이 '알지 못하고 하는' 동의는 분쟁 시 금융회사의 면책 근거로 활용될 수 있을 뿐이다. 또한 금소법은 판매 행위 규제에 중점을 두고 있어, 금융회사가 상품설계 단계부터 소비자 보호를 위해 능동적으로 행동하도록 하기에는 부족한 면이 있다.

　　금소법 제정 이후 변화하는 시장 환경에 대한 규율 보완이 필요하다. 금소법의 판매 행위 관련 규제는 대부분 대면거래의 판매 권유를 중심으로 만들어져 디지털 금융 환경에서의 특성 반영이 미흡하다. 온라인 환경에 적합한 적합성 원칙, 중요 내용 설명 및 사용자의 의사결정을 방해하는 온라인 설계dark pattern 방지 등 디지털 금융의 특성을 고려한 규제 보완이 필요하다.

또한, 정보통신 기술과 금융 그리고 산업이 융합되어 가는 환경에서 핀테크, 빅테크 기업 및 전자상거래 업체 등의 금융 행위와 관련해서도 소비자 보호 규율이 정밀히 보완되어야 한다. 아울러 금융상품 제조와 판매가 분리되는 추세에서 금융상품 판매에 집중하는 금융회사나 보험독립대리점GA, General Agency 등 전문 판매 채널에 대한 책임성 제고 방안도 고민해야 한다. 금융거래가 나누어질수록 책임 영역이 모호해지고 자기 책임의식은 더욱 약해진다.

금소법이 금융소비자의 권익 증진 및 금융회사의 책임성 강화에 중대한 전환점이 된 것은 사실이다. 하지만 금소법이 진정한 금융소비자 보호를 위한 법으로 확실히 자리 잡기에는 부족한 면이 있다. 금소법을 환경 변화에 맞춰 지속적으로 보완하여 소비자 보호를 위한 실질적인 법으로 뿌리내리도록 해야 한다. 금소법만으로 금융소비자 보호가 전부 담보된다고 할 수 없다. 금융업이 국민의 신뢰를 얻고 진정한 소비자 보호를 실현하기 위해서는 금융회사, 당국, 소비자 세 축에서 금융시장 참가자 모두의 노력이 모여야 가능할 것이다.

소비자와 접점에 있는 금융회사의 노력

금융회사의 소비자 보호는 소비자의 권리보호에 대한 명확한 경영 비전 구축, 구체적인 경영 활동 과정에서 소비자 보호의 가치 구현, 금융 취약계층 보호 강화라는 세 가지 측면에서 생각해 볼 수 있다.

첫째, 회사의 모든 경영 행위를 소비자 입장에서 실천하겠다는 명확한 '경영비전'을 갖고 있어야 한다.

이는 소비자의 권리보호를 진정으로 이해하는 경영진의 행동에서 시작된다. 소비자를 존중하는 경영 이념이 최고 경영진부터 일선 직원까지 체화되어 조직문화로 스며들어야 한다. 소비자 보호는 소비자 보호 전담 부서만의 일이 아닌 회사 전체의 지배구조, 경영전략, 내부통제 활동 등 모든 분야의 경영목표로 구현되어야 실효성 있는 소비자 보호가 이루어질 수 있다.

경영의 목표는 '회사의 이익'과 '소비자의 혜택'이 일치되도록 정해져야 한다. 금융회사의 경영 비전은 소비자의 합리적인 기대에 대해 신뢰와 성실을 바탕으로 행동한다는 '신의성실'의 원칙에 중점을 둔다. 소비자와 금융거래 시 소비자의 이익을 고려하지 않거나, 회사의 이익을 위해 소비자의 감정이나 행동편향을 이용한 상품 판매 행위는 금융회사의 가장 기본의무인 '신의성실'을 해치는 것이다. 기업가 고故 정주영 회장은 "사업은 여러 번 망해도 다시 일어설 수 있지만, 신용은 한 번 잃으면 끝이다"라는 말을 남겼다.

둘째, 소비자 보호의 경영목표가 금융상품 제조, 판매, 사후관리 프로세스에 구체적 행동 양식으로 구현된다.

금융회사는 금융상품의 라이프사이클(제조, 판매, 사후관리) 모든 단계에서 실효성 있는 내부통제, 민원 관리, 외부규제를 '유기적으로 결합'해 상시적으로 소비자 보호에 나서야 한다. 내부통제가 철저한 금융회사와 그렇지 못한 회사의 금융사고 발생 수준과, 금감원에서 실시하는 금융소비자 보호 실태 평가 결과에는 큰 차이가 있다.

• 금융상품 제조 단계

금융상품은 계약 기간이 길고 대량으로 판매되는 특성이 있어 상품 제조 단계부터 철저한 통제가 이뤄져야 소비자 보호에 효율적이다. 금융상품이 일단 판매되고 나면 계약 기간 중에 상품을 교정하기는 어렵다. 상품 제조 단계에서 위험관리를 소홀히 해 커다란 수습비용을 치른 사례는 모든 금융사고에서 찾아볼 수 있다. 금융소비자의 필요에 적합한 상품 및 서비스를 설계하고, 금융상품의 가격 및 서비스 비용도 소비자의 관점에서 공정하게 설정되어야 한다.

• 금융상품 판매 과정

금융소비자 보호의 규율은 상품 판매 과정에서 엄격히 지켜져야 한다. 금융소비자의 필요에 맞는 상품, 서비스를 제공하고, 소비자가 올바른 의사결정을 내릴 수 있도록 상품·서비스 정보를 적기에 제시하며, 소비자가 명확히 이해할 수 있도록 중요 사항을 설명한다.

    금융상품 판매 과정에서 금융소비자가 상품 내용을 제대로 이해할 수 있도록 정보를 제공하는 것은 쉬운 일이 아니다. 워런의 책에는 미국 CFPB와 관련한 '한 장짜리 대출 계약서' 이야기가 있다. CFPB에서는 2008년 금융위기 시 많은 사람이 대출 계약을 제대로 이해하지 못한 상태에서 대출을 받게 된 이유 중 하나가 엄청난 양의 서류 때문이라고 판단했다. CFPB에서는 우여곡절 끝에 짧고 읽기 쉬운 한 장짜리 양식을 만들어, 관찰자 측에만 보이도록 설계된 거울방에서 소비자들이 이를 제대로 이해하는지 실험했다. 종전에는 우리에게도 너무나 익숙한, 소비자가 내용을 모르고 은행원이 "여기 사인하시고 … 여기 …" 하는 식이었다면, 이번 실험 대상자들은 변동금리 상품의 미래 대출 상환액을 확인하고는 대출 가입을 보류했다.

금융회사는 금융소비자가 어려운 금융상품은 내용을 알고 가입하기 어렵다는 편견을 버려야 한다. 금융상품을 가입할 때 '알고 하는 동의'가 이루어지도록 최대한 고객 입장에서 상품설명서, 약관이 만들어져야 한다. 금융회사에서는 금융소비자에 대한 행동 과학적 분석을 통해 금융상품 판매 과정에 진정한 변화가 이루어지도록 노력할 필요가 있다.

소비자가 금융의 효용을 얻는 것이 금융의 존재 이유이고, 소비자 보호가 최고의 영업 행위라는 인식이 필요하다. 회사의 영업 부문과 소비자 보호, 준법 부서의 의견이 다를 때 영업 부문의 목소리에만 귀를 기울이면 소비자 보호는 요원한 일이 된다. 금융상품 제조와 판매가 분리되는 현상이 늘어나는 환경에서는 소비자의 효용보다 판매자의 이익이 우선되기 쉽다. 부실 사모펀드·ELS 사태, 일부 보험독립대리점의 무리한 영업 행위 모두 소비자의 입장보다는 판매자의 관점을 우선하다가 일어난 일이다.

소비자의 희생 위에 미래의 회사 수익과 평판을 해치며 현재의 이익만 채우는 '단기성과주의'는 소비자 보호의 가장 큰 장애물이다. 단기 수익 위주의 판매전략과 성과보상 체계에 대한 혁신이 필요하다. 경영진의 보상 체계는 해당 연도의 매출, 이익이 아니라 회사의 장기성과를 반영하고, 지급 기간도 장기에 걸쳐 나누어지도록 해야 한다. 또한 임원의 보수 지급 기준과 지급액을 명확히 알 수 있도록 공시해, 단기성과 추구에 따른 위험 유발 가능성을 검증받도록 해야 한다. 또한 경영진 재임 기간 중 불법행위 등으로 소비자에게 커다란 피해를 끼쳤으면 성과급을 환수하는 체계가 필요하다.

• 금융상품 판매 사후관리 단계

금융상품 판매 사후관리 단계에서의 소비자 보호에도 정성을 기울여야 한다. 회사는 금융소비자의 목소리를 계약 과정의 단순한 이해 다툼으로 생각할 게 아니라, 업무 프로세스의 문제 발생 가능성에 대한 소중한 '경고 신호'로 받아들일 필요가 있다. 금융소비자의 목소리를 '문제의 예방' → '문제점 해결' → '시스템 개선'이라는 소비자 보호의 선순환 구조를 구축하는 데 적극 활용해야 한다.

민원 처리 과정에서 법이나 제도적으로 불가능한 사안인데도 억지 주장을 하는 '악성 민원인' 문제도 고민이 필요한 지점이다. 금융회사 입장에서 이는 참으로 곤혹스러운 부분이다. 하지만 금융상품 제조, 판매, 사후관리 모든 과정에서 '정도'를 지키면 악성 민원인 문제는 조금이라도 줄어들 수 있을 것이다. 상품 판매 과정에서 소비자의 상품에 대한 이해를 고려하지 않고 회사나 판매자의 이익을 우선하는 무리한 영업이 악성 민원의 발단이 되는 경우가 많다. 또한 민원 대응 과정의 조그만 다툼이 감정적으로 커다란 문제로 발전해 나중에는 어찌 손쓰기 어려운 상황이 되기도 한다. 모든 게 정도를 지킬 때 불필요한 어려움이 줄어드는 게 세상 이치다.

셋째, 금융업의 신뢰 회복 및 사회적 책임의 구현을 위해 '취약계층에 대한 소비자 보호'를 강화할 필요가 있다.

취약계층의 금융 접근성 확대, 이들에 대한 소비자 보호 강화는 금융회사의 사회적 책무라 할 수 있다. 금융 취약계층 보호는 금융회사의 일선 창구에서 시작된다. 2010년경 필자가 국민 민원 처리를 담당하는 부처에 파견 근무 갔을 때의 경험이다. 그 당시는 2008년 글로벌 금융위기 여파로 취약계층의 가계 소득이 줄어들고 실업률이 높아진 상태에서 높은 시중 금리로 채무상환에 어려움을 겪고 있는 국민들의 민원이 매우 많았다. 민원인의 채무상환 의지가 확고하고, 채무 금액이 과도하지 않은 경우 채무조정*이 가능했다. 민원인과 금융기관의 담당자 사이에서 채무 금액 조정 노력을 많이 했다. 그때 금융기관 직원의 민원 해결에 대한 의지와 태도에 따라 채무조정이 성공하는 확률이 확연히 달랐다. 금융기관 일선 직원의 업무 태도가 금융소비자 보호에 결정적인 요인이 될 수 있음을 인식하게 된 경험이었다.

취약계층이 금융상품과 서비스를 유용하게 활용할 수 있도록 돕는 것은 금융회사의 기본적인 역할 이행이자 사회적 책임이행의 중요한 부분이라 할 수 있다. 금융회사의 특성에 맞게 중저신용자에 대한 신용공급, 사회책임 투자, 재난구호 지원사업 등을 확대하는 것이 필요하다. 이러한 노력은 금융업의 신뢰도를 제고하고 평판을 개선해 사회 및 금융 시스템의 안정화에 기여하고, 금융회사의 지속가능한 성장에도 도움이 될 것이다.

금융당국의 소비자 보호를 위한 노력

금융당국의 소비자 보호를 위한 관점은 금융정책 수립 및 시장 거래질서 확립 과정에서 소비자 보호의 가치 구현, 포용금융의 확대, 소비자의 금융 이해력 향상이라는 세 가지 측면에서 생각할 수 있다.

• 채무조정은 채무자의 경제 회복과 채무상환 불이행으로 인한 사회적 비용을 최소화하기 위한 제도로, 금융회사나 신용회복위원회 등의 프리워크아웃 등 사적 채무조정과 법원의 개인회생, 파산의 공적 채무조정으로 나눌 수 있다.

첫째, 금융정책 설계 및 감독 집행에서 소비자 보호의 가치가 철저히 구현되어야 한다.

금융계약도 당사자 간의 계약이므로 금융거래 정보만 충분히 제공되면 소비자가 합리적 선택을 할 것으로 보아, 정보 비대칭을 해소하면 소비자 보호를 이룰 수 있다고 쉽게 생각할 수 있다. 금융회사의 의무와 소비자의 책무를 대등한 수준으로 생각하는 오류를 범할 수 있다는 얘기다. 현실적으로 금융계약 정보가 소비자에게 충분히 제공되더라도 금융상품을 소비자가 완전히 이해하기는 쉽지 않다. 또한 소비자 행동의 편향성, 이를 영업에 이용하려는 금융회사의 행위 등으로 금융소비자는 불완전한 선택을 하기 쉽다.

모든 금융정책을 수립할 때에는 소비자의 입장을 적극적으로 검토해 고려하는 것이 우선시되어야 한다. 전에는 금융업의 규모를 키우는 정책에 우호적이어서 금융업의 내부통제 수준을 넘어서는 규제완화가 이루어지곤 했다. '무슨 일이 벌어지겠나' 하는 안이한 마음과 '시장의 선의'에 기댄 정책이 결합될 때 금융사고가 발생한다. 금융시장에서는 규제 당국이 생각하지 못한 이례적인 상황이 항상 일어날 수 있으며, 시장 참가자는 이익 추구를 위해 규제의 허술한 부분을 집요하게 찾는다. 금융정책을 수립할 때에는 금융회사의 내부통제 수준을 고려하고, 정책 시행 후에는 시장 상황에 대한 지속적인 점검, 상황 변화에 따른 규제의 재조정이 유기적으로 이루어져야 한다.

고위험 금융상품 문제를 금융회사의 불완전판매로만 접근해서는 문제를 해결할 수 없다. 금융상품 개발 시, 회사의 내부통제 과정에서의 위험요인 점검, 새로운 유형 상품의 위험요인에 대한 금융당국의 심사 강화, 시장 상황에 대한 모니터링 강화와 이상 징후 발견 시 빠른 대처를 통해 소비자의 피해를 막아야 한다. 상품 개발에 대한 금융회사의 자율

그림. 2023년 중 금감원에 접수된 금융권역별 민원 현황

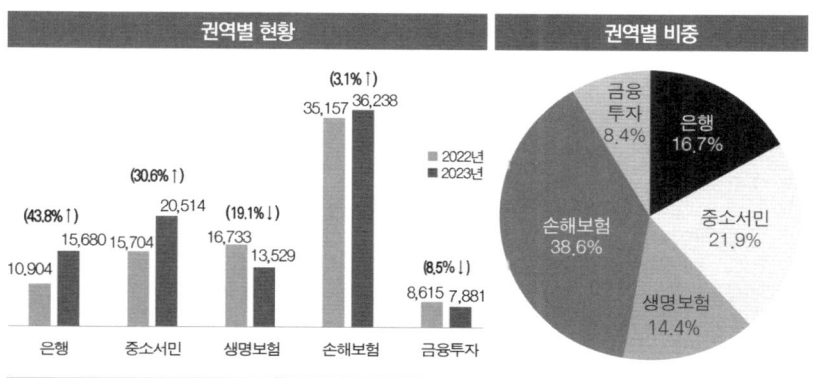

자료: 금융감독원 보도자료, "2023년 금융 민원 상담 동향"(2024.4.22).

성·창의성 존중과 금융소비자 보호 간의 합리적인 균형점을 찾는 것이 중요하다.

또한 공정하고 엄정한 시장 거래질서를 확립해 금융소비자 보호 기반을 튼튼히 한다. 고객은 금융회사에 대한 믿음을 갖고 복잡한 금융상품에 가입하는데, 거래당사자 한쪽만 내용에 대해 확실성을 갖거나 설명한 상품 내용과 실제 거래에서의 의미가 달라서는 공정하지 않다. 2023년 중 금융감독원에는 9만 3842건의 민원이 접수되었는데, 그중 상품 부당 권유, 상품 설명 불충분 등 불건전 영업 행위가 높은 비중을 차지했다. 모든 업권에서 영업 관련 민원이 증가하고 있다. 〈그림〉에서 보는 바와 같이 2023년 중 금융감독원에 접수된 민원의 권역별 비중은 보험, 중소서민, 은행, 금융투자의 순이다.

보험은 다른 권역에 비해 상품 내용이 복잡하고 계약 기간이 장기인 데다, 사고가 발생해 보험금 지급 이슈가 생기면 그 규모가 커서 약관 해석 및 계약 체결 내용에 대한 분쟁이 일어나기 쉬운 구조적 특성이 있다.

그에 따라 세계 어느 나라나 금융업 민원 중 보험 관련 분쟁이 제일 많다. 그러한 원인에 덧붙여 저출생, 고령화로 보험 영업의 신규 창출이 쉽지 않고, GA 등 판매조직의 과열 경쟁으로 인해 민원이 증가하는 면도 있다. 하지만 보험 민원의 발생을 보험업의 구조적 특성과 보험 영업 환경의 어려움에만 돌려서는 보험 민원을 줄이기 어려울 것이다.

보험계약자의 가장 큰 불만은 보험에 가입할 때는 회사가 자세히 설명하거나 확인하지도 않으면서, 나중 보험금 지급 사유가 생기면 꼼꼼히 따진다는 점이다. 보험영업 환경의 어려움은 연금보험, 유병자보험, 펫pet보험 등 고객의 보험보장이 필요한 새로운 '시장 수요'를 찾아 해결해야 한다. 상품 가입 단계부터 계약자의 눈높이와 필요에 맞게 보험상품을 정확히 설명하고 관리하도록 노력하는 것이 중요하다.

보험이란 제도는 '어려움에 처한 사람을 돕는다는 상부상조相扶相助'의 고귀한 마음과 인간의 위험 회피라는 필요에 의해 만들어졌다. 그러한 보험의 기본 정신을 살려 소비자의 신뢰를 얻기 위해 노력하면, 현재의 어려움도 극복할 수 있을 것이다.

은행, 금융투자, 중소서민 분야에서도 권역별로 금융사고 이슈가 생긴 해에는 민원 발생이 크게 증가한다. 금융사고나 민원은 결국 회사나 직원의 이익 추구 동기에 따른 불건전한 영업에 주로 기인한다. 금융 민원 감축에는 왕도가 없다. 금융당국은 금융상품의 제조·판매·사후관리 과정의 내부통제 이행, 성과보수 체계 정비, 금융시장 상시 감시 체계 강화 등을 통해 철저히 대응해 가는 수밖에 없다.

금융당국은 금융회사에서 '실질적' 내부통제에 실패해 '다수의 소비자 피해가 발생하는 등 사회적 물의'를 일으켰을 때는 과징금, 인적 제재 등 책임을 엄격히 물어야 한다. 우리나라에서는 소비자 피해가 상당히 발생한 금융사고 뒤 행정제재에 항상 솜방망이 처벌이라는 비판이 따라온다. 미국, 영국에서는 금융회사의 불완전판매에 대해 천문학적 수준의 벌금을 부과한다. 미국은 글로벌 금융위기 당시 뱅크오브아메리카, JP모건 등에 수십조 원의 벌금을 부과한 바 있다.

금융권의 빠른 환경 변화와 새로운 금융 관행을 법률이 바로바로 따라가기는 현실적으로 매우 어렵다. 그러한 한계로 영미권 국가에서는 금융회사가 사회에 피해를 끼쳤을 때에는 매우 높은 수준의 벌금을 부과하고 있다. 엄정한 사후 제재는 제재 그 자체보다 미래의 사고 예방을 위한 중요한 처방이 될 것이라는 점에서 의미가 있다고 하겠다.

둘째, 금융당국에서는 포용금융 확대를 위해 더욱 노력해야 한다.
정보통신 발달에 따른 금융의 디지털화, 급속한 고령화 및 늘어나는 외국인 거주자로 인해 금융소비자 계층 간 정보 격차 확대 등 금융 소외 현상이 심화되고 있다. 그에 따라 금융 취약계층에 대한 소비자 보호의 필요성이 더욱 커지고 있다. 특히 경제 상황이 악화될수록 보이스피싱, 사이버 금융사기, 보험사기, 증권 불공정거래 등 금융범죄는 늘어나고 범죄 방식은 날로 진화하고 있다. 불법행위에 대한 신고, 피해자 구제 및 단속에 있어 정부, 유관기관 간 긴밀한 협력이 필요하다. 2022년경 수많은 피해자를 낸 '전세 사기'도 문제를 처음 인지하고 경찰, 국토부, 금융당국이 좀 더 빠르게 협력해서 대응했더라면 피해자를 많이 줄일 수 있었을 것이다.

"모든 국민은 인간으로서의 존엄과 가치를 가지며, 행복을 추구할 권리를 가진다. 국가는 이를 보장할 의무를 진다"는 '헌법' 제10조를 굳이 거론하지 않더라도, 국민은 누구나 적절한 금융서비스를 받을 권리가 있고, 국가는 국민에게 금융 접근성을 제고하고 보호할 의무가 있다.

고령층, 소상공인·자영업자, 중소기업, 서민에 대한 포용금융 확대를 통해 국민의 가계 금융자산의 축적을 지원할 필요가 있다. 경제 양극화 축소와 금융시장의 안정적인 발전은 궁극적으로 국민의 소득 증가가 있어야 가능하다. 취약계층의 어려움을 정확히 분석해 이들이 경제적으로 자립할 수 있는 맞춤형 포용금융 지원 방안을 다각적으로 계속 고민해야 한다.

취약계층에 대한 '재무상담 서비스' 확대

소득 및 취업 구조가 불안하고 작은 충격에도 큰 타격을 입을 수 있는 저소득층 가계에 대해서는 재무설계, 자산·신용 관리 등에 관한 '재무상담 서비스'를 더욱 적극적으로 진행할 필요가 있다. 이들은 재무상담에 참여할 의사는 있으나 실제 재무상담 경험은 높지 않은 것으로 나타난다.

영국은 글로벌 금융위기 이후 그간의 공시주의와 자기 책임 원칙의 소비자 보호 정책이 효과가 미흡했다고 판단하고, 이후 적극적인 사전적 소비자 보호 정책으로 전환하면서 '금융자문' 서비스를 주요한 소비자 보호 수단으로 활용하고 있다. 금융자문사 등을 통해 재무적 어려움을 겪는 서민이 이용 가능한 금융서비스에 대한 정보제공 및 무료 법률자문을 실시한다.

취약계층은 보통 어려움에 부딪히고 나서 채무조정, 채무관리, 생계지원에 대해 상담을 한다. 그러나 평소 생계지원, 재무설계, 자산관리, 신용관리 등에 대한 상담을 통해 효율적인 재무관리 능력을 갖추게 되면 위기 상황에 효과적으로 대처할 수 있을 것이다. 정부는 지자체, 금융기관 등과 연계해 재무상담 서비스 확충에 적극적으로 나설 필요가 있다.

2024년 6월 금융위원회 등 여러 기관에서 노력해 '서민금융 잇다'라는 서민금융 종합플랫폼을 개설했다. 이는 서민금융상품 조회, 고용·복지와 연계한 지원, 신용·부채 컨설팅 지원 등 비대면 복합 상담을 제공하는 시스템으로 포용금융 발전의 중요한 진전이라고 생각한다. 앞으로 여러 부처가 협력해 비대면 플랫폼뿐 아니라, 전국 서민금융통합지원센터를 중심으로 찾아가는 상담 서비스 등 더욱 발전된 재무상담 제도가 정착되도록 할 필요가 있다.

불안정하고 급변하는 경제 환경에서 누구나 취약계층이 될 수 있다. 우리는 경제적 혜택을 받지 못하는 계층의 관점에서 사회를 바라보고 이해할 수 있어야 한다. 그러한 이해를 바탕으로 모두가 인간다운 삶을 보장받고, 건강한 사회구성원으로 참여할 수 있는 사회제도를 만들어 나갈 때 우리가 사는 세상이 좀 더 안정적이고 공정한 사회가 될 것이다.

고령화 시대를 대비한 사적연금 활성화 필요

전 세계에서 가장 빠른 속도로 인구 고령화가 진행되고 있는 우리나라에서는 안정적인 노후 지원이 사회의 중요한 과제다. OECD의 「한눈에 보는 연금 2023」 보고서에 따르면 우리나라의 노인 빈곤율은 40.4%로 전체 OECD 가입 국가 중 제일 높다. 충분한 노후 지원이 이루어지기 위해서는 공적·사적 연금 체계가 잘 갖추어지는 것이 필수적이다. 우리나라는 1988년 10인 이상 사업장 근로자를 대상으로 국민연금제도가 도입된 지 11년 만인 1999년에야 도시지역 주민에게까지 확대되어 전 국민연금 시대가 되었다. 다른 나라에 비해 국민연금 제도가 늦게 시작되었다. 만 65세 이상의 저소득층 대상의 기초연금은 2014년에 도입되어 부족한 국민연금 제도를 보완하고 있다.

2023년 OECD 연금보고서에 의하면 한국의 공적연금 소득대체율(연금 가입 기간 평균 소득 대비 연금액 비율)은 OECD 평균 42.2%보다 11.0%p 낮은 31.2%로 국민 3명 중 1명은 연금 사각지대에 있다. 또한 맥킨지McKinsey 컨설팅사의 연구 보고서에서는 우리나라 은퇴 후 공적·사적 연금소득 대체율을 47%로 추산했는데, 이는 OECD 권고치 대비 20~25%p, OECD 평균보다 11%p 낮은 수준이다. 공적·사적 연금 모두 미흡한 수준이다.

세계은행의 1994년 「노년 위기의 모면The Averting Old-age Crisis」 보고서 이후 공적연금을 보완하기 위한 사적연금의 중요성이 강조되면서 3층 연금 체계가 제시되었다. 우리나라의 경우 3층 노후소득 보장 체계는 1층이 국민연금 등 공적연금, 2층은 퇴직연금, 3층 보장은 개인연금이라 할 수 있다.•

여기서는 사적연금인 퇴직연금과 개인연금에 대해 살펴보기로 하겠다. 사적연금의 문제점은 첫째, 퇴직연금과 개인연금의 가입률이 낮아 공적연금의 소득보장 대체 효과가 작다고 할 수 있다. 퇴직연금은 영세 중소기업 사업장과 자영업자·비정규직의 도입률이 낮아 퇴직연금의 사각지대가 광범위하게 존재한다. 앞서 언급한 연금소득 대체율 중 퇴직연금의 소득대체율이 12%로 OECD 권고치 20~30%에 비해 가장 미흡한 수준이다.

개인연금도 저소득층은 생계 부담으로, 젊은 세대는 주식 및 부동산에 대한 적극적 투자가 늘어나면서 가입률이 낮은 상황이다. 낮은 사적연금가입률은 은퇴 이후 노인 빈곤 양극화 가능성을 높인다. 영세중소

• 국민연금 개선과 관련하여 보험료율 인상(현행 9%에서 2026년부터 매년 0.5%p씩 인상해 2033년 13%에 도달)과 명목소득 대체율 상향 조정(2026년부터 43%) 등의 내용을 담은 국민연금법 개정안이 오랜 사회적 논의 끝에 국회를 통과(2025년 3월 20일)했으며, 동 법은 2026년 1월 1일부터 시행될 예정이다.

그림. 2023년도 퇴직연금 적립금 운용 현황 통계

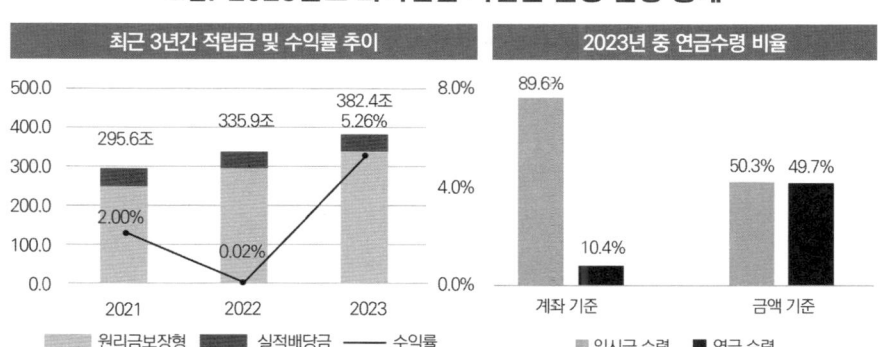

자료: 고용노동부·금감원 보도자료, "퇴직연금 총적립금 382.4조 원"(2024.5.16).

기업의 퇴직연금 가입과 저소득층 및 젊은 세대의 사적연금 가입률 제고를 위해 연금 납입액에 대한 환급형 세액공제 확대, 보조금 지급 등 과감한 재정·세제 지원 대책이 추진될 필요가 있다.

둘째, 사적연금 수령 측면에서 퇴직연금은 퇴직자 대부분이 퇴직급여를 일시금으로 수령하는 비중(2023년 중 건수 기준 89.6%)이 매우 높다. 특히 2024년 1~8월 중 퇴직연금을 중도 인출한 5만여 건 가운데 89.3%가 무주택자의 주택 구입, 전세 보증금 납입 사유로 퇴직금을 깬 것으로 금감원에서 조사되었다.

개인연금은 경제적 어려움 등으로 연금수령 요건을 채우지 못하고 중도 해약하는 비율이 높다. 퇴직연금의 중도인출 조건을 강화하고, 연금수령 시 인센티브를 강화해 연금수령 비율을 높일 필요가 있다. 개인연금도 계약 유지 및 연금수령에 대한 인센티브를 강화해 유지율을 향상시키는 것이 중요하다.

셋째, 사적연금의 자산운용 수익률도 낮은 편으로 연금자산 축적이 충분하지 않다. 퇴직연금 가입자의 안전자산 선호로 2023년 말 기준 퇴직연금 적립금 382.4조 원의 87.2%인 333조 원이 원리금 보장형으로 운용되어 2023년 중 4.08%의 수익률을 보여 실적배당형 13.27%에 비해 낮은 수익률을 보이고 있다. 2022년 퇴직연금 수익률 향상을 위해 가입자의 운용 지시가 없는 경우 사전에 정한 방법으로 운용하는 '디폴트 옵션' 제도가 시행되었으나, 여전히 원리금 보장형 가입 비율이 높은 상태다. 가입자의 운영 방법을 실적배당형으로 유도하기 위한 적극적 대책이 필요하다. 아울러 사적연금 사업자의 역할을 제고하기 위해 사업자 간의 수익률 및 수수료 공시 강화 등을 통해 사업자 간 경쟁을 제고하고, 연금 거래 비용을 효율화해 연금자산의 수익률을 높일 필요가 있다.

우리나라는 고령화뿐 아니라 저출생 문제를 동시에 겪고 있어 공적연금만으로 노후 지원 문제를 해결하기가 매우 어려운 상황이다. 사적연금 체계의 효율적 운영을 위해 정부는 연금 사각지대 축소, 연금자산 수익률 제고 및 연금 가입자의 연금수령 비율 향상을 위해 모든 지원 방안을 강구해야 할 것이다. 금융회사도 창의적인 연금상품 개발, 합리적인 수수료 부과 및 자산운용 이익률 제고를 위해 노력해야 한다. 물론 개인들도 자기 능력에 맞게 고령화 시대의 인구구조 변화에 따른 부담에 대비할 필요가 있다.

셋째, 금융소비자의 '금융 이해력 향상'을 위한 금융당국의 노력이 필요하다.
고대 아테네 도시국가의 사법 체계는 30세 이상의 시민 중 추첨을 통해 선정된 배심원들이 소송 사건에서 당사자들의 의견을 듣고 법적 판단을 내리는 배심원제도로 이루어졌다. 아테네에서는 시민들 사이에 상거래도 많고 경제 규모도 커서 해외무역도 활발했다. 법정에서 분쟁 당사자들이 주장하는 내용은 상거래 계약, 대출, 해상무역과 관련된 복잡한 금융 개념이 많았다고 한다. 따라서 당시 아테네 보통 시민들의 금융 이해

표. 금융 이해력 점수 비교

(단위: 점)

구분	금융 이해력	금융 지식	금융 행위	금융 태도
한국(2022년)	67	76	66	56
2020년[1]	65	73	66	55
OECD 평균	63	67	62	58
전체 평균	60	63	61	56

주: 1) 연도별 비교가 가능하도록 2022년 OECD INFE의 점수 산출 방법에 따라 재산출.
자료: 금감원·한국은행, "2023 OECD/INFE 금융이해력 조사 결과"(2024.3.7).

력은 상당히 높았을 것으로 추정할 수 있다. 고대 시대에서도 시민들의 금융 이해력이 중요했으니, 오늘날 모든 생활 영역에서 금융이 중요해진 금융자본주의 시대의 시민들에게 금융 이해력은 더욱 의미가 크다고 하겠다.

금융 이해력이 높은 소비자는 자신에게 필요한 금융상품을 선택하고, 금융 위험을 효과적으로 관리할 수 있다. 금융거래 당사자로서 소비자의 권리와 의무 및 금융상품의 내용을 이해할 수 있게 자질을 키우는 것은 정글과도 같은 현대 금융자본주의 시대를 살아가는 시민으로서 갖추어야 할 기본 조건이 되고 있다.

OECD 산하 금융교육에 관한 글로벌 협력기구인 INFE International Network on Financial Education에서는 국가별 성인에 대한 금융 이해력financial literacy을 조사*해 결과를 발표한다. 2023년 12월에 발표된 조사 결과에

- 개인의 건전한 금융 결정 및 금융복지 달성을 위해 필요한 ① 금융 지식(인플레이션, 이자 개념 등 7개 문항), ② 금융 행위(가계예산 관리, 저축 활동 등 8개 문항), ③ 금융 태도(저축과 소비, 미래와 현재 선호, 돈의 존재 목적 2개 문항) 등을 조사.

서 우리나라는 67점으로 OECD 20개 국가 평균 63점보다 4점 높게 나타났다. 하지만 미래와 현재, 저축과 소비의 선호 조사인 금융 태도와 디지털 보안에 대한 이해력에서는 평균에 미달해 이에 대한 보완이 필요한 것으로 보인다.

세부 연령대별로는 20대(66점)와 70대 이상 고령층(61점)에서 평균보다 낮은 점수를 보였는데, 특히 학교 의무교육을 마치고 사회생활을 시작하는 20대의 금융 이해력이 낮게 나타난 것은 학교 금융교육을 강화할 필요성을 시사한 것으로 볼 수 있다.

학교 금융교육의 중요성

금융 습관은 어릴 때부터 가정, 학교 등에서 올바르게 갖추는 것이 효과적이다. 특히 학생들이 사회에 진출하기 전, 금융 기초지식을 배우는 것이 매우 중요하다. 사회에 갓 진출한 청년들이 신용관리를 제대로 하지 못해 빚이 과하게 쌓여 불법 사금융을 쉽게 이용했다가 낭패를 보거나, 금융투자 지식이 부족한 상태에서 위험자산 투자에 올인했다가 피해를 입는 사례는 학교에서 생활 기초 금융 지식만 충실히 배웠다면 회피할 수 있었을 것이므로, 너무나도 안타까운 일이다.

학교에서의 생활금융교육의 필요성은 모두가 인정하나, 교육부에서는 사회과목 간 교육의 형평성을 이유로 통합 사회과목에 금융교육 내용을 조금 할애하거나 고교 문과 선택과목으로 '금융과 경제생활'만을 둘 뿐이다. 영국, 미국의 다수 주, 싱가포르 등 여러 나라에서는 국민의 금융 이해력 증진을 국민 복지를 위한 중요한 국가 전략으로 생각해 학교에서의 금융교육을 의무교육화하고 있다.

금융교육과 관련해 "문맹은 생활을 불편하게 하지만, 금융 문맹은 생존을 불가능하게 한다"라는 전 미국 연방준비제도 이사회 의장 앨런 그린스펀Alan Greenspan의 말이나, "학생들이 금융 지식이 없는 상태에서 사회에 진출하는 것은 수영도 안 배운 사람에게 바다 수영을 하라고 하는 것과 같다"라는 경인교대 한진수 교수의 충언은 그냥 의례적인 수사로 볼 일이 아니다. 미래세대의 건전한 경제생활을 위해서도, 금융시장의 안정적 발전을 위해서도 학생들이 의무교육 과정에서 생활 금융과 경제 관련 내용을 체계적이며 지속적으로 배울 수 있도록 교육과정에 큰 변화가 절실하다.

금소법에서는 금융위원회에 금융교육협의회를 설치하고, 금융감독원에 금융교육 업무 집행 전담기구로서 우리나라 금융교육 업무의 총괄조정 기능을 부여하고 있다. 금융감독원, 서민금융진흥원, 신용회복위원회 등 14개 금융교육 기관에서는 현재 청소년, 군 장병, 취약계층 등에 대한 금융교육을 진행하고 있으나, 소비자의 금융교육 수요에 맞는 맞춤형 금융교육을 더욱 확대할 필요가 있다. 특히 부족한 학교에서의 생활 금융교육을 보완할 수 있는 교육 프로그램을 활성화하는 것이 긴요하다.

금융교육만으로 소비자의 금융 이해력을 모두 담보할 수는 없다. 하지만 금융교육은 시민들의 금융 이해력 향상을 위한 유력한 보조 역할을 하고 있다. 금융교육은 조기에 시작하여 소비자의 상황에 맞게 평생 맞춤형으로 제공되어야 한다. 금융교육 이외에도 금융상품, 금융 관련 정보 및 회사의 재무 상황 등에 대한 효과적인 '공시시스템'을 구축하고, 유튜브 등 새로운 미디어를 활용한 소통 등 다양한 소비자의 금융 이해력 제고 방안을 추구할 필요가 있다.

금융소비자 스스로의 권리보호

우리는 조그만 생활용품을 하나 구입하더라도 제품의 용도, 가격 등을 자세히 따지는데, 정작 자신의 소중한 자산을 맡기는 금융거래에는 금융회사 직원의 말이나 주위 사람들의 의견을 그대로 따라서 금융상품을 선택하는 경향이 있다. 금융소비자는 금융거래계약의 당사자로서 권리와 책임을 인식하고, 거래 내용에 대해 관심을 갖고 행동하는 '현명한 금융소비자'가 되도록 노력해야만 한다.

그레그 스미스가 쓴 책 『내가 골드만삭스를 떠난 이유Why I Left Goldman Sachs』에는 월스트리트에서 고객의 공포와 탐욕을 요리하는 내용이 담겨 있다. 그는 은행이 고객을 ① 기관 투자가와 같이 현명한 고객, ② 게임을 하는 영악한 고객, ③ 느리고 단순한 고객, ④ 사람을 잘 믿고 질문을 어떻게 할지 모르는 고객으로 분류하는데, 네 번째 부류의 고객은 월가 금융회사의 이익 착취 대상이 될 뿐이었다고 고백한다.

금소법에서는 금융소비자의 권리를 보호하기 위해 국가, 금융회사 등 금융시장 주체별 책무를 명시하고 있다. 금융소비자는 금융시장을 구성하는 주체임을 인식하고 금융소비자의 권리를 정당하게 행사해야 하며, 스스로의 권익 증진을 위해 필요한 금융 지식과 정보 습득을 위해 노력해야 한다고 했다. 금융소비자의 권리행사는 현명한 소비자로서의 책무를 다할 때 온전히 보호받을 수 있음을 의미한다고 할 수 있다.

현명한 금융소비자는 합리적인 금융거래 습관을 갖고, 평소에 금융상품 활용 능력을 기르는 고객일 것이다. 현명한 금융소비자가 된다는 것은 정보화, 고령화 시대에, 금융이 경제 모든 부분에서 필수 항목이 되는 상황에서 생존을 위한 전제 요건이다. 소비자는 금융 역량 함양을 위해 파인fine.fss.or.kr* 등 금융정보 포털 활용 등에 노력하고, 금융거래를 할 때에는 모르는 것을 끝까지 물어 알려는 자세가 필요하다. 금융정보 탐색을 위한 스마트폰 조회는 어렵지 않고, 터치하면 쉽게 알 수 있다.

금융소비자는 금융거래에서 '무엇이 거짓이고, 무엇이 참인지' 구별할 줄 아는 판단 능력을 길러야 한다. 현명한 금융상품 선택과 금융거래 판단 능력이 금융회사의 행태 변화를 이끌어낼 수 있다. 금융시장에서는 금융회사가 일탈 행위를 하더라도 금융소비자가 그러한 회사를 배척하는 '소비자 규율'이 쉽게 작동하지 않는다. 앞으로는 금융소비자의 권리를 무시하는 금융회사는 존속이 쉽지 않다는 사실을 인식하도록 해야 한다. 수동적인 개별 금융소비자는 약하지만, 다수의 현명하고 연결된 금융소비자는 강하다.

금융회사와 금융소비자의 이익이 균형되어야 금융업이 건전하게 발전한다

이상에서 금융소비자 보호를 위한 금융회사, 금융당국, 소비자의 노력을 살펴보았다. 올바른 금융소비자 보호를 위해 우리가 가장 경계해야 할 것은 눈앞의 성과에 몰두하는 금융시장 참가자의 '근시안적 태도'일 것이다. 금융회사는 단기이익 성취를 위해 고객의 신뢰와 평판을 잃거나 미래의 지속가능한 성과를 희생했다. 금융당국은 눈앞의 정책성과를 위해 규제 정책에 치밀하지 못하고 금융시장 위험관리에 소홀했다. 이러한 근

- 금감원에서 2016년 9월 금융소비자 누구나 '금융상품 비교에서 관리까지' 모든 금융정보를 활용할 수 있도록 금융정보 종합 포털인 파인(FINE, Financial Information NEtwork)을 개설했다. 금융권의 모든 정보가 '금융상품 한눈에', '내 계좌 한눈에', '잠자는 내 돈 찾기', '통합 연금포탈', '금융 꿀팁 200선' 등 56개 카테고리로 구성되어 있다.

본 문제를 놔두고 부분적인 징후만 완화시키는 대중 처방에만 집중하는 것은 "비린내 나는 고기를 옆에 두고 눈앞의 파리 떼만 쫓는 것"과 다를 게 없다. 땜질식 처방은 해결책이 되지 못한다.

금융의 근본적인 가치가 무엇인지를 깊이 고민해 우리에게 필요한 '예방적 해결책'과 '새로운 개선안'을 생각해 낼 필요가 있다. 우리 모두의 진지한 성찰이 필요하다. 하늘을 나는 새도 두 날개가 균형을 이루어야 잘 비행할 수 있듯 금융회사, 금융소비자의 두 권익도 형평을 이뤄야 금융업이 건전하게 발전할 수 있다. 금융회사의 혁신, 경쟁, 이익을 해치지 않으면서, 진정한 금융소비자 보호를 구현할 수 있는 균형선이 지켜져야 한다. 금융소비자 보호가 단순히 거래 약자의 보호라는 측면에 그치지 않고, 금융산업의 경쟁력을 강화하는 동시에 금융시장의 안정성 유지에 기여한다는 인식을 가질 필요가 있다.

금융회사의 최고 경영진을 비롯해 전 직원은 소비자가 금융의 효용을 얻는 것이 금융의 존재 이유라는 인식을 갖고, 금융상품 제조·판매·사후관리 모든 경영 활동 단계에서 금융소비자의 권익을 보호하려는 노력을 기울여야 한다. 금융회사가 소비자로부터 정직하고 공정하다는 평가를 받는다면 시장은 그에 대해 합당한 보상을 할 것이다.

금융당국은 시장과 긴밀히 소통해 시대 환경 변화 및 소비자의 요구에 맞춰 제도를 꾸준히 보완해야 한다. 또한 언론 등 시민사회단체의 관심과 지원, 소비자 스스로의 노력이 함께 이루어져야 진정한 금융소비자 보호 정착이 가능할 것이다.

우리 모두는 소비자 보호의 중요성을 잘 알고 있다. 어려울 때일수록 '각자가 스스로 제 살길을 찾는' 각자도생이 아니라 '기본에 충실하라'는 본립도생本立道生의 마음으로 우리가 알고 있는 것을 행동으로 옮겨 진정한 금융소비자의 권리보호를 이뤄내야 할 것이다.

10

국민이 주인이 될 때
공정 금융은 이루어진다!

자본주의가 융성하면서 인류는 교육, 위생, 문화 등 생활의 모든 면에서 이전과는 비교할 수 없을 정도로 풍요로운 삶을 살고 있다. 특히 세계 경제에서 가장 큰 비중을 차지하고 국제관계에서 선도적 역할을 하는 미국은 더욱 그러할 것이라는 믿음이 강하다. 하지만 2014년부터 2017년 사이 인구통계를 보면, 미국에서는 국민의 기대여명Life Expectancy이 오히려 감소했다는 것을 알 수 있다. 저소득·저학력 백인 계층에서 약물·알코올 중독, 자살로 인한 사망이 크게 늘어 전체 인구의 기대여명이 떨어진 것이다.

미국 경제학자 앵거스 디턴Angus Deaton과 앤 케이스Anne Case는 『절망의 죽음과 자본주의의 미래Deaths of Despair and the future of Capitalism』에서 이러한 죽음을 '절망의 죽음'이라 불렀고, 그 원인으로 미국 사회의 소득 불평등, 일자리 양극화로 인한 공동체 붕괴 등으로 노동자 계급이 점진적으로 몰락한 점을 지적했다. 이러한 사회현상을 막기 위해서는 시장권력의 오남용을 방지할 공정한 시장경제의 회복이 중요하다고 주장한다. 우리나라는 알코올 중독 등의 문제에서는 미국과 다를지 몰라도 세계 최고 수준의 자살률, 청년 실업률, 경제 양극화 문제는 미국의 '절망의 죽음'을 남의 일이라고만 생각할 수 없게 만든다.

이 책은 오늘날 시장경제가 공정치 않게 작동하는 데는 현대 경제에서 절대적 비중을 차지하는 금융이 '제 역할을 하지 못하고 자기 이익 증진에만 몰두하고 있는 것은 아닌가'라는 문제의식에서 시작했다. 책에서는 금융이 바람직한 역할을 하기 위해서는 금융시장이 공정하게 작동되어야 하고, 공정한 시장을 만들기 위한 금융시장 참가자의 행동에 대해 고민해 보았다.

1부에서는 먼저 금융의 효용 및 역할, 금융의 역사 및 금융시장 실패의 사례, 금융시장 참가자의 행동을 통해 우리나라 금융시장의 현황과 문제점을 살펴보았다. 시장의 어려운 점을 크게 첫째, 금융거래의 규칙이 공정하게 만들어지고, 시대 환경 변화에 맞게 합리적으로 조정되고 있는지, 둘째, 금융당국은 금융시장의 위험과 거래질서를 잘 관리하고 있는지, 셋째, 금융업은 국민에게 적절한 금융서비스를 제공하고 그에 걸맞은 이익을 취하고 있는지, 또한 과도한 단기수익을 추구하고 이익 유지를 위해 언론, 정·관계 등과 연결되어 기득권화 및 세력화하지는 않는지, 넷째, 금융업이 고유의 경제적 역할 등 사회적 책임을 다하고 있는지 등으로 나누어 생각해 보았다.

2부에서는 공정한 금융을 위한 금융당국, 금융회사 및 금융소비자의 역할을 살펴보았다. 국가와 사회는 금융이 사회에 좋은 영향력과 혁신의 에너지를 불어넣어 주기 위한 개선 방안을 지속적으로 고민해야 한다. 이익 추구에만 몰두하는 금융이 아닌 경제 전체, 금융시장 참가자 모두에게 도움이 되는 금융이 우리에게 필요하기 때문이다.

수많은 시장 참여자의 행동이 상호작용 하고 그 결과를 예측하기 어려운 복잡계인 금융시장에서 이러한 문제를 진단하고 그 해결 방안을 찾는 일은 쉬운 일이 아니다. 하지만 대형 금융회사, 네트워크화된 세력이 지배하는 금융시스템이 견제되지 않고 방치된다면, 금융시장은 국민이 아닌 자본가와 권력 집단이 주인이 되어 기득권 구조는 더욱 견고해지고, 종국에는 현 시스템마저 온전히 유지되지 못하고 퇴행될 수 있다.

금융민주화

우리나라에서는 한때 소득불평등 해소, 경제적 강자의 횡포 방지, 공정거래 확립을 위해 '경제민주화'가 필요하다는 사회적 논의가 활발히 이루어진 적이 있었다. 경제민주화는 '헌법' 119조 2항 "국가는 균형있는 국민경제의 성장 및 안정과 적정한 소득의 분배를 유지하고, 시장의 지배와 경제력의 남용을 방지하며, 경제주체 간의 조화를 통한 경제의 민주화를 위하여 경제에 관한 규제와 조정을 할 수 있다"는 정신에 바탕을 두고 있다.

경제적 불평등과 불공정은 사회적 균열의 원인이 되고, 사회적 협력을 저해해 공동체의 건전한 발전을 가로막는다. 『대학大學』에 '재취즉민산財聚則民散 재산즉민취財散則民聚라는 말이 있다. "재물이 집중되면 백성이 흩어지고, 재물이 흩어지면 백성이 모인다"는 의미인데, 재화가 소수에게 집중되어 경제적 불평등이 생기면 사회 혼란이 발생한다는 말로 이해할 수 있다.

우리는 압축된 산업화 과정을 거치며 경제성장과 형식적 정치민주화는 이루었으나, 경제적 민주주의로는 나아가지 못했다. 정치민주화는 국민과 시민사회 세력의 공감대와 이해가 일치해 진전이 가능했다. 그러나 경제민주화 면에서는 자본가, 또 그들과 경제적 이익을 공유하는 세력들의 기득권을 지키기 위한 저항의 힘은 강고했지만, 경제민주화를 추진하는 세력의 연대는 약했기 때문에 의미 있는 진보는 어려웠다.

우리나라는 반도체, 자동차 등 특정 산업에 대한 의존도가 높고, 공공 주택, 의료, 교육 정책과 연금제도 등 사회안전망이 취약해 경제 양극화 및 불균형 심화에 따른 취약계층의 어려움이 가중되었다.

프랑스 경제학자 토마 피케티Thomas Picketty는 수백 년의 역사 자료 분석을 통해 인류의 소득불평등을 고찰한 책『21세기 자본Capital in the Twenty-First Century』을 2013년 펴내 세계적으로 크게 주목을 받았다. 그는 자산수익률(r)이 경제성장률(g)보다 커지면서($r>g$) 소득불평등이 점점 확대되어, 자본소득을 제어하지 않으면 불평등이 커져 '세습 자본주의'가 심화된다고 주장했다. 그는 소득불평등 문제를 해소하기 위해 누진적 소득세 강화, 글로벌 자본세 도입 등을 주장했다. 피케티의 소득불평등 발생 원인 분석, 누진적 소득세 강화 및 글로벌 자본세 신설이라는 해법에 대해서는 긍정적·부정적 시각이 혼재한다. 그러나 소득불평등 자체의 심각성 및 불평등 완화의 필요성에 대해서는 의견이 크게 갈리지 않는다.

한편 2024년 7월 주요 20개국G20 재무장관들이 브라질에서 모여 '글로벌 부유세' 도입을 위해 협력하기로 합의했다. 글로벌 부유세는 초고액 자산가들이 세율이 낮은 나라로 자산을 옮기는 등 세금을 회피하는 행위를 막고, 이들에 대해 효과적으로 과세하기 위한 방안이다. 피케티가『21세기 자본』에서 글로벌 자본세 도입을 주장했을 때 실현 가능성이 없다고 비판을 받았던 사실에 비추어 볼 때, 이러한 협력 방안이 단기간 내에 실현될 가능성은 낮아 보이지만, 책 출간 10년 만에 국제회의의 공식 의제가 된 것은 의미 있는 변화라고 생각한다.

우리도 금융정책 측면에서 금융포용의 확대, 취약계층에 대한 금융 불법 행위 피해의 최소화, 금융시장 감시를 통한 비정상적 자본수익 차단 및 금융회사 경영진의 성과보수 체계 합리화 등에 대해 진지하게 고민해 볼 필요가 있다.

　시장에서는 기회를 공평하게 제공하고 능력에 따라 성과를 배분한다는 성과주의나 능력주의가 정의롭다고 생각한다. 그러나 금융업에서는 성과가 금융의 제 역할 성취에 의한 것인가 혹은 혁신과 능력에 따른 것인가 하는 의문이 있다. 또 그 성과도 단순히 '돈'으로 표현되어 공공성 등 사회적 가치는 제대로 평가하지 못하고 있다고 생각한다. 모두에게 공평한 기회가 주어지고 경제성장의 열매를 고르게 나누어 갖는 사회를 공정하다고 할 때 금융시장의 성과주의나 능력주의가 이를 충족한다고 볼 수 있는가. 금융시장을 주도하는 이들에게 혜택이 집중되고 보통 사람에게는 무력감을 안겨주지는 않았는가. 금융회사는 매년 많은 이익을 창출해도 금융고객이 힘들다면 둘의 이익은 일치하지 않는 것이다. 성과주의, 능력주의만으로는 공정한 사회의 해법이 되기 어렵다.

　우리는 소수가 금융 권력과 이익을 향유하는 것이 아니라 모두가 공평한 기회를 누리고 만족스러운 금융서비스를 이용하며, 같은 규칙 아래 정당한 몫을 가지고 권한에 따른 책임을 지게 되기를 원한다. 우리는 이것을 '금융민주화'라 부를 수 있을 것이다. 여기에 '건전하고 공정한 금융업 발전'의 길이 있지 않을까.

　'헌법' 제1조 2항의 "대한민국의 주권은 국민에게 있고, 모든 권력은 국민으로부터 나온다"는 조문과 같이 '금융의 주인은 국민이다'라는 '금융민주화'의 패러다임을 생각해 볼 필요가 있다. 진정한 권력은 국민으로부터 나온다. 참된 민주주의는 정치 체제만의 문제는 아니다. 공정한 금융을 위해 금융민주화라는 생각의 틀을 바탕에 두고, 금융시장의 개별 문제에 대한 개선 방안을 고민하면 더 나은 개선책을 찾을 수 있을 것이다. 금융민주화를 위한 구체적 추진 방향을 다시 정리하고 상기해 본다.

첫째, '공정한 금융시장 질서'를 만들어 금융 권력의 집중과 남용을 방지한다.
금융시장에 돈의 힘이 집중되고 함부로 쓰이면 금융 정의가 위협받는다. 금융민주화를 위한 공정한 시장질서는 금융 권력의 집중과 남용을 방지하는 것이 선결 요건이다. 공정한 금융시장 질서의 구축은 금융당국의 관점과 금융시장 참가자의 측면에서 생각해 볼 수 있다.

먼저 금융당국의 관점에서 살펴보자. 과거 정부 주도 산업화 시기에는 정부의 산업 부문에 대한 자금 배분 관여, 금융권의 인사권 개입 등으로 관치금융 폐해에 대한 우려가 컸다. 지금은 국내 자본의 규모가 커지고 정치민주화, 금융자율화가 진행되어 그에 대한 우려는 과거만큼 크다고 보기는 어렵다. 그렇지만 금융당국은 감독 재량권이 정치적 목적이나 자신들을 위해 사용되거나 시장주체들에게 불공평하게 적용되지 않도록 항상 스스로 경계해야 한다. 감독 재량권은 전문성에 기반해 투명하고 원칙 있게 이루어져야 국민의 신뢰를 얻고 본래의 감독 목적을 달성할 수 있다.

금융당국의 감독 행위적 측면과 아울러 금융감독체계에 대해서도 고민이 필요하다. 현재와 같이 금융위원회에서 금융산업정책과 금융감독정책을 함께 집행하는 것은 감독정책이 시장 친화적인 산업정책에 포획되어 공정한 금융감독이 이루어지지 못할 수 있다. 이를 분리해 각각 독립된 기관에서 견제와 균형의 원리하에 정치적 중립성을 갖고 정책 효과를 높이는 것이 옳다. 아울러 금융감독체계는 투명성과 공정성을 갖는 지배구조를 갖추어야 하고 언론, 국회, 시민사회로부터 철저히 감시되어야 한다.

금융시장 참가자의 관점에서 보면 금융업의 이익 규모가 커지고 다른 경제주체들보다 힘의 우위를 갖게 되면서 금융 프로세스가 공정하거나 효율적이지 않게 작동할 수 있다. 금융시장에서는 금융회사 직원의 횡령사고, 내부자 정보를 이용한 부당이익 편취사고, 증권 불공정거래, 회계분식 등 시장의 공정질서를 해치는 사고들이 계속 이어지고 있다.

금융부문의 이해관계가 사회 전체의 이해관계와 다를 수 있으므로 금융시장 참가자의 행동은 신중하고 엄격하게 감독되어야 한다. 발전된 사회일수록 이익집단을 견제하는 구조가 잘 갖추어져 있다. 금융시장의 거래질서에 대한 금융당국의 공정한 심판 역할과 더불어 시민사회 세력의 견제시스템 또한 살아 있어야 한다.

둘째, 금융거래에 관한 '게임의 규칙'이 올바르게 만들어지고, 금융 환경 변화에 맞게 합리적으로 정비된다.

올바른 규칙이란 정당한 과정을 거쳐 사회구성원 간의 합리적인 토론으로 만들어진다. 그러나 금융업이 커다란 이윤을 바탕으로 자본의 힘을 갖고 기득권 세력화하면서 금융시장의 여러 주체와 네트워크가 작동되어 게임의 규칙이 이들에게 유리하게 만들어질 수 있다. 그러할 경우 금융시장의 성과는 공정하지 않게 배분된다. 한번 힘이 집중된 세력은 점점 강해지고, 시민이 통제하는 힘은 줄어들어 기울어진 운동장이 더욱 한쪽으로 쏠릴 수 있다. 금융거래 규칙이 금융회사와 일반 소비자 간 힘의 비대칭성을 극복하도록 만들어지고 균형 있게 적용되어야 한다.

또한 금융규제가 정부의 단기 정책성과를 위해 왜곡되지 않아야 하고, 시대 환경에 맞게 면밀하게 조정되어야 한다. 이를 위해서는 금융당국, 국회가 공정한 규칙을 만들겠다는 책임의식 및 실력을 갖추는 것이 중요하다. 시장 개선을 위한 규칙을 만들 때에는 기존 이익집단의 강한 반발이 있을 수 있다. 그들은 일부 언론과 뜻을 같이해 시장에 공포감을 조장하고 기존의 영향력을 유지하려고 한다. 새로운 규칙이 옳은 길이라면 국민을 위해 주저해서는 안 된다. 아울러 금융시장의 상황 변화를 올바르게 판단할 수 있는 전문성을 갖추고 끊임없이 시장과 소통해, 시대 변화에 맞게 제도가 합리적으로 변경되도록 노력해야 한다.

셋째, 금융업이 실물경제를 지원하고 양질의 금융서비스를 제공하는 '경제적 역할'을 제대로 하는 것이다.

금융은 인간의 새로운 사업에 창의적 방법으로 자금 조달을 가능하게 하는 등 인류 경제에 혁신의 에너지를 불어넣어 주었고, 정보통신 기술의 발전 등으로 새롭고 편리한 금융서비스를 제공해 인간 생활의 질을 향상시켰다. 하지만 세상의 주도권이 물건을 만들어 이익을 창출하는 산업 분야에서 돈을 관리하는 금융업으로 넘어오면서, 금융은 자기 이익 추구에 몰두하며 전체 시장이 어려움에 처하거나 금융업이 신뢰를 잃어도 자신들의 행위에 책임지려는 자세가 부족했다.

세상은 금융업이 게임의 규칙에 맞는 경영을 하면서 실물경제에 필요한 자금을 공급해 주고, 시장 참가자의 위험관리 등 필요한 금융서비스를 제공할 것을 요구한다. 이를 통해 우리 경제의 생산성이 향상되고 건전한 발전이 이루어지길 기대하고 있다.

우리나라에서는 그동안 여러 금융사고와 위기를 겪으며 금융업의 올바른 역할에 대한 사회적 공감대가 형성되고 금융회사의 '지배구조와 내부통제의 혁신' 등 제도개선의 기반은 마련되어 가고 있다. 중요한 것은 이에 대한 금융업 종사자의 절실한 개선 의지와 실행력이다. 금융이 이익과 욕망 추구의 상징이 아니라, 인류 역사에서 그랬던 것처럼 창조적 혁신의 아이콘이 되어야 한다. 금융당국의 엄정한 감독, 언론 등 시민사회 세력의 견제가 지속적으로 이어져야 하는 것은 기본이다.

넷째, '금융소비자 보호'에 대한 가치를 중시해야 한다.

국민 누구나 만족스러운 금융서비스 이용이 가능한 '금융민주화'를 이루기 위해서는 계약의 당사자이지만 거래 상대브다 열위한 위치에 있는 금융소비자에 대한 가치가 존중되어야 한다. "한 사회의 수준은 소수자나 약자가 어떤 대접을 받는지에 따라 결정된다"라고 하지 않는가. 취약계층을 포함한 모든 금융소비자가 금융서비스를 효과적으로 이용할 수 있을 때 진정한 금융민주화가 실현될 수 있다.

금융소비자 보호가 제대로 이루어지려면 금융당국, 금융회사, 금융소비자 모두의 노력이 필요하다. 금융당국은 금융소비자 보호가 금융당국 설립 목적의 가장 중요한 이유 중 하나임을 인식하고, 금융제도를 기획, 추진하는 모든 단계에서 금융소비자 보호의 정신을 근본으로 한다. 금융소외계층의 금융 접근 확대 등 포용금융 제고, 소비자의 금융이해력 향상을 위한 노력을 지속해 나가야 한다.

금융회사도 소비자 보호의 가치가 회사의 '경영 비전'에 명확히 설정되고, 금융상품 제조·판매·사후관리 모든 단계에서 소비자가 금융의 효용을 느낄 수 있도록 구체적 경영 활동에 구현되어야 한다. 금융소비자도 거래의 당사자로서 권리와 책임을 인식하고 합리적인 거래 습관과 금융 역량 함양을 위해 노력하는 '현명한 금융소비자'가 되도록 노력할 필요가 있다.

유엔에서는 2015년 세계 빈곤을 종식시키고 지구를 보호하며, 모든 사람이 평화와 번영을 누리는 것을 지향하는 '지속가능 발전 목표 Sustainable Development Goals'를 설정했다. 지속가능 발전 목표의 슬로건이 "누구도 소외되어서는 안 된다 Leave no one behind"이다. 그 외침과 같이 "어떤 금융소비자도 금융의 혜택에서 소외되어서는 안 된다".

부동산 금융과 경제 정의

지금까지의 금융민주화 논의에 덧붙여 우리나라만의 특수하고도 어려운 '부동산 관련 금융'에 대해서도 고민이 필요하다. 우리나라는 인간의 기본 욕구인 의식주 중에서 아직 주거의 문제에서 헤매고 있다. 주거 문제는 우리 사회의 가장 논쟁적인 부분이 되었다. 우리나라에는 일반 국민의 뿌리 깊은 부동산 선호의식이 있다. 이는 주기적인 부동산 가격 폭등으로 집을 갖지 못하는 경우 자산 가격의 양극화로 커다란 피해를 보았다고 생각하기 때문일 것이다. 주택이 주거의 목적이 아니라, 경제적 약자가 되지 않기 위해 필요한 기본 자산으로, 더 나아가 높은 수익을 보장하는 '투자처'로 변질되고 있다. 하지만 땅과 그 위의 집은 공동체의 생존을 위한 기본 토대임은 변하지 않는 본질이다.

부동산 경기 상승기에는 건설회사, 부동산 사업자, 지역 정치인 등 이른바 '토건족'이 부동산 경기를 최대한 부추겨 이익을 챙기려 한다. 반면 부동산 경기 하락기에는 경제위기에 대한 우려로 부동산 수익자에게 모든 리스크를 지우지 못하고 어떻게든 국가가 도와줄 것이라는 '도덕적 해이'가 만연하다. 따라서 부동산 관련 이익은 토건족이 챙기고, 손실은 사회에 전가하려는 폐단이 지금까지 이어진다고 할 수 있다.

이러한 구조에는 정부, 금융업도 관련되어 있다. 과거 정부는 부동산 관련 금융을 경기침체를 막기 위한 부동산 정책에 이용하거나, 금융회사, 건설회사 등의 과도한 위험 추구 행동을 제대로 관리하지 못했다. 또한 전세 사기 등 불법 부동산 거래에 대한 대처도 미흡했다.

금융회사도 수익창출을 위해 부동산 관련 금융을 이용했다. 은행은 부동산 담보대출을 통한 과도한 부채유발로 손쉬운 이자수익을 취했고 증권회사, 저축은행 등 제2금융권은 높은 수익을 위해 부동산 PF에 집중했다. 2024년 6월 말 부동산 관련 가계여신, 기업여신, 금융투자상품을 포괄하는 부동산 금융 익스포저(위험노출)액은 2882조 원으로 명목 GDP 대비 115.9%에 달한다. 부동산으로의 신용편중은 생산성이 높은 다른 산업에 대한 신용공급 약화로 이어져 전체 자본의 생산성을 떨어뜨리고 소비 위축을 가져와 금융 불안정 리스크 요인이 된다.

부동산 시장 상황, 정책에 대한 언론 환경도 우호적이지 않다. 건설회사가 대주주이거나 지분을 보유한 언론사가 다수 존재하고, 부동산업 관련 광고가 언론사 광고수입의 작지 않은 비중을 차지한다. 일부 언론은 부동산 시장이 얼어붙으면 건설 경기침체로 당장 경제위기가 올 것처럼 부동산 시장 활성화를 부추기는 듯한 주장에 많은 지면을 할애한다. 문제는 그러한 언론 보도 기사로 사회의 분위기, 사람들의 생각이 영향을 받는다는 것이다. 우리 사회가 경기 활성화라는 명목 아래 토건족 중심, 기득권 보호의 세계관에 둘러싸여 있다고 생각한다.

과잉 유동성 회수를 위한 금리 인상 시기에는 부동산 문제가 경제위기의 진원지가 될 수 있다. 미래 경제 불안 요인 중 가장 큰 문제가 '가계부채'이고, 우리나라의 가계 빚 규모는 매우 크다. 물론 가계부채는 국민소득과 같이 과거 실적이 누적되어 시간이 지날수록 증가되는 성격이 있어 그 수치가 늘어난 것만으로 문제가 있다고 할 수 없다. 하지만 GDP 대비 가계 빚 비율도 지속적으로 증가해, 세계 최고 수준을 나타내고 있다. 근래 가계부채 비율 증가세가 둔화되고 있으나 경계심을 늦춰서는 안 될 것이다.

가계 빚의 성격도 문제인데, 그 중심에는 소득 상위 20% 가계에 집중된 '부동산 관련 대출'이 있다. 그동안 경기 진작을 위한 통화 증가가 결국 고소득자들의 부동산 확대에 사용된 셈이다. 많은 가계가 부채 상환 능력을 고려하지 않고 부동산 대출을 받은 상태이므로, 부동산 거품이 꺼지면 경제위기가 현실화될 수 있다.

　부동산 정책의 핵심 수단이 되는 부동산 금융 대책이 더욱 엄격하고 일관성 있게 유지되어야 한다. 부동산 가격하락으로 인한 시스템 리스크에 대한 우려를 부동산 대출을 조정하는 방식으로 대응해서는 부동산 위기가 더욱 커질 수 있다. 정부에서 한쪽은 가계부채의 위험성을 강조하며 가계부채 총량 관리를 말하고, 다른 쪽에서는 특례보금자리론 등 부동산 정책자금 대출을 독려하거나 부동산 총부채원리금상환비율 DSR● 강화 대출정책을 설득력 없는 이유로 연기하는 등 일관성 없는 정책을 펼쳐서는 곤란하다.

　주기적으로 부동산 위험을 조장하는 부동산 PF 구조도 개혁되어야 한다. 자본이 취약한 건설 시행사의 사업 부실은 건설회사와 금융회사로 쉽게 옮겨간다. 윌리엄 괴츠만William Goetzman의 『금융의 역사Money changes everything』에는 1920년대 미국의 업무용 부동산 시장에 대해 "건설회사는 얼마 안 되는 자본만 투자하고 나머지 건축 비용은 모두 금융회사에서 빌려 건설하는 바람에 생산이 과잉상태에 빠져 위험해졌다"라고 묘사한 부분이 있다. 100년 전 미국의 상황을 지금 우리나라 부동산 PF 현실에 갖다 붙여도 전혀 어색하지 않고 생생한 현실로 느낄 수 있다.

　시행사가 극히 적은 자본을 투입하고 건설사 등 제3자 보증에 과도하게 의존하는 구조를 혁신해야 한다. 금융회사는 PF 사업성 평가 능력 향상 및 리스크 관리 체제를 보강하고, 금융당국은 건설 시행사의 자본 요건 확충 등 PF 제도개선과 더불어 금융회사의 PF 공정 감시 체계를 강화하는 등 전체 부동산 PF 시스템을 근본적으로 업그레이드시켜야 한다.

● 　총부채원리금상환비율(DSR, Debt Service Ratio)은 모든 신용대출 원리금을 포함한 총대출 상환액이 연간 소득에서 차지하는 비중을 말한다.

부동산 정책은 한번 신뢰를 잃으면 계속 수렁에 빠지고, 문제가 커지면 모든 경제정책을 빨아들이는 '블랙홀'과 같은 특성이 있다. 모든 정책이 일관성이 있어야 하지만, 사람들 심리에 민감한 부동산 정책은 더욱 그렇다. 일관성 있는 정책을 위해서는 금융당국, 경제부처, 한국은행 사이에서 정책을 조율할 수 있는 컨트롤 타워가 있어야 하고 확실한 역할을 해야 한다.

과도하게 부동산에 유입되었던 돈은 '실물경제' 부분으로 흘러가 경제가 생산적으로 가동되도록 돕는 것이 중요하다. 자본주의의 핵심 동력인 경쟁을 해치는 주범이 부동산을 통한 지대 추구라고 할 수 있다. 부동산 시장이 제대로 작동하지 않으면 경제 효율은 떨어지고, 불로소득이 주가 되고 경제 양극화는 더욱 심해져 국민은 커다란 고통을 겪는다.

모두가 연대해서 노력한다면 금융민주화를 이룰 수 있다

현대 자본주의 사회의 가장 강력한 힘은 '돈'에서 나온다. 돈이 모든 것을 설명하는 절대적 기준이 된 지 오래다. 모두가 자본으로부터 나오는 이익을 향유하려 하고, 자본의 이익을 대변하는 사회 세력의 네트워크는 더욱 견고해지고 있다. 마이클 샌델 교수는 『당신이 모르는 민주주의 Democracy's Discontent』에서 수십 년 금융 주도의 세계화로 대기업, 이익집단의 목소리에 시민이 자기 운명을 통제하는 힘을 잃어버린 것이 민주주의 힘이 저하된 요인의 하나라고 주장한다.

2021년 11월 미국의 초당파적 정책연구소think tank인 퓨리서치센터 Pew Research Center에서 17개국의 성인을 대상으로 "삶에 가장 큰 의미를 주는 것은 무엇인가?"를 묻는 여론조사 결과를 발표해 큰 관심을 끌었다. 조사 결과 대부분 나라의 사람들은 가족, 직업, 물질적 풍요 순서로 중요성을 대답했는데, 우리나라 사람들은 물질적 풍요를 삶의 가장 큰 의미로 생각한다고 응답했다. 한편 2022년 서울대학교와 한국리서치가 아시아 15개국 도시민을 대상으로 실시한 '도시의 삶에서 중요한 가치'를 조사한 결과는 조금 달랐다. 서울 시민들은 그들의 삶에서 건강, 자유, 물질적 풍요 순서로 중요하다고 답했다. 조사에서는 서울과 도쿄 시민들이 다른 도시 사람들보다 상대적으로 물질적 풍요를 중요시하는 것으로 나타났다.

두 조사 결과를 볼 때 우리나라 사람들이 가족, 친구, 취미 등 비물질적 가치보다 물질적 풍요를 중요하게 생각하는 경향을 보이는 것은 사실인 것 같다. 우리나라의 경제적 취약계층은 사회적 안전망의 부족으로 생존에 대한 불안감을 느껴 그렇게 인식하고, 좀 더 나은 계층의 사람들은 욕망 추구의 대상으로 물질을 중시하는 게 아닌가 생각된다.

모두가 공동체의 꿈 대신에 개인의 안위와 욕망을 숭배하고 자본의 힘은 더욱 커지는 시대에, 금융자본주의의 구조적 한계를 넘어 모두가 공평한 금융의 기회를 갖고 혜택을 누리는 금융의 공정을 이룰 수 있겠느냐는 회의가 들 수 있다. 하지만 경제가 올바르게 작동하려면 금융이 공정해야 한다는 것은 모두가 인정하는 상식이다. 사회구성원들이 믿고 있는 공정의 가치를 지혜를 모아 실천한다면 결코 무너질 것 같지 않고 견고해 보이는 불합리한 시장 구조에도 균열이 생길 수 있다.

인류문명을 돌아보면 인종차별, 아동노동, 식민지와 같은 어려운 문제도 사람들의 지속적인 노력으로 해결해 왔다. 인류문명은 그렇게 발전되어 왔다고 믿는다. 우리에게 필요한 것은 비관적 전망이 아니라 역사의 진보를 믿는 희망이다.

기후위기는 여러 나라의 복잡한 이해관계 등으로 인류가 해결하기 매우 어려운 문제 중 하나가 아닐까 생각한다. 하지만 2023년 초 점점 커지던 오존층이 다시 메워지고 있다는 세계기상기구WMO의 보고서가 나왔다. 오존층이 파괴되면 자외선이 증가해 인간의 신체는 물론이고 지구 생태계에도 나쁜 영향을 미친다고 한다. 오존층 파괴를 막기 위해 프레온 가스 등의 사용을 규제하는 '몬트리올 의정서'가 1989년에 발효된 지 33년 만에 지구 오존층의 회복세가 나타난 것이다.

아무리 어려운 문제도 사회구성원들이 문제의 구조를 이해해 쉽고 가능한 것부터 지혜를 모아 대안을 모색하면 해결할 수 있다는 좋은 사례라고 생각된다. 대부분의 진보는 어떤 극적인 돌파구를 통해서가 아니라 작은 개선이 축적되었을 때 가능하고, 사회변혁은 오랜 인내의 시간을 바쳐야 가능한 일이다. 우리가 살고 있는 시간과 공간에 맞는 합리적인 해결책을 찾기 위해 노력할 일이다.

『공감은 지능이다The War for Kindness』의 저자 자밀 자키Jamil Zaki는 "우리에게는 더 좋은 세상을 위한 선택이 있고, 그 '선택의 총합'이 우리의 미래를 창조할 것이다"라고 말한 바 있다. 금융당국자, 금융업자 모두 책임의식과 절제심을 가지고 금융의 공정성에 대한 '깊은 성찰'을 하겠다는 선택, 이를 꼭 이루겠다는 '의지'의 선택, 모두의 '연대와 끊임없는 노력'을 하겠다는 선택이 모아져야 한다. 공정한 금융, 금융민주화도 그러한 선택이 쌓일 때 가능할 것이다.

우리는 앞으로도 우리 사회구성원의 수준과 능력에 맞는 금융시스템을 갖게 될 것이다. 금융이 우리에게 도움이 되는 도구가 될지 우리에게 고통을 안겨주는 경제위기의 시작점이 될 것인지는 우리가 지금 내리는 결정과 활용 능력에 달려 있다. 우리 금융시스템이 더욱 공정해질 때, 성숙한 자유 시장경제가 가능하고 우리 공동체가 진정한 선진사회로 진입할 수 있을 것이다.

"담쟁이는 서두르지 않고 한 뼘이라도 꼭 여럿이 함께 손을 잡고 올라간다"라는 도종환의 시 '담쟁이'에 나오는 말처럼 공정한 금융을 위한 힘든 길도 함께 가야 오래, 멀리 갈 수 있다는 믿음을 가지며 글을 마무리한다.

글을 마치며

영국 작가 조지 오웰George Orwell은 「나는 왜 쓰는가Why I Write」라는 수필에서 글을 쓰는 동기를 똑똑하고 유명해지고 싶은 따위의 순전한 이기심, 미학적 열정, 사물을 있는 그대로 보고 진실을 알아내 그것을 보전하려는 역사적 충동, 세상을 특정 방향으로 바꾸려는 정치적 목적으로 분류한 적이 있었다. 내가 글을 쓰려는 이유는 어디에 해당할까?

그동안 금융시장에 대해 가졌던 고민을 세상과 나누고자 '금융의 공정'이라는 주제로 긴 호흡의 글을 썼다. 일반인에게 금융은 전문적인 분야라 접근이 쉽지 않은 데다가 공정이라는 딱딱한 주제까지 더하다 보니, 대중과 소통하는 일은 쉽지 않았다.

돈에 대한 끝 모를 욕망 추구, 무한경쟁이라는 자본주의의 구조적 문제에서 주로 기인하는 금융의 공정 문제를 바람직한 모습 위주로 이야기하다 보니 당위의 글로 채워지지 않았나 하는 걱정이 앞선다. 또 내 생각이 나의 경험에만 갇혀 있어, 내가 하고 싶은 얘기만 한 것은 아닌지 우려되기도 한다. 현실이 당연히 지켜야 할 기본을 무시하는 거친 욕망의 세상이다 보니 세상의 이야기와 당위의 언어 사이에는 괴리가 더 커지고 있다. 지금도 현실의 금융시장이 기본을 지키지 못해 여러 금융사고가 벌어지다 보니 그러한 주장을 계속하게 되었다고 스스로 위로도 해본다. 하지만 바람직한 금융의 역할에 대해 세상과 소통하려던 처음의 마음이 제대로 지켜졌는지 의문이 드는 건 어쩔 수 없다.

현대사회에서 자본은 이제 영속적 권한을 가진 존재인 것처럼 보인다. 우리는 점점 더 자본에 예속되어 가고, 국제질서는 극단적인 자국 이익 우선주의에 빠지고 있다. 인간의 본능적 욕구 중 '생존 욕구'만큼 중요한 것은 없고, 먹고사는 일은 소중하다. 누구나 먹지 않으면 살 수 없고, 밥벌이하기 위해서는 돈을 가지고 있는 사람이 시키는 일을 해야 한다. 김훈 작가는 「연필로 쓰기」라는 수필에서 중국 음식을 배달하는 청년이 오토바이 추돌사고로 다친 현장을 목격하고 "나는 먹고사는 무서움 앞에서 떨었다. 나는 삶 앞에서 까불지 말고 경건해져야 한다고 결심했다"라고 썼다. 먹고사는 삶의 무거움을 느끼게 해준 글이었다.

무한경쟁 사회에서 개인들은 사회구조의 문제점을 개선하겠다는 개인적 행동은 무의미하다고 생각하면서도, 사회변혁에는 무임승차하고 자신의 안위만을 좇기 십상이다. 특히 오늘날의 금융업은 단순히 생존 차원이 아닌 끝없는 욕망 추구의 길로 들어섰으며, 공정한 시장질서 속에서 경쟁하기보다는 시장 참가자 자신의 이익 확장에 더욱 집중하게 되었다.

이 책에서는 세계적으로는 2008년 글로벌 금융위기를, 우리나라에서는 2019년 부실 사모펀드 사태를 반복적으로 이야기했다. 우리는 아직 1980년대 이후 신자유주의 경제 사조 아래 드러난 여러 문제점을 극복하지 못하고 있다고 생각한다.

금융의 공정은 단순히 금융시장만의 문제가 아닌 우리 사회의 정치, 경제의 구조적 문제와도 연결되어 있지만, 기본적으로 인간의 행태적 문제와 이어져 있다. 먼저 전체의 결과가 어찌 되었든 자기 이익에만 집중하는 시장 참여자의 행동을 생각할 수 있다. 금융회사 경영진은 당장 단기성과를 보여주어 임기를 보장받고, 성과보수를 많이 받고 싶어 한다. 금융당국자는 금융업의 장기 성장 잠재력과 체질 개선보다는 눈앞의 정책성과를 시현하기 위해 업무에 치밀하지 못하여 실수를 반복한다.

범위를 넓혀 사회를 보면 정치나 계층, 세대 간의 자원 배분도 마찬가지다. 전체에 미치는 영향이 어떻든, 미래에 어떤 일이 벌어지든 간에 정치의 영역이라면 당장의 선거에서 이겨야 하고, 시장의 공간에서는 내가 많은 파이를 가져야 한다는 생각에 모두가 매몰되어 있다.

자본의 힘을 가진 금융업자, 규제 당국, 법조계, 언론 등 이해관계자들이 더 많은 이익을 향유하고자 서로 간에 연결된 세상은 그들을 위해 더욱 기울어진 금융시장을 만들고 있다. 기득권에 기울어진 금융시장에서는 모두가 이익과 권리만 챙기려 하고, 말과 행동은 일치하지 않으며 문제가 생기면 책임지는 경우는 흔하지 않다.

역시 어려운 문제에 대한 속 시원한 해결책은 제시할 수 없고, 당위의 이상적인 희망을 얘기하게 된다. 금융의 공정성, 공공성에 대한 금융시장 참가자 모두의 깊은 성찰과 의지가 필요하다. 금융시장 문제에 대해 비판적 시각을 갖추고, 시장의 문제점을 구체적으로 찾아내 개선하자고 제안한다. 도덕주의자 같은 얘기라고 생각할 수 있다. 하지만 진정한 성찰과 각성 없이 합당한 개선책이 나올 수 있겠는가. 시장 참가자 각자의 성찰 뒤에 개별 영역에서 구체적인 개선책과 실행이 뒤따르고, 깨어 있는 주체들의 소통과 연대가 필요할 것이다.

세상 제도의 조그만 모순도 해결이 쉽지 않다. 모순을 극복하려면 합리적 이성과 꾸준한 실천이 필요하다. 세상은 노력하지 않으면 오히려 퇴보할 수 있음을 역사는 보여주고 있다. 금융의 공정도 우리가 깨어 있어야 퇴행을 막을 수 있고 불합리성을 극복할 수 있을 것이다.

나는 사마천의 『사기』를 보면서 인간 세계에 대한 지혜가 담긴 가르침보다는 인간의 생명을 한없이 경시하는 엄혹했던 고대 시대의 숱한 모순이 먼저 느껴졌다. 하지만 그러한 옛 체제의 모순도 인간의 끊임없는 성찰과 집단지성, 개선 노력이 쌓여, 부족하지만 현재의 문명 세계를 만들어왔다고 생각한다. 나는 지금의 세상이 많이 불합리한 것 같아도 역사는 올바른 방향으로 진보한다는 믿음을 갖고 있다.

내가 금융의 공정에 대해 이처럼 이야기하는 것은 누구나 올바른 금융시장 질서에 대해 생각은 하고 있으나, 말하지 않는 것을 기록해 함께 돌아보고 고민하자고 세상에 제안하는 것이다. 미국의 시인이자 철학자인 랠프 에머슨Ralph Emerson은 그의 시에서 "진정한 성공은 자기가 태어난 세상을 조금이라도 살기 좋은 곳으로 만들어놓고 떠나는 것"이라고 노래했다. 우리들의 노력은 금융업이 더욱 공정해지고 건전하게 발전하는 데 분명히 도움이 될 것이다.

이 책이 출간되는 데는 여러 분들의 도움이 있었다. 오랜 기간 올바른 금융의 역할, 업무 자세에 대해 고민을 나누고 부족한 글을 읽고 조언을 해준 여러 선배, 동료들에게 진심으로 고마운 마음을 전한다. 특히 그동안 시장 참가자의 기득권에 기울어 있던 금융시장 질서에 금융소비자 보호와 올바르고 독립된 금융감독 철학에 대해 가르침을 주신 윤석헌 전 금융감독원장님께 고마움과 존경의 마음을 전해드린다.

또한 바쁜 중에도 소중한 조언을 해주셨던 한겨레 박현 논설위원, 한국일보 이상무 기자에게 감사를 드린다. 그리고 한울엠플러스(주)의 대표님과 편집부에도 진심으로 감사의 말씀을 드린다.

마지막으로 내가 중간중간 힘들어할 때 용기를 북돋워 주고 믿음으로 지원해 준 부모님과 준하, 서현, 아내 주은에게 고마운 마음을 전한다. 이 지면의 짧은 글로는 사랑의 마음을 표현하기 어렵다.

사람 사는 세상에서 금융의 선한 영향력을 믿는다. 금융은 우리가 만든 제도이기에 우리가 좋게 변화시킬 수 있다. 이 책이 바람직한 금융의 역할, 공정한 금융을 생각해 보는 데 조금이라도 보탬이 된다면, 노트북과 함께 고민했던 지난 시간이 큰 보람으로 남을 것이다. 금융시장이 더욱 공정해지고 금융업이 국민의 사랑을 받으며 건전하게 발전해, 모두가 금융의 혜택을 듬뿍 누리게 되기를 기원한다.

참고문헌

단행본

괴츠만, 윌리엄 N.(William N. Goetzman). 2019. 『금융의 역사(Money changes everything)』. 위대선 옮김. 지식의 날개.
굿윈, 도리스 컨스(Doris Kearns Goodwin). 2010. 『혼돈의 시대 리더의 탄생(Leadership in Turbulent Times)』. 강주헌 옮김. 커넥팅.
권순찬. 2022. 『금융소비자 권익 보호론』. 교학사.
김석호 외. 2021. 『공정한 사회의 길을 묻다』. 시공사.
김용덕. 2015. 『글로벌 이슈로 읽는 글로벌 경제』. 삼성경제연구소.
김진철. 2010. 『대한민국 불공정경제학』. 밀리언하우스.
김찬호. 2008. 『사회를 보는 논리』. 문학과지성사.
_____. 2014. 『모멸감. 굴욕과 존엄의 감정사회학』. 문학과지성사.
_____. 2016. 『돈의 인문학』. 문학과지성사.
남종국. 2015. 『이탈리아 상인의 위대한 도전』. 앨피.
달리오, 레이(Ray Dalio). 2018. 『Principles』. 고영태 옮김. 한빛비즈.
라이시, 로버트(Robert B. Reich). 2010. 『위기는 왜 반복되는가(After Shock)』. 안진환·박슬라 옮김. 김영사.
류근옥. 2020. 『보험. 금융을 디자인하다』. 교보문고.
마코비츠, 대니얼(Daniel Markovits). 2020. 『엘리트 세습(The Meritocracy Trap)』. 서정아 옮김. 세종.
민재형. 2022. 『왜 원칙은 흔들리는가』. 월요일의 꿈.
배너지, 아비지트(Abhijit Banerjee)·에스테르 뒤플로(Esther Duflo). 2020. 『힘든 시대를 위한 좋은 경제학(Good Economics for Hard Times)』. 김승진 옮김. 생각의 힘.
버핏, 워런(Warren Buffet). 2006. 『워런 버핏의 주주 서한』. 이건 옮김. 서울문화사.
브로델, 페르낭(Fernand Braudel). 2012. 『물질문명과 자본주의 읽기(La dynamique du capitalism)』. 김홍식 옮김. 갈라파고스.
사마천. 『사기열전 1』. 김원중 옮김. 민음사.
샌델, 마이클(Michael Sandel). 2020. 『공정하다는 착각(The Tyranny of Merit)』. 함규진 옮김.

와이즈베리.

_____. 2023. 『당신이 모르는 민주주의(Democracy's Discontent)』. 이경식 옮김. 와이즈베리.

쉴러, 로버트(Robert Shiller). 2013. 『새로운 금융시대(Finance and The Good Society)』. 노지양·조윤정 옮김. 김영사.

스미스, 그레그(Greg Smith). 2014. 이새누리 옮김. 『Why I left Goldman Sachs』. 문학동네.

스티글리츠, 조지프(Joseph Stiglitz). 2016. 『경제규칙 다시 쓰기(Rewriting the Rules of the American Economy)』. 김홍식 옮김. 열린책들.

_____. 2021. 『불만시대의 자본주의(People, Power and Profits)』. 박세연 옮김. 열린책들.

_____. 2016. 브루스 그린왈드. 『창조적 학습사회(Creating a Learning Society)』. 김민주 옮김. 한경비피.

와이먼, 패트릭(Patrick Wyman). 2022. 『창발의 시대(The Verge)』. 장영재 옮김. 커넥팅.

우석훈. 2016. 『살아 있는 것의 경제학』. 새로운 현재.

_____. 2018. 『국가의 사기』. 김영사.

애커로프, 조지(George A. Akerlof)·로버트 쉴러(Robert J. Shiller). 2009. 『Animal Spirits』. 알에이치코리아.

앨드리드, 조너선(Jonathan Aldred). 2020. 『경제학은 어떻게 권력이 되었는가(How economics corrupted us)』. 강주헌 옮김. 21c북스.

워런, 엘리자베스(Elizabeth Warren). 2016. 『싸울 기회(A Fighting Chance)』. 박산호 옮김. 에쎄.

원승연. 2024. 『금융위기와 한국경제』. 자유아카데미.

유재수. 2015. 『다모클레스의 칼』. 삼성경제연구소.

이민규. 2024. 『부동산 이야기』. 퍼플.

이성섭. 2020. 『시장제도 경제학. 금융시장』. 박영사.

이정우. 2024. 『노무현과 함께한 1,000일』. 한겨레 출판사.

이정전. 2012. 『시장은 정의로운가』. 김영사.

이진우. 2021. 『불공정 사회. 공정이라는 허구를 깨는 9가지 질문』. 휴머니스트출판그룹.

자키, 자밀(Jamil Zaki). 2021. 『공감은 지능이다(The War for Kindness)』. 정지인 옮김. 심심.

장하준. 2023. 『장하준의 경제학 강의(Economics)』. 김희정 옮김. 부키.

_____. 2023. 『장하준의 경제학 레시피(Edible Economics)』. 김희정 옮김. 부키.

조형근. 2022. 『키워드로 읽는 불평등 사회』. 소동.

차현진. 2011. 『숫자 없는 경제학』. 인물과 사상사.

촘스키, 노엄(Noam Chomsky) 외. 2012. 『경제민주화를 말하다(People First Economics)』. 김시경 옮김. 위너스북.

최정표. 2015. 『경제민주화. 정치인에게 맡길 수 있을까』. 미래를 소유한 사람들.

카너먼, 대니얼(Daniel Kahneman). 2018. 『생각에 관한 생각(Thinking, Fast and Slow)』. 이창신 옮김. 김영사.

크루그먼, 폴(Paul R. Krugman). 2022. 『좀비와 싸우다(Arguing with Zombies)』. 김진원 옮김. 부키.

탈레브, 나심(Nassim N. Taleb). 2012. 『Antifragile』. 와이즈베리.

_____. 2018. 『Black Swan』. 차익종. 김현구 옮김. 동녘사이언스.

_____. 2012. 『Skin in the Game』. 김원호 옮김. 비즈니스북스.

_____. 2016. 『행운에 속지마라(Fooled by Randomness)』. 이건 옮김. 중앙books.

터너, 아데어(Adair Turner). 2017. 『부패의 늪과 악마의 유혹 사이에서(Between Debt and the Devil)』. 우리금융연구소 옮김. 해냄.

하포드, 팀(Tim Harford). 2022. 『경제학 콘서트(Undercover Economist)』. 김명철 옮김. 웅진지식하우스.

히켈, 제이슨(Jason Hickel). 2021. 『적을수록 풍요롭다(Less is More)』. 김현우·민정희 옮김. 창비.

논문 및 자료

금융감독원. "연차보고서". 「금융감독개론」, 각 호.

금융위원회. "금융시장 역사". 「사회적 금융 활성화 방안(2018)」.

김보영. 2020. 「주요국의 금융교육 현황 및 특징」. 자본시장 연구원

김순석. 2022. 「상법상 감사 제도의 과제와 개선 방향」. ≪선진상사법률연구≫, 제100호.

김율. 2020. 「토마스 아퀴나스의 경제 정의 사상: 가격이론과 대부이론을 중심으로」. 서울대학교 인문학연구원.

남종국. 2017. 「스크로베니(Scrovegni) 가문과 이자 대부에 대한 인식 서양 중세사연구」. 한국서양중세사학회.

뉴스핌. 2023. 「격랑의 통화전쟁, 반복되는 금융위기(이철환 연재)」.

박정호. 2017. 「최초의 은행, 어디서부터 시작되었을까」. 뱅크샐러드.

박준. 2014. 「1997년 경제위기와 IMF 구제금융이 금융법에 미친 영향」. ≪서울대학교법학≫, 제55권.

생명보험협회. 2023. 「우리나라 은퇴 후 소득대체율」.

손상호·정지연. 2001. 「국내 금융산업의 과거, 현재, 미래」. 한국금융연구원.

양채열·신영직. 2022. 「우리나라 금융사건·사고의 역사와 교훈: 금융규제와 금융윤리의 관점에서」. ≪재무관리연구≫, 제39권.

연합뉴스. 2024. 4. 11. "국민연금 개혁 뇌관 소득대체율".

≪이데일리≫. 2025. 3. 24. ""로펌에 5년간 100억씩 썼다" 악순환 못 끊은 은행들".

이의영·이기훈. 2011. 「사회적 책임경영(CSR)의 역사적 고찰과 기업의 대응전략」. 창조와 혁신 제4권 1호.
이준. 2023. 「은행」. 『한국민족문화대백과사전』.
임동균. 2023. 「아시아 대도시 가치조사, 무엇이 삶에 의미를 주는가」. 아시아 브리프.
임은정·황미진. 2021. 「2021년 한국의 소비생활 지표 산출」. 한국소비자원 정책연구보고서.
정원석·강성호·이소양·전예지. 2023. 「공적연금 개혁기 사적연금의 활성화 방안」. 보험연구원.
조경준. 2023. 「금융회사 지배구조법상 내부통제의 업무 범위에 관한 고찰」. ≪상사판례연구≫, 제36권.
최한수. 2021. 「사법부 전관예우 분석. 경제학의 관점에서」. 한국법경제학회.
최홍식. 2010. 「금융감독체계의 변천에 대한 정치경제적 분석」. 서울대학교 금융경제연구원.
하준경. 2007. 「미국발 금융위기의 역사적 사례와 시사점」. 한국금융연구원.
한국은행. "금융안정보고서". 「BOK 이슈노트」, 각 호.
행정법원 판결. 서울행정법원 제11부 「2021.8.27. 선고 2020구합57615 문책경고 등 취소청구의 소」.

BCBS. 1998. "Framework for the Evaluation of Internal Control System".
_____. 2012. "Core principles for effective banking supervision. Principle 2. Independence, accountability, resourcing and legal protection for supervisors".
_____. 2024. "Revised Core principles for effective banking supervision".
Carroll, Archie B. 1991. "The Pyramid of Corporate Social Responsibility: Toward the Moral Management of Organizational Stakeholders," *Business Horizons*, Vol. 34.
COSO(Committee of Sponsoring Organizations of the Treadway Commission). 1992. "Internal Control Integrated Framework".
_____. 2004. "ERM(Enterprise Risk Management – Integrated Framework)".
FCA(Financial Conduct Authority). 2022. "A new consumer duty".
IMF. 2015. "Rethinking Financial Deepening — Stability and Growth in Emerging Markets" (Staff Discussion Note).
_____. 2010. "The Making of Good Supervision — Learning to say "No"".
OECD. 2013. "Guidelines for Multinational Enterprises on Responsible Business Conduct".
OECD/INFE. 2023. "2023 International Survey of Adult financial literacy".
Pew Research Center. 2021. "What Makes Life Meaningful? Views from 17 Advanced Economies".
UN. 2004. "The Ten Principles of the UN Global Compact".
World Bank. 1994. "The Averting Old-age Crisis".

지은이
/
박상욱

한국외국어대학교 영어과를 졸업하고 미국 플로리다 대학교(Univ. of Florida)에서 재무관리학 석사학위를 받았다. 금감원에서 근무할 때 '금융시장의 공정질서 확립과 소비자 보호라는 조직의 존재 이유와 나의 가치 간의' 어울림이 크다고 생각해 최선을 다하려고 했다. 2022년 8월 부원장보를 지내고 퇴직했다.

세상은 공정하게 운영되어야 좋은 사회라고 할 것인데, 오늘날 경제적 불평등과 같은 문제는 기회와 자원이 제대로 배분되지 못하는 데서 비롯된다고 볼 수 있다. 돈이 움직이는 금융은 더욱 그렇다. 금융업과 금융감독이 본연의 역할을 잘해 모두가 금융서비스를 제대로 누리고, 금융업도 국민의 사랑을 받아 건전하게 발전하기를 바라는 마음에서 '공정 금융'에 관한 책을 썼다.

대한민국 **금융의**
공정을 말하다

ⓒ 박상욱, 2025

지은이 | 박상욱
펴낸이 | 김종수
펴낸곳 | 한울엠플러스(주)
편 집 | 최진희

초판 1쇄 인쇄 | 2025년 5월 12일
초판 1쇄 발행 | 2025년 5월 30일

주소 | 10881 경기도 파주시 광인사길 153 한울시소빌딩 3층
전화 | 031-955-0655
팩스 | 031-955-0656
홈페이지 | www.hanulmplus.kr
등록 | 제406-2015-000143호

Printed in Korea.
ISBN 978-89-460-8379-0 03320

* 책값은 겉표지에 표시되어 있습니다.